不拘一格教语文

史金霞　著

中国轻工业出版社

图书在版编目（CIP）数据

不拘一格教语文／史金霞著. —北京：中国轻工业出版社，2012.1（2018.3重印）
ISBN 978-7-5019-8548-7

Ⅰ. ①不…　Ⅱ. ①史…　Ⅲ. ①语文课－教学法－中小学　Ⅳ. ①G633.302

中国版本图书馆CIP数据核字（2011）第240426号

总 策 划：石　铁
策划编辑：孔胜楠　　　　责任终审：杜文勇
责任编辑：孔胜楠　　　　责任监印：刘志颖

出版发行：中国轻工业出版社（北京东长安街6号，邮编：100740）
印　　刷：三河市鑫金马印装有限公司
经　　销：各地新华书店
版　　次：2018年3月第1版第5次印刷
开　　本：710×1000　1/16　印张：21.00
字　　数：202千字
印　　数：12001—14000
书　　号：ISBN 978-7-5019-8548-7　定价：38.00元
读者服务部邮购热线电话：010-65125990，65262933　传真：010-65181109
发行电话：010-85119832　传真：010-85113293
网　　址：http://www.wqedu.com
电子信箱：1012305542@qq.com
如发现图书残缺请直接与我社读者服务部（邮购）联系调换
111183Y1X101ZBW

让语文课，成为一门有意义的课。

成为学生梦想和快乐的期盼，成为思考开始的地方，

成为智慧和人性流露的港湾，

成为我的心与他们的心融会交流的家园。

推荐序一

霞光捧日登天上

——一个完整而幸福的语文老师

“国庆”长假七天没闲着，家里、单位里琐事缠身，忙得一蹋糊涂。但是，我却庆幸得很，每天都能抽出点时间，以最快的速度回归书房，神游在史金霞老师的书稿当中，在她的语文课堂和语文活动中倾听生命成长的声音。回望一个赶海的语文教师完整而幸福的追寻之旅，也让我自己变得幸福起来。这个长假，收获颇丰。

捧读书稿备受感动之时，我对史金霞老师生出了许多评语，比如，一位“目中有人”的语文教师，一位把生命价值看得高于一切的语文教师，一位视野开阔、精神丰富的语文教师，一位传创文化、激扬智慧的语文教师，一位让学生爱上语文的语文教师，一位深入学生心灵、照亮学生思想的语文教师……做史金霞的学生是幸福的，而我能于2010年9月与史金霞成为同事，也是幸福的。当然，史金霞本人，因着她对语文教育一贯的真心、用心、爱心、诚心和她改革的大胆、创新的执著、收获的丰硕而最为幸福。祝贺她，多年的心血使其语文教改的九层之台渐具雏形；感谢她，呈现这20万字的书稿让同仁们得以分享并促进大家对教改的反思。

说史金霞是一个完整的语文教师，是因为她研究和从事的是真正意义上的语文教育。她的语文教育，立足于人。她的语文教育，符合语文教育的根本宗旨，那就是“就其本质而言，是对人类精神家园的殷殷守护；就教育过程而言，是青少年一代完美人格与崇高精神的培育”（叶水涛）。早在1999年，她的语文教改就系统性地开展了起来，并提出了“激发兴趣、活跃思维，加深素养、提高能力”的十六字教改方针，确立了大语文观念，使语文教育生活化、社会化，将语文的人文性、思想性和工具性结合起来，激活课堂，激活实践。从此，改革的车轮就没有停止。

阅读教学，她主张“建立交流意识，培养阅读方法，开阔阅读视野，培植批判精神，使语文课堂成为阅读思考的乐园，而非禁锢思想的樊笼，让学生爱上语文，享受阅读，接触文化，思接千载，目击八方，指点激扬之间，心智健全成长”。我特别欣赏史金霞坚持的“对话”原则和“阅读、写作和鉴赏相结合”的原则。是的，阅读活动从本质上讲就是一种生命对话活动，阅读教学就是带着学生学会借助别人的语言和使用自己的语言进行对话。语言是思想的家，海德格尔说：“思必须在存在之谜上去诗化，诗化才能把早被思过的东西带到思者的近处。”所以，阅读教学是诗化的，人们通过阅读、写作和鉴赏去触摸或展现思者的灵魂，从而有能力去认识、守护、创造那精神的家园。所以，我们能够看到，史老师与学生的阅读对象不仅仅是一本语文书，他们的阅读是没有疆界的，为的就是打破语文课堂的樊篱，多开几扇门，多造几页窗，给学生拓宽阅读的领域，为学生的思想插上翅膀。

写作教学，一看史老师的小标题就明白了。她的写作教学的任务非常明确，就是“唤醒沉睡的心魂”。对于很多语文老师来说，写作教学常常是一件吃力不一定讨好的事情，因为它难以见效。那么问题出在哪里呢？史金霞的答案颇令人信服。写作教学和阅读教学一样，也有一个需要打破的樊篱。那不是语言和技巧上的樊篱，那是思想认识上的樊篱。史老师认为，"'写'是记录，'作'是创作"。"从这个意义上来说，学生写随笔，就是在书写个人的历史。而我阅读他们的随笔，就是在与一个个鲜活的生命进行心灵的对谈。所以，作为写作者，学生'对于自己的成长的虔诚，对于自己书写自己历史的一份内在的激情涌动'是完全真实动人的；而作为促进其写作并介入其写作过程中的一个阅读者兼对话者的我，那份充实和喜悦，那种教育着也被教育着的心灵的丰满与感动，确实是'读你千遍也不厌倦'！在这种对话交流之中，师生彼此亲近，共同成长。"因为写作立足于人，所以，写作成为了孩子们自己的事情，老师要把写作的权力归还给孩子，让孩子们从"无话可说"到"不吐不快"，从"为别人而作文"到"为自己而写作"，从"我的写作"到"我们的写作"，从"感性化写作"到"理性化写作"。于是，一朵花里就有了一个世界，写作成了一件无比美妙的事情。于是，我忘不了她可爱的女儿了，因为那《小雨》、那《自由虫》、那"老师的表情"、那《假期三部曲》，还有那《我们走得太快，灵魂跟不上了》……我也忘不了她学生的一段段心路历程，忘不了史老师的那段结语了——"悉心培育，享受其健全成长的拔节之乐。生长，痛并快乐着；变化，问并追索着。当理性的花，终于璀璨开放的时候，不用说学生自己的智性和人格会变得饱满而有力量，连同我们的心野里，都会满贮了芬芳"。

同样精彩的还有史金霞的语文实践、诗歌教学和极富创新意识的电影课。为了组织隽永、活泼的实践活动，她倾注了巨大的热情，且先不说她的活动"三结合"原则，单是活动的形式就令人惊羡了。有适用于小说戏剧的课本剧编演课型，有适用于议论文、记叙文的讨论辩论课型，也有适用于诗歌散文的朗诵评赏课型；还有后来的专题研究性学习，专题创作与展示活动，辩论赛，办报活动等。高中学习生活虽然紧张，但是，我分明看到了学生的废寝忘食和见缝插针，分明感受到了孩子们火山喷发般的激情，分明触摸到了年轻人无穷的创造精神和实践能力。即使在高三，实践活动依然可以开展得红红火火，真得赞叹史老师“有间之中天地宽，得乎法者味其甘”的掌掌之忱。看了《另类李太白》，观摩了“阿Q精神”辩论赛，你都不用去遥想未来，一个个活脱脱的文艺评论家已然呈现在了你我的面前，这不能不说是史老师之功。更别谈亲之爱之、聆听天籁的诗歌教学，因其方法之得当、情感之充沛、理性之自觉，便一定会有醉舞长空、青春如诗的教学效果了。至于电影是如何进课堂的？如何将电影课与语文教材、语文课程紧密结合起来？我想等你看完后，一定会找到答案。

最后，让我们辑录几句师生话语，提前体会一下史金霞师生的美好感受吧：

有的老师，以学生长得越来越像他而觉得成功，而我，是以学生长得越来越像他们自己而欣慰喜悦。作为教师，全部的幸福即在于此。

（史金霞）

只有在这半载中，我才真真正正地感受到优秀文化的魅力。我很幸福，我感谢我的语文老师。

（2010级新生黄宇澄）

看完张冲这篇随笔，我的眼里情不自禁满含了泪水，是激动，是欣慰，更是心灵受到清化之后的幸福奔涌！

（史金霞）

人一生中会遇到许多老师。但绝大多数只是教我们知识，而很少有老师教育我们怎样对待生活、感情，怎样从另一个角度看待问题……从而锻炼我们的思维，培养我们独立思考问题的能力。虽然这样的老师很少，但是，一辈子遇上这样一个老师也是幸福的。

（2010届学生陈恺）

美好的瞬间，真挚的情感，诚恳的反思，纯洁的心灵，感谢他们，让我再一次领略到做一个教师有多么的幸福！

（史金霞）

是啊，这样的语文教育是幸福的，这样的语文老师是幸福的，这样的语文老师教着的学生是幸福的。

之所以用“霞光捧日登天上”作为题目，是希望史老师语文教育的道道霞光，能够让更多的早晨八九点钟的太阳们蒸蒸日上，未来世界的高度终究是属于他们的。

苏州市中语会副会长、星海实验中学校长 沈坚

2011 年 10 月

推 荐 序 二

生命中最重要的朋友

认识她，已经八年了。

她是金霞，我生命中最重要的朋友。

（一）

2003 年，我任职于一家杂志社，在六月里一个明媚的上午，窗外的白兰花开得正艳，我翻阅主编交给我的一摞稿件。她，就这样毫无征兆、无声无息地来到了我的身边。

当时，我读到了一篇文章——《出考题，还是玩游戏》。我被这篇文章深深地震撼了，作者那种爱之深、责之切的情感，使我体内的热血也奔涌起来，我仿佛被一股强大的力量所吸引，迫切地想认识她，想知道是怎样的身躯里包含如此大的能量。我找到这个作者的地址，疾笔给她书写了一封信。几天后，她给我回了信，整整 8 页，刚劲的字体里写的都是相见恨晚。随后的几日，我每天都守在电脑前等她的信件，她则在每堂课结束后，飞奔至办公室，查看我的留言。在那个六月里，我都沉浸在幸福中，树更绿了，而花，也更香了；我的心里，满载着的全是快乐……

从那以后，我们每天都在联系——邮件、QQ、论坛、博客、手机短信，从睁眼起的问候到睡前的晚安，这俨然成为了一种习惯。哪天如果电脑上对方的头像没有闪动，心里就会空落落的，仿佛遗失了贵重的东西。非得发一短信确定平安，心才能放下。

那共同走过的每段岁月都刻骨铭心。我生日时她越线而来的歌曲，像夜莺的歌声一样美妙；深夜三点钟她的电话造访，只为了打开我的心结；饭后散步时，她手舞足蹈模仿徐帆讲保定话惟妙惟肖；寒夜12点钟我发高烧，她跑出去要药用钥匙击打楼里每扇门的声音；我们在被窝里打闹，说着同一个话题而产生的共鸣；每一篇新文章出炉后，我们交流感受时的碰撞与喜悦；凛冽寒风中的轻轻一拥，潸然落下的泪滴；无数次在电脑前，在同一秒钟同时发出同一句话的惊呼声中，我们惊叹，前生，一定是彼此的至亲至爱。

我始终坚信，在某个时空中，我们早已相识，那日，我们再度相逢，人生之路，彼此相伴。

（二）

有一种植物叫做紫藤，生命力顽强，极有韧性又甚为美丽，堪比金霞。

2007年，她放弃了当时的所有——朋友以及多年打拼的成绩、荣誉，带着女儿，毅然离开了生长三十多年的故土，从河北来到江苏，重新开始。

而她的文风也发生了改变。

早期的她，写实的文字激情四溢，情感充沛，文章中既有悲愤与控诉，又有抗争与无奈，情感像波涛一样滚滚而出、姿情肆意；写意的文章则蔓妙迤逦，万千风情令人口舌生香，仿佛精美画卷铺在眼前。而她现在的文章，愈发内敛而深刻，沉静而温和，平实而简单，清如水，淡如菊，言尽而意无穷。

人生的颠沛，岁月的印记，不断地反躬自省，人生，已别有他味。

她喜欢读书，文史经类从不拒绝。有一次，她问我《城记》如何，这是一本描写北京古建筑文化的书，我说还行，可以一看，她便欣然去买。我书柜中的书，多半经她介绍而买。她不为功利而读，只为需求而读，开怀时，捧一卷书斜于窗前，把此视做人生乐事。而她的阅读，也着实影响了她身边的许多人，她的同事因她而钟情于阅读，又把这种读书习惯带之课堂。她的学生更不必说，都读得满腹经纶，写得不拘一格。我经常赞叹她学生思想之深刻，文笔之美妙。从她女儿身上，也可以看到。小寒那天马行空的思维、灵动多样的笔触、深刻而富有哲理的语言、悲天悯人的情怀，常常让我陶醉、让我哽咽、让我沉思，让我忘我。

我经常做她娘俩的第一读者，苦与乐、喜与悲，尽在无言中。

她的知识面极广，写作的速度也极快，即便在状态不佳的时候也能泱泱成文，而且思想性、情感性俱佳，这些是我极为佩服她的地方。没有日积月累的积淀与沉淀，没有敏锐的洞悉力与广阔的视野，是很难做到这样的。

（三）

人都是多面与复杂的，她更是。

或沉静如水、或热烈如火、或博大如海、或深刻如渊，或锋利如匕、或醇美如酒。这些都是金霞带给我的感受。丰富生动的率真本性、嫉恶如仇的人生态度、深刻锐利的洞悉能力，多才多艺及多年来积淀的文化素养，使她的课堂成为思想性与艺术性兼备的妙趣课堂。

她的课堂，或嗔或恼，或哭或笑，都本真自然，丰富迷人。她曾经有过鞋跟嵌入讲台，而踢掉鞋光脚讲课的场景；有过开场是和学生谈论自己的着装，从而自然过渡到这节课的内容的时候；回答问题时不用学生举手，而是学生有话站起来就讲……每一场意外都能化成课堂的精彩，每一堂课都给学生丰厚的人文滋养，每一处设计看似无意却真正是为学生考虑。

多年来，金霞的课堂从不拘泥于三尺方寸之上，她的课多姿多彩、贴近生活。从辩论课、“成语大比拼”、“文学大师专题研究”到“迎新年，传统文化生活会”、学生自创报纸等，都生趣盎然、五花八门、精彩纷呈，不仅有亮度，还有深度和广度。学生也在这个广阔的舞台上，发现自我、认识自我，肯定自我。她尽可能地在体制内舞出最美的回转，让学生享受到除应试以外学习所带来的快乐。她的“亲情采访——让孩子走近父母”活动，是从本源上来救赎、升华如今愈益寡淡的亲情，让孩子感受爱，学会爱。正如米切尔·恩德所说：“世界上有成千上万种形式的快乐，但从根本上说，只有一种，就是：能够爱就是快乐。其实这二者是一回事。”她不止是教书，而是给学生指出了一条通达幸福生活的宽广之路。

授之以鱼，不如授之以渔。

形式只是表现，而贯穿课堂始终的是更深层次的东西。她尊重学生，从不给学生贴标签，不以分数来衡量人，对学生一视同仁。她倡导公平、自由与人性，用灵魂与学生平等对话。她的课自由奔放，涉及很广，时下的热门话题是让学生关注当下，清醒地热爱自己生活的这片土地。经典影片的播放打开了他们的视角，触动了他们的灵魂深处。让学生写随笔、办报纸要手写己心，脱离枯燥的呆板的作文模式，让学生正视自己的内心，敢讲真话、不无故呻吟，真正提高学生的语文素养。不盲从，不随波逐流，过一种积极向上的健康生活，使学生成为他自己，这是金霞长久以来不变的教育目标。

教育的作用是唤醒与启迪，而不是一味地灌输。给他们思想和分辨是非的能力，远远比给他们多少知识要有用得多。罗曼·罗兰说过，真正的英雄，是那些看清了生活的真相却依然热爱生活的人，金霞是在培养这样的时代公民。

（四）

她爱她的三尺讲台，她爱她的学生。

她是学生最信任的朋友，无论是家庭的烦恼，还是爱情的困惑，抑或是其他，学生都会在第一时间向她求助。记得几年前，有一个学生的手机丢了，孩子泪水涟涟地去找她，她决定帮助这个孩子找回手机。随即，她向这个手机号发了若干短信，从循循善诱到权衡利弊，向拾手机者展开了强烈的心理攻势，她相信孩子的良知。最后，这个孩子归还了手机。

她是个不拘小节的人，自己的很多事情并不在意，但对于学生的，哪怕一张纸条，她都要保留下来至若干年。一摞摞的都捆好，整理得条分缕析，以至于每次都成为搬家的负累。现在，她把很多资料都输入到电脑里永久保存。她珍藏着每一个学生，她是每个学生青春绽放的见证。

每到假期，金霞的家里经常是宾朋满座，学生一拥一簇地在她家闲坐，和她说话。她多半是默默倾听，时而笑笑，很少打断他们；有时候，她也会站起来忙忙这，忙忙那，学生则自在地或说或看或帮帮忙；而有时候，她则安静地躺在沙发上小憩，他们就在旁边坐着，偶尔说两句，或者自己看书，完了该走就走。这个场面让我想到米切尔·恩德笔下可爱的毛毛，那个只是倾听一言不发，就可以使人发现自己内心的女孩。有一次和金霞聊起这件事，她说："其实，很多学生到我这来，就是因为我能给他们心理上的安全和自由，他们可以放松自己，不害怕，不觉得沉重，像自家人一样，随便亲切。"是啊，每个人都需要自然倾诉，否则就会堆积成疾，形成心理障碍。学生在和她交流后，就卸掉了从前的错误、压力、沉重和忧虑，把烦恼抛至脑后，轻松自在、精神抖擞地重新上路。从这个角度上看，金霞还是一个高明的心理医生。

2003年下半年，我通过金霞认识了她的一个学生，这个女孩在北京一所高校就读，她这样描述她的高中语文老师："史老师的声音特别甜美，她给我们上的很多课都让我们记忆犹新，难以忘怀，令我们受益终身，她教会我们什么是语文，什么是爱，什么是人性。我很庆幸，我遇到过这样一位老师，她改变了我的人生。"后来，我又陆续认识了金霞的一些学生，他们都无一例外地认为金霞是他们生命的启蒙者，因为她，他们感受到了学习的乐趣，对世界有了不同的认识，人生有了不一样的色彩。否则，还在混沌、盲目、不知所措中过活。还有学生说过："虽然高三的生活令人窒息，但为了史老师的课堂，我宁愿再回高三一次。"

学生都很喜欢她，经常直呼她的网名，既是师生，又是好朋友，既相互尊重又无拘亲密，这个尺度不好把握，没有智慧和人格魅力的人，是很难做到的。金霞的学生是幸福的、幸运的，他们遇到了一位好老师。重新构筑了他们的世界观与价值观，带给他们一生深远的影响。

（五）

金霞19岁初登讲台，算到今天，已经整整18年了。

18年的教学积累，对于如何活跃语文课堂，如何激发语文的学习兴趣，如何让学生健康地生长，金霞有自己成竹于胸的方法。同时，她又是新鲜的，像新生儿初长的毛发，没有18年的陈旧与倦怠。她的教学理念是返古的，也是超前的——回归人性，舒展生长；她的语文课是精妙的，也是单纯的，精妙的是技术，单纯的是心态。她是教师，却没有仅仅把教书当做职业，而是视做生命中的一部分，她的课与人是一体的，血肉相连，不可分割。她热爱乃至痴迷于她的课堂，倾尽所有心血，苦在其中，也乐在其间。

金霞对学生极为钟爱、对朋友极为钟情，对教育事业极为忠贞。我庆幸有这样的朋友，我想，您也会庆幸，捧起过这本书。

北京《朝阳教育》执行主编　谷汉霞

2011年10月

目　录

第一单元

打破课堂的樊篱——我这样教阅读

※ ※ ※

阅读教学，是语文教学的入口。

语文教学过程中，倘使不能进行有效的阅读教学，则不能得其门而入。

千文同面的阅读教学，不仅损害了学生的阅读兴趣，更难以培养其阅读能力。阅读教学，是值得花大力气认真研究的。只有在阅读中才能够获得阅读能力，而只有获得了阅读能力，才具备了不断自我教育、终身学习的可能。

建立交流意识，培养阅读方法，开阔阅读视野，培植批判精神，使语文课堂成为阅读思考的乐园，而非禁锢思想的樊笼，让学生爱上语文，享受阅读，接触文化，思接千载，目击八方，指点激扬之间，心智健全成长。

※ ※ ※

引子：优秀的文化传播者——我的语文老师

只有在这半载中，我才真真正正地感受到优秀文化的魅力。我很幸福，我感谢我的语文老师。

半载之前的我，也上了九年的语文课，经历了四个语文老师。我对他们的评价标准是根据我的成绩情况，好成绩给我信心，所以间接给予我信心的人，就被我认为是好的老师。

但半载之前，我热爱过语文吗？没有啊，只不过是对我成绩的追求罢了。

正当我想法增多之时，史老师出现了。那时起，我才接触到了文化。

学习现代文，她总是让我们自主阅读并点评，经常是一节课悄无声息。我们不能完全读懂文章主旨、思想感情，但却能静下心来与作者进行心灵沟通。我想，语文老师的目的就在于培养我们的这种能力。最让我获益的是课外拓展阅读，不久前学习的关于文化的那一单元，让我记忆犹新。课内文论述了东西文化及其文化传统。自主阅读后尚有关于文化融合和中国传统的疑问，看完课外的端木赐香和傅国涌的文章，让我重新感悟了一遍课文。在这过程中，我常常会审慎对待所学知识。这是语文老师教给我的能力，或者说，她给我机会让我掌握的这个能力。

电影是她传播文化的一大途径，她常常用多个课时来放一部电影。我最感谢她放《入殓师》，电影本身体现的文化内涵需要我反复消化、吸收。但对我来说影响最大的是，从此我开始了解外国文化，尤其是日德这种发达国家的文化。这对于我这个从来只在中国文化里徘徊的人无疑是拨云见日，因此，那以后很长一段时间我都沉浸在外国文化中。正如此，我才开始比较中西文化，辨别其优劣。电影不断拓宽我的视野，我再不会被动接受知识了。

除了辨别能力，我更向她学到了求真精神。她常说，了解的越多就越接近真相。这好像抛硬币，次数越多，概率越接近二分之一。她的手段是围绕一个话题放多个纪录片或推荐不同的文章，这让我的辨别对象拓宽到了社会更多的角落。

其实若真的有良好的辨别能力和求真精神，语文自学足矣。这种想法我在半载之前绝对没有。

把文化传播给我的不算好老师，让我能够主动寻找文化的老师才是我渴望的。感谢她使语文成为我生命中重要的一部分。

（黄宇澄）

“中文老师史老师。她让我了解了尊重、民主与爱国的真正含义。因为她，我真正爱上了我自己的祖国与祖国的文化。”这个叫周天颖的孩子，2011 年选择了去美国读高中。面试时面对老师的提问：“你能说说对你影响最大的人吗？”她如此回答。

对我来说，这确实是最珍贵的礼物，最美好的回答。

让孩子爱上汉语，就先从语文课开始。语文课堂教学，是以阅读教学为主要载体的。写作、鉴赏、实践活动，乃至形形色色的课堂教学模式，都离不开阅读教学。阅读教学不仅仅是一个起点，它是贯穿在整个语文教学中的必要环节。

阅读教学的三个原则

阅读教学的依托，自然非语文课堂莫属，阅读教学的疆域，却不应仅限于语文教材。执教18载，先后使用了五种语文教材，这种经历，于我个人而言，堪称是一笔宝贵的财富。我亲历了语文教材不断革新进步的过程，在这个过程中，逐渐探索出了我的阅读教学原则。

原则一：教材为我所用

是“用教材教”，还是“教教材”？

这个问题，经常成为困扰语文教师的一个难题。

其实，这个问题，本来就不应该成为一个非此即彼的选择题。面对语文教材，一个语文教师，要有清晰的自觉意识，而不是处于原始自发状态之中。一节语文课能带给学生什么？思考这个问题，不如思考：一个语文教师的全部语文课能带给学生什么？而且，所有的教师应该思考：我们作为教师，要带给学生什么，要从学生那里学得什么？我们需要与学生共生。

在教育教学中，教师应该能从中发现自我，并认同自我，但决不只是发现“我们卓越的特色或者伟大的行动”，更不是“为了掩饰自身的困惑和复杂而带上的勇敢的面具”，而是发现“自身认同就像与我们现在的能力和潜能有关一样，也与我们的缺点和局限有关，与我们的伤痛和恐惧有关”（帕克·帕尔默）。

从这个意义上说，每个语文教师的语文课，都注定要注入语文教师自己的个性特色。面对教材，语文教师必定有他自己的选择和对策。最重要的是，这种选择和对策，是自发的还是自觉的。与其说教育者应该去培育一个怎样的人，不如说教育者应该追求自己做一个怎样的人。一个语文教师，应该确立自己的语文教学追求目标，这个目标绝不能只是期中考试、期末考试、中考或高考时，你的学生的语文分数达到多少，而应是通过你的语文课堂教学，你要传递给学生什么，从中你自己渴望获得哪些成长。

作为一名语文教师，在真正的教育和应试所需要的分数之间，我们必须找到一个连接点。应有不急之务，必有不得之失，须知去就之分，乃可获得自由，守住自己精神的净土。因此，从教师本人出发，对于语文教材的使用，应该有其内在的定义与追求。

而从语文科课程本身出发，对于语文教材里的选文，上海师范大学的王荣生教授根据“对中外语文教材的比较和研究”鉴别出了“定篇”、“例文”、“样本”和“用件”四种类型（王荣生:《语文科课程论基础，上海教育出版社，2003 年 6 月第 1 版）。

按王荣生教授在《语文科课程论基础》一书中的表述，这四种类型的特点、要求及想要生成的课程内容，可以简述如下：

（1）**“定篇”**。“定篇”的材料应该是一篇完整的、没有经过任何删改的经典作品。目的是“使学生彻底、清晰、明确地领会作品”，这种方式生成的课程内容（或者说课堂教学内容、学生学习的内容）是“文化、文学学者对该作品的权威解说”。学生重点学习经典作品的“丰厚内涵”，这种“丰厚内涵”，以最权威的解说为主，并且应该固定下来，让每一代学生都掌握。这种对经典作品权威解说出的“丰厚内涵”，通过教材的注释、助读、课后练习题来体现。

(2)**“例文”**。材料要能够“足以例证知识”，同时，“又能避免篇章中其他部分可能引起注意导致精力涣散而干扰了所‘例’的主题”。所以，材料不一定要求是完整的，也可以是片断。这种类型想生成的课程内容可以是：

①来源于一个个的词句以及整篇的文字所体现的词法、句法、章法等“共同的法则”和“共通的样式”；

②从文章、文学作品的阅读和写作活动中所总结出来的基本原理和行为方法规范；

③“关于诗文和读写诗文的事实、概念、原理、技能、策略、态度等”。

同一篇例文，可以为多个知识点做例子；同样，相同的知识点，可以用不同的例子来呈现。“例文”处理方式的实质是：将含有无限可能性的诗文限制在一个特定的侧面、特定的点来作为例子。

(3)**“样本”**。作为样本的材料要注重典型性，“必须从学生现在在读的或将来要读的现实情境中真实取样。”“具体的学生”“依了自己的经验”，“在与特定的文本交往过程中”，形成读与写的方法或能力。这种方法或能力，就是这种类型想要生成的课程内容。这样的内容不是约定俗成的、固定的，而是由学生在特定的情境中，在“通过形式把握内容”的过程中揣摩和发现的。“样本”，便是学生揣摩和发现方法或能力的凭借。

这种处理教材的方法基本符合“建构主义”理论。该理论强调，知识是由学生建构的，教师是学生建构知识、发现知识的支持者和帮助者。这种由学生生成内容的做法，充满了不可预知性，而教材的编订又必须以事先确定的课程内容为前提，这就形成了矛盾。王荣生教授提出了三种克服此难题的方法：一是借鉴教学经验，二是依靠研究成果，三是运用教材编撰的多种策略和技术（如，全开放的、候选的、提示式的、演示式的、搀扶式的)。

(4)**“用件”**。用件的要求是适用，提供足够的材料。其实质是提供信息，介绍资料，使学生获知所讲的事物。用件的材料是引导性的，可替换的。其材料有三个品种：一是语文知识文，二是引起议题文，三是提供资料文（可以是文，也可以是画，也可以是其他形式的资料）。利用这些材料的目的是服务于语文学习活动。“在这种类型里，学生其实不是去学文，而主要是用这一篇文里的东西，或者借选文所讲的东西、或者由选文所讲的那东西触发，去从事一些与该选文或多或少有些相关的语文学习活动。”

下面，以大家都熟悉的《阿 Q 正传》为例，解释这四种类型。

甲部教材假若做“定篇”处理，即该单元全部的教材内容，都围绕着这一名篇，目的是使学生彻底、清晰、明确地领会课文；

乙部教材如果当做“例文”来处理，即目的是使学生学习既定的知识，也许是关于人物描写的知识，也许是小说结构的知识等，而课文（实际上是课文的某些方面、某些点）只是知识的印证举例；

丙部教材则可能做“样本”处理，将其看成现代小说的“样本”，目的是解决学生在理解、鉴赏此文时碰到或者应该碰到的问题和困难，在解决的过程中，使学生学到读与写的“方法”；

丁部教材也可以将它处理成“用件”，比如借此讨论“国民性”问题，讨论“精神胜利法”等，在语文活动中展开，进行相应的听说读写训练和学习。

一部《阿 Q 正传》，不同的教材，倘使分别按照四种选文类型进行编排，只要目的明确，都有其合理性。而教师在进行阅读教学时，倘使自己头脑中具备清晰自觉的目的意识，就可以有针对性地选取适合自己的方法去有条理地使用教材，甚至对教材进行改组重建。

比如，我在2003 年使用人教版教材教《阿 Q 正传》时，确定了两个教学目标，首先是完整地阅读、理解该小说，使学生彻底、清晰、明确地领会这一名篇，这一目标就类似于“定篇”的处理；其次，在领会小说的基础上，着力讨论“精神胜利法”，并组织专题探究交流，这一目标，按照王荣生教授的分类，即是“用件”。我的教学目标是清晰的，教学流程的设计，也因此井然有序，相应地，也取得了理想的教学效果（案例详情，参见第三单元《弹奏这隽永与活泼》）。

诚然，王荣生教授这一分类，并不是语文选文分类的唯一正确的分法，语文教师也不必奉之为圭臬。但我认为，他这一分类确实具有极高的价值，非常值得语文教师拿来在自己处理教材时做参考。他用科学明晰的方法，将在语文教学中历来争论不休的“人文性与工具性”这个笼统粗糙的议题，廓清了许多。如果在语文课堂的阅读教学中，我们不再去争论“语文课到底该怎么上？”“怎么才能把语文课上得像语文课？”“什么才是真正的语文味？”等这些大而无当的问题，而是去思考：“他为什么要这样上语文课？”“这节语文课的教学目标是否清晰，是否达成，效果如何？”“这个语文教师的语文课有什么个性？有哪些缺憾？该如何弥补和改进？”等，是不是我们关于语文课堂教学的对话，会更有意义，更有建设性呢？

谁有资格规定一篇课文，必须这样上，而不能那样上？谁有权判定哪一种上法是正确的，而其他的方法就是旁门左道？如果语文课只有一种或几种上法并且只允许一种或几种上法，那肯定不只是语文的悲哀了。而当一个语文教师无法回答诸如“你为什么要这样上语文课？”的问题时，也说明他尚处于阅读教学的混沌迷惘之中，他的语文课势必是盲目的，是经不起追问的。

在设计教学流程时，教师必须要根据对学生个体情况的了解、把握、预测、分析、应对，来决定课程内容的选择开掘和处理方法；尤其需要注意的是留有余地，语文课堂必须要追求开放、追求多维度。

首先，让学生能够独立思考，自由表达，然后才能做到交相问难、探究交流。语文知识的传授固然不可或缺，但是更重要的不是知识的传授，如果仅仅定位在传授知识上，语文教师的门槛可以很低，甚至可以不需要人去做语文教师，一台电脑一个图书馆就足够了。

“授之以鱼，不如授之以渔”，对知识无限渴求之欲望的激发，独立思考问题、发现问题、探究问题、解决问题并与人共情、分享、交流的意识和能力等，这些才是语文教师应该在课堂上着力培养的，得到了这些，就得到了永远获取知识的钥匙。

而如果想教给学生这些，必须要给学生创建这样的平台，要在设计课堂教学的时候，克制自己说话和展示的欲望，尽量让学生做到说出来，推提牵引，甘为人梯，举重若轻，四两拨千斤，把课堂的主体地位真正地归还给学生。

每个教师都是有自己个性的。语文教师的语文课堂千姿百态、千差万别，一个语文教师能否在自己的语文课堂上获得成就感、满足感和快感，根本原因在于，他能够认同自己的教学风格。事实上，没有哪一种教学风格是好的，也没有哪一种教学风格是不好的，关键是执教者自己对于自己的教学风格是否认同，是否接受。如果自己都不认同自己、不接受自己，又怎么能在上课的时候体会到教学之乐趣？怎么能上出个性风采呢？所以，必须接受自己、认同自己。每个人的个性课堂，都是不可复制的，可以借鉴学习，但是根本不可复制。自我认同的才是有个性的，有个性的课堂才是活的课堂，活的课堂才是好的课堂。因此，一堂课该怎么上，确实上课的教师自己得有谱，要明白自己的所长所短，所得所失，有自知之明。

充分发挥个性并不是拒绝学习，如日本前教育学会会长佐藤学所言，每个教师的课堂都应该是开放的。认同自己的个性是承认自己这种风格个性的合理性，但是绝不意味着只有我这一种才是正确的、合理的，须知参差多态乃幸福之本源，每一种风格都是有其存在的合理性的。认同自己并且尊重别人，才能使沟通学习成为可能，转益多师是吾师，方能够不断开阔自己，改进自己，提升自己。

一堂课上过了，但是并没有就此结束，还需要调整、补救、修正。任何一堂课，都是遗憾的艺术，带着发展的眼光看待自己的每一堂课，在后续的课堂教学里，不断地调整、补救、修正自己，以追求完美的态度，来对待本来就注定残缺的现实，这样才能够体验到不断超越自己的乐趣。

尤其是对于语文教材的处理，固然是个资源多向整合的过程，但是，千万不要忘记，所有的资源都是为我所用的材料，教师个人对文本的解读才是最最重要而关键的。对于文本的解读，不是固态的过程，不是一次性成形的，是个动态的过程，需要反复体认、不断变化加深，甚至会自己推翻自己。要培养学生的思考能力，就必须重视自己思考能力的锻炼、提高和加强，必须拒绝让自己的大脑成为别人思想的跑马场，必须杜绝人云亦云，重视独立思考、自由精神、完整人格。

语文课堂教学，应该追求个性化，而不是依赖教参，一本教参包打天下，正如著名特级教师、清华附小校长窦桂梅老师所说，依赖教参会使“独立思考成为一件极端困难的事情”。失去了独立思考，丧失了个性意识，没有广阔的眼界、开阔的胸襟、睿智的思想，阅读教学就不可能具有触类旁通的丰富、由表及里的透彻、敲击心灵的深刻。但是，如果仅凭一时的激情冲动，对于教材的取舍随意不羁，对于课程的安排天马行空，没有清晰的目标，没有科学的序列，逞意使才，无所用心，阅读教学虽表面热闹，但实则凌乱，其教学效果也必然低效。

所以说，教材为我所用的原则，最基本的前提是，教师必须清楚地知道自己在做什么，为什么这么做，以及采取什么手段来做，经由什么路径达成。一名优秀的语文教师，不但要有深厚的学养做底气，更要有专业的素养为依托，要把教书育人当做自己不可推卸的责任。惟其如此，在面对教材、学生和自我的时候，一个负责任的成熟的语文教师，他才能够做出合理的取舍，他才会做出一个既有个性又有目标还能够保证按序达成并有效弥补的教学安排，他才会逐渐形成自己的语文教学风格，并在语文课堂教学中，与学生一起不断地共同成长。

原则二：宏观把握与微观品味兼顾

18年来，北上南下，或听课，或读实录，我见过太多出色的教师和优秀的课堂，也见过太多的语文教师，将好端端的课文，上得索然寡味，把丰富多彩的语文教材，教得味同嚼蜡，让丰厚沉实的文化底蕴，变作难以承受的轻飘飘。

其中最常见的“变宝为废”、“化神奇为腐朽”的方式有两种：第一种是考什么教什么，怎么考怎么教，师生都成了考试的傀儡，什么文化文明、美感意义、素养能力……统统见鬼，所有文本都只为考试服务，全部的课堂教学就是一个考前热身，不断地炒冷饭。第二种，则是阅读标准化、机械化、零件化，将文本肢解割裂之后，断章取义，咬文嚼字，弄到支离破碎、面目全非而不自知，还以为得其三昧。

第一种，一见而面目可憎，只有生存的恐惧，而无生命的饱满，自不必多言。这第二种，却很值得探讨一番，因为它很有迷惑性，甚至常被误读为是在用语文的方法教语文，也常常自我标榜为最有语文味的语文课。其实，这是一种寻章摘句的阅读法，仅仅局限于文字的推求，在阅读时只搜寻、摘录华丽词句，下很大力气品味分析，却不做深入研究，等到写文章时，则套用、抄袭前人章法和词句，没有创造力，也就无法培养出鲜活的个性。

历史上，不乏对读书方法有深入研究的人。

陶渊明笔下的五柳先生，“好读书，不求甚解；每有会意，便欣然忘食。”这是说，读书不宜滞涩，应以“会意”为乐。

郑樵《诸葛亮传》记载：“初，亮在荆州，与元直及汝南孟公威、颍川石广元游学，三人务于精熟，而亮独观其大略。”这是说，读书不宜狭仄，当以“大略”为要。

《三国志·吴书·孙权传》中，赵咨说孙权“虽有余闲，博览书传历史，藉采奇异，不效诸生寻章摘句而已。”博览众采，远胜于寻章摘句。

朱熹在《读书之要》中说:“大抵读书，须先熟读，使其言皆若出于吾之口；继以精思,使其言皆若出于吾之心,然后可以省得尔。”精思之前，必须有熟读奠基。

苏轼在《又答王庠书》中，则建议少年如此读书:“少年为学者，每一书，皆作数过尽之。书富如入海，百货皆有之，人之精力，不能兼收并取，但得其所欲求者尔。故愿学者，每次作一意求之。”每一本好书都应多读几遍，每一遍只带一个目标，目的明确，开卷有益。苏轼本人就是这样读《汉书》的:第一遍观其“治世之道”，第二遍则“用兵之法”，第三遍研究人物和官制。

因为那种寻章摘句式的阅读教学，常常会给人以很中国、很传统的假象。所以摘取这几则“书话”，用以矫正。从读书法而言，“会意”、“观大略”、“博采”、“熟读精思”、“目标阅读”，这些都是值得应用在阅读教学中的方法。但是，为什么这些方法相对而言就优于“寻章摘句”的方法呢?

仅从读书方法本身而言，不应厚此薄彼，方法适用则已矣，它们并没有高下之分。所不同的是，我们这里探讨的是语文阅读教学中所适用的方法。

于是，就必须先厘清阅读教学的性质和意义。

阅读教学，归根结底是一种对话。

首先，是读者（包括师生）与作者（有时候还要包括编者）的对话，这个对话的基础，是读者能够理解作者，理解作者的观点态度，读懂其所表达的思想感情。

其次，是学生与学生、教师与学生的对话，这个对话，是围绕着作者的文本而展开的，生生之间、师生之间就各自对文本的理解而对话交流，交相问难，从而在重点难点上，逐渐达成共识，或者产生更高层级的疑问。

进一步，则是读者与作者、读者与读者（包括师生）的再对话，这个对话的目的，是在准确、透彻、清晰地理解了作者的基础之上，对作者的观点态度、情感思想乃至表达方式，进行品评鉴赏、分析探究，或者进行二度创作，或者尝试去解决在阅读中所产生的那些问题。

从这个意义上，再来看前面几种读书法，就可以明白“寻章摘句法”之不当的原因了。

寻章摘句的阅读教学，是违背对话精神的，这样的阅读根本无法形成有效的对话，因为它不指向对文本的完全准确的理解，不探究精神思想的内核，也因此不能锻炼学生的思维，不能培养学生的判断力、思考力和辨别力。即使在它最擅长的审美品味方面，也是流于表面的浮光掠影的一瞥，绝大多数是隔靴搔痒不得要领的。因为杰出的作品，形式与内容从来是统一在一起的，不会割裂，当你割裂取之的时候，你便无法形神兼得了。就好比美人的双手，美到令荆轲炫目神迷，一旦残忍的太子丹命人砍下那双手，呈现在荆轲面前时，便只是血淋淋的断肢，而不复是纤纤玉手。

在阅读教学中，教师必须要树立这样的意识：“上课不仅是一个传授知识的过程，更是一个生命对话的过程。”教师必须要能够“通过合理的思维运动，建立师生之间、生生之间、师生与教学内容之间、现实与历史之间、课堂与生活之间、现在与未来之间的多种‘有效关联’”。（沈坚《从学生犯困引起的思考》）

因此，我的阅读教学，一般而言，第一步是整体感知，先通读全文（即使像《阿Q正传》那么长，也要先通读；即便是一首五言绝句，也要总览全诗），梳理脉络，宏观把握。第二步，才是对文本的具体赏析或者深入探究，而这种微观上的品味，因为已经有了之前的宏观把握，学生得以时时处处站在全局的高度分析探究，高屋建瓴、思路开阔，由此及彼，由表及里，前后对照，首尾呼应，而不会只涉一点不及其他，只见树木无视森林。

只有在统观全局、整体感知的基础上理解了作者的观点态度，在宏观上把握了作者的思想感情，真实有效的对话才具备了开展的可能性。而在这种情境下，对于文章中哪怕极其细微之处的一丝领悟体察，也有可能成为关乎全局的一种洞见。

比如我在教老舍先生的《想北平》时，按照惯例，首先让学生梳理本文的行文脉络，学生先是自己分层概括，然后纷纷述说理由，大家共同推敲之后，达成共识。然后，逐层品味其语言与感情，在品味的过程中，学生不断发现问题，尤其是：第一，老舍为何写北平的蜻蜓、塔影、老城墙、香片茶、买卖街、小胡同和花菜果子？第二，老舍当时人在山东，又不是远在英伦，为什么想北平想到“要落泪了”呢？

当此之时，我便引导学生将这些细腻之处联系起来，并且启发学生注意全文整体内容上的关联，以及此文写作的时代背景。于是，在细品这些词句的同时，学生便注意到从文章一开始，老舍便将自己对北平之爱比做了自己对母亲之爱，而且是一种带有忧患之情、杜鹃啼血的爱，进而学生便能够体味出老舍笔下所写的北平，都是那生活的北平，幽静的北平，安宁的北平，是老百姓日常的北平。然而，为何这样的北平，会让老舍不敢再说了，“要落泪了”呢？两个问题联在一起，结合全文整体的行文脉络，再放到时代背景下一分析，不禁也随着老舍先生而一声叹息：这正是1936年，老舍先生心心念念时刻忧虑的北平啊！战火一触即发，和平的生活随时面临灭顶之灾，这蘸着泪的文字，可不是充满忧患的啼血的苦吟，可不是对生于斯养于斯的故园北平的一片赤子苦情！

如果没有总揽全局的宏观把握，没有对作家生平、时代背景的通盘了解，没有对全文思路与内容的整合意识，只去品味其写景抒情的效果，任是分析得再细致，诸如细节的感染力，类比和对比的效果，感情的真挚，语言的平淡而深情、简练而传神，语气词的使用，详略的处理，结构的整饬等，纵然将这些艺术手法、遣词造句、布局谋篇全都一一点出，而不能深刻理解其下笔的用意和此情此感的真实缘由，仅仅是让学生鹦鹉学舌般抄袭下这些辞章句法之类的东西，又有何意义？因为，倘使学生不能习得披文入情领悟阅读的根本方法，即使教会了这一个，下一个仍然是不会读。

最后，我们有必要重温一下布拉格公民论坛的《对话守则》。

1989 年，捷克知识分子哈维尔等人，在布拉格成立了“公民论坛”，制定了 8 条《对话守则》，在街头巷尾张贴，内容是：

（1）对话的目的是寻求真理，不是为了斗争。

（2）不做人身攻击。

（3）保持主题。

（4）辩论时要用证据。

（5）不要坚持错误不改。

（6）要分清对话与只准自己讲话的区别。

（7）对话要有记录。

（8）尽量理解对方。

这个《对话守则》，我让孩子们抄写下来，在语文课堂上，我们共同遵守。

原则三：阅读、写作和鉴赏相结合

阅读、写作、鉴赏是语文教学的三个核心，教学中必须有意识地将三者结合起来，才能真正加深学生的语文素养。

如前所述，我的阅读教学步骤：

第一步，是整体感知，梳理脉络，宏观把握。

第二步，是对文本的具体赏析或者深入探究，即微观的品味。

第三步，是写作，以读促写，以写带读，读写结合。

第四步，是鉴赏，写作中必有品鉴评判，有欣赏分析，而品评赏析之于阅读写作，也是一个互相转化、促进的关系。

第五步，则是汇总成章，相互交流，各取所长。

将这几个步骤，落实在语文课堂教学中，久而久之，学生阅读、写作和鉴赏的能力会越来越强，语文素养也会得到有效加深。

需要特别说明的是，阅读对象不能仅仅是一本语文书，阅读是没有边界的，教师应该做的，是打破语文课堂的樊篱，多开几扇门，多造几页窗，给学生拓宽阅读的领域，为学生的思想插上翅膀。在这浮躁喧哗的时代，读几本好书，可以让泪水洗净尘霾，使心灵获得重量。并且，给我们力量，给我们勇气，给我们直面生活的信心，懂得这世界上，还有许多更有价值的事情，就在这里，让我们去关注，去流泪，去发现真正的疾苦；去担当，去改变，去创造美好的未来。

阅读写作和鉴赏相结合，具体落实可以有以下几种方法：

第一，“给读”，给学生提供阅读素材。2007 年之前，我在河北徐水综合高中教书期间，常把学校安排给语文学科的每周两节晚自习确定为阅读课，从时事新闻、经典文本中挑选材料印发给学生阅读。所有的时事新闻、国际内外的风云变幻，都成为教学资源。我还结合课堂教学和生活实际，每天精心选择文本，坚持给学生“每课一读”，王小波和陈丹青，龙应台和周国平，李泽厚和刘小枫，高尔泰、杨显惠，王开岭、史铁生，孙隆基、余英时、奥威尔、乔治桑，萨特、加谬、昆德拉……都成了学生耳熟能详的名字。

第二，“带读”，带领学生一起搜集素材。2007 年之后，我到了苏南，经济发达地区的孩子们，相对自由支配的时间更多一些，除了继续坚持给学生编选阅读材料之外，我还经常把这些任务下放给学生，让他们动手搜集整理，筛选信息，探骊得珠。我不再给学生“每课一读”了。几乎每课都会推荐书，因为他们自己可以读书了，每周我都会特别安排一节语文课，作为学生的阅读课，或者集中阅读我们的专题阅读讲义，或者自主阅读他们正在读的书，或者有针对性地阅读教材配套的读本篇目……

第三，“教读”，教会学生享受阅读、写作与鉴赏的过程。因为教材的改革，必修篇目之外，还有选修、读本，而这些文章多是文质兼美之作，在语文课上，让孩子们静静地阅读，边读边点评，或品味语言文字，或评判思想观点，或由一个话题引起自己的感想……课后，将书收上来，在他们的点评之上我再点评。享受静静的阅读时光，彼此对话交流，这是一种多么美好的感受。

第四，“赏读”，师生共赏，以读带写，以写促读。除了在书上点评之外，我们还有专门的读书摘评本和随笔本。读书摘评本，摘记自己所读文章书籍的语段，并做点评，每一摘记的语段，都要注明出处、作者和页码，以养成严谨负责的治学精神。每一段点评之后，都要留白，因为我还要与学生交流阅读的体验感受（关于随笔本的使用，详见本书第二单元《唤醒沉睡的心魂》）。

第五，“共读”，在读学生的点评时，教师要有意地与之对话：反问，追问，促使其思考，探寻。

2011 年 8 月 31 日，我在阅读学生的暑假作业之读书摘评时，看到薄雨濛同学这样点评龙应台的《生气，没有用吗？》一文：

举了许多现实中台北的例子，作者对他们的行为嗤之以鼻、上前阻止，可阻止的只有作者一个，对他们来说只当耳旁风吹过了，这就是社会现实。一个人生气，一个人的正义感是没有用的，一个人的斥责根本不会有人在意，社会并不会因为一个人而改变。

我便追问她：“社会不会因为一个人而改变吗？如果所有人都这么想，确实，社会不会有任何改变。那么，请想想，什么构成了社会？”

而当看到她摘读龙应台的《以沉默为耻》中“几流的人民就有几流的政府，就有几流的社会……不，沉默不是美德，是耻辱”这段文字后的评论：“在面对统治者时，不能沉默，应该发出自己的声音。”时，我给她写下了这样一段话：“布什曾说过一段话，相当好，形容政府与人民的关系，不知你有没有听过或者读过。提示一下：笼子。”

一周以后，摘评本再次收上来，我习惯性地翻看前面的内容，看看他们都有哪些反馈，只见薄雨濛在那一页空白处，写下了这样一段话：

人类千万年的历史，最为珍贵的不是令人炫目的科技，不是浩瀚的大师们的经典著作，不是政客们天花乱坠的演讲，而是实现了对统治者的驯服，实现了把他们关在笼子里的梦想。因为只有驯服了他们，把他们关起来才不会害人。我现在就是站在笼子里向你们讲话。

总之，教师要有意识地利用多种阅读手段、多样化的文本，多方位地启发、引导、激励学生，促使学生的阅读视野逐渐开阔，将古今中外，尽收眼底；教师要引导并鼓励学生进行个性化阅读，帮助学生养成在阅读过程中与作者对话、交流的习惯，并且逐步具备在阅读过程中思考、追问的思维品质。这样，学生的阅读鉴赏能力会越来越强，阅读写作会越来越个性化，越来越深刻，越来越有思想。

有很多事，我宁愿和陌生人说，不愿和父母讲。我不觉得这是叛逆。他们作为我的监护人，在我不懂事理的时候耐心地教导我，我很感激他们。但是，我希望他们可以把我当做一个和他们平等的人来对待。他们会强迫他们的朋友早饭一定要吃下一大堆东西吗？他们会查看他们的朋友的手机通话和短信吗？或许，是出于爱我，但是爱我，请先尊重我和我的选择。我终有长大的一天，终有离开你们的一天，我是想默默地告诉你们：不必追。（这段话写得我哭了……）

这段文字，是高一学生高悦点评龙应台的《目送》。

在爸爸妈妈眼中，我似乎永远是个孩子，归属于他们，而不是一个完全独立于他们的“别人”。我很奇怪的是他们怎么不想要了解更深层次的我呢？还是他们自以为已经很了解我了？本想好好给他们推荐《亲爱的安德烈》的，因为我希望我与他们之间也能够是独立的人与人之间的交谈，而不只是一种问候，只有生活没有精神的问候。我也希望他们能够理解十八岁的我，可是他们好像并不关心这些，只是无休止地担心着我的高考。但那真的不是我的全部生活啊，甚至都不是最重要的。

这段文字，是何丹笛同学读高三时摘评龙应台的《亲爱的安德烈》。

在大闹学堂之后，挑起事端的人最终受到了惩罚。先是秦钟和香怜两人被金荣发现，金荣胡编乱造后激起了学堂中各个集团的愤怒。其中最强是贾蔷，他能看透人们的性格，挑拨“又年轻不谙世事”的茗烟之后就预知了接下来发生的战斗，“故意整整衣服”走了。不出所料，在势力、地位、金钱关系错综复杂的情况下，谁都不服，混战难以避免。“顽童闹学堂”的背后，是中国几千年留下的封建等级观念，权力、地位，成为左右人们行为的力量。“我爸是李刚”不也就这样么？

这段文字，是高一学生吴依洲评点《红楼梦》里“顽童闹学堂”。

不止是写作，有时候我觉得在阅读时自己也会出现类似的情况，自己似乎总认为书上的是正确的，而没有意识到书上的观点只是作者在表达他自己的观点，而不是一定要强加在读者身上，确实面对他人的思考时，自己也要思考。

这是高一学生邹岚点评史铁生《病隙碎笔》。

看《一九八四》时，会有一种错觉，总以为这本书在讲“文革”时的中国，把白的说成黑的，把正的说成反的。这与其说是预言，不如说是极权主义导致的共同结果。“所谓自由就是可以说二加二等于四的自由，承认这一点，其他一切就迎刃而解。”自己头脑有限度的人才看到了别人的限度而忽略了自己，于是他们一定要把别人从一个限度里拉出来塞在自己的这个限度里，不幸的是，他们是掌权者，这样他们更能为所欲为……

这是高一学生魏明仪点评奥威尔《一九八四》。

我是幸福的，已经是半成年的我，还有机会读到这样的童谣诗，实在是太幸福了。虽然遗憾没有在小时候读到，因为每个阶段的理解和感受都不同，但我没有错过她，我还是在仍然保留孩子天性的时候，读到了她。

一个高三的孩子在题为“金子美铃”的读后感里，这样写道。

在读书的过程中，我越来越有勇气面对自己，即使面对自己的弱点，我已不只是单纯地感到悲哀了，面对自己的长处，也不仅仅只有骄傲了。是的，在读书的过程中，慢慢学会了自己思考，读书并不是把别人的观点塞到自己脑袋中，而是在那些名家的引导下去思考自己可能未曾想到的事。

高中以来的阅读，使我明白得最透彻的应是对待人与事的态度，对未知的保持沉默，对一知半解的谨慎小心，重启认识的大门，放下傲慢与偏见。

这两段文字，都是高三的孩子回顾自己的阅读。

……

几乎，每节课，都有书推荐，每周都有阅读课，每周都有读书摘评，每个寒暑假，都有一个内容丰富相对完整的推荐书目，阅读、写作和鉴赏，就这样伴随学生走过高中三年。

随笔摘评，这些跟了我们三年，现在早成了我们的一部分，这里面有我们的抱怨，有我们的欢喜，有歇斯底里的宣泄，有语无伦次的告白，有漫画，有诗歌……这些东西你都细细地看去，给我们鼓励，给我们安慰，给我们理解，给我们启迪，你陪着我们一路跌跌撞撞而又扎扎实实地向前走。

（2010届毕业生丁培培）

这样的阅读、写作和鉴赏，已经不是为了完成语文教师布置的作业了，它是我跟孩子们共同享受的一种心灵的对谈，思想的交流，不，不止是我们，还有那些作者。

钱钟书先生曾说："一个真有幽默的人别有会心，欣然独笑，也许要在百年后、万里外，才有另一个人在时空的彼岸，莫逆于心，相视而笑。"也许，这些孩子们的点评，可以让那些在另一个时空彼岸默默期待着的人，不再独笑了吧？

阅读教学的四种方法

方法一：尊重历史，还原文本

想必有心的语文教师都注意到了这个现象：我们所使用的教材中，大部分课文，第一个注释里都有这三个字——“有改动”。

“有改动”这个注释，还是教材改革之后才出现的，较早的语文教材，被改动的文章，连这个注释也没有。茅盾先生就曾经质疑这种肆意修改选入教材的文章的做法：“你们改字改句，增字增句，多达数百十处，我不懂为何有此必要。大概你们认为文章应该怎样写，有一套规范，不合你们的规范，就得改。那么，又何必选作家的文章来做教材呢？每个作家都有自己的风格。你们这种做法（随便删改，却又不明言），实在太霸道，不尊重作者的风格。”典型的例子，比如朱自清先生的《荷塘月色》，我是在很久很久以后（自己也说不清是多久了），才知道，原来一直背得滚瓜烂熟的那几段文字，并不是朱自清的原文，而是被“好心”过滤过的。像“刚出浴的美人”、“峭楞楞如鬼一般”、“妖童媛女，荡舟心许”等这些文字，直到2004年，我执教新教材之后，才慢慢熟悉了起来。手捧还原后的文本，回首自己学与教的生涯，真是讶然哑然，嘿然戛然，个中滋味，愀然难言。

基于自己的这种“教育”体验，使我对于接受被改动的文本产生了一种怀疑：文章既然选定要收入教材却因何要改动？被改动后的文章，与原文到底有多大出入？改动前后的效果有何区别？

进而则发现，这个议题，完全应该成为语文课程资源的一部分：多么好的文本比较，多么有价值的现象探究，多么能够激发学生阅读兴趣的阅读探讨。

针对被改动的课文，在进行阅读教学的过程中，有目的地还原文本，往往会发现很多有价值的问题。

案例：属于那个时代的长江三峡

作为中国当代散文大师，刘白羽先生的《长江三峡》（节选自刘白羽先生的代表作《长江三日》）影响了几代人。

我这么说，毫不夸张。《长江三峡》，是高中语文教材的保留篇目，70后、80后、90后，至少三代人，在高中语文课堂上，都认真读过此文。然而，非常尴尬的是，我们这几代人，所读的《长江三峡》并非忠实原文的节选，而是有选择性地删改之作。

2011年2月17—18日，在执教苏教版必修二第一单元“祖国土”的第一板块“江山多娇与颂歌的变奏”时，我采取了这样的教学方式：

第一课时：通览课文，整体把握

首先，要求学生通读以下文本：黄药眠《祖国山川颂》、刘白羽《长江三峡》、闻一多《发现》、教材第25页文本研习1《忆菊》、艾青《北方》和舒婷《祖国啊，我亲爱的祖国》。

通读之前，先进行阅读指导，提出以下几个阅读要求：

第一，默读并圈化出自己有感触的语句段落（喜欢的，反感的，可笑的，感动的，赞同的，反对的，支持的，批判的……言不在多，真实具体为要，可标记，可评点）——读进去并读出来，理解与评鉴结合。

第二，每读完一篇，回顾一下本篇的风格内容，以及自己的观感，随手写下，不拘多少，清晰准确则可。

第三，阅读每一篇时，注意相关注释，尽量多地了解每篇文章的作者情况与写作缘起、时间背景，关联细节，通盘考虑，一叶而知秋，既观树木又见森林。

第四，阅读时间20分钟左右，努力提高阅读速度。

最后5分钟，教师与学生从三个方面汇总几篇文章：

第一，研读与鉴赏文本的一个要点：知人论世；

第二，黄药眠、刘白羽、闻一多、艾青和舒婷五个作家的简要生平；

第三，六篇文章的写作背景：《祖国山川颂》写于1980年，当时黄药眠先生的年龄与经历？当时的社会情况？《长江三峡》（节选自《长江三日》）写于1960年，当时刘白羽先生的年龄与经历？当时的社会情况？《发现》写于1925年，《忆菊》写于1922年，当时闻一多先生的年龄与经历？当时的社会情况？《北方》写于1938年，当时艾青先生的年龄与经历？当时的社会情况？《祖国啊，我亲爱的祖国》据说成诗于1976年，发表于1979年，当时舒婷先生的年龄与经历？当时的社会情况？

最后，布置作业，上网浏览刘白羽《长江三日》全文，并查找整理1960年时中国的社会生活情况；背诵闻一多《发现》，舒婷《祖国啊，我亲爱的祖国》。

第二课时：长江三峡与长江三日

背诵闻一多《发现》，第一遍无感情，教师指出这是肉喇叭的读法。重读，要把自己置身于诗歌所创造的意境之中，并将自己的体验读出来。读后，推荐谢泳的《血色闻一多》，介绍其著作《杂书过眼录》和《逝去的大学》。

1．回顾昨天的作业

（1）《长江三日》和1960年前后，上网浏览情况，与学生交流。尤其是4班，交流了一下魏明仪同学昨晚发给我的邮件，对当时社会生活情况的不可思议，以及发现历史荒诞之处后的巨大震动。得出结论，忘记历史就意味着背叛，不管多么痛苦的历史，记住它都是对当下、对未来乃至对过去的敬畏和负责，历史的良心，是记忆。

（2）谈信息相对多元化后给人带来的影响，疑惑进而思考，多疑便接近真相，疑而思，则是知之始。不要怕迷惑，不要怕纷扰，疑惑纷扰的过程，是个人思维和智力提升的过程。而信息的封锁会造成获得信息的不对称，才会带来愚蠢愚昧，乃至发生惨绝人寰的灾难而无力拯救。此处，举例若干，古今中外，皆有典例。

（3）结合自身所知的社会情况，谈1960年的社会生活。

2．共读《长江三日》

首先，简要介绍当代散文三大家——秦牧、杨朔、刘白羽。略谈三个作家的文章风格和代表作，以及他们对当时乃至后人尤其是70年代人的深刻影响。

接下来，共读刘白羽的《长江三日》。

(1) 跳读《长江三日》之“第一日”，抓取其中关键词，譬如，“欢腾拥抱”、“波涛沸荡”、“奔腾叫啸”等，请学生朗读最后一段，大家一起体会思想感情：

我一个人走到甲板上，这时江风猎猎，上下前后，一片黑森森的，而无数道强烈的探照灯光，从船顶上射向江面，天空江上一片云雾迷蒙，电光闪闪，风声水声，不但使人深深体会到“高江急峡雷霆斗”的赫赫声势，而且你觉得你自己和大自然是那样贴近，就像整个宇宙，都罗列在你的胸前。水天，风雾，浑然融为一体，好像不是一只船，而是你自己正在和江流搏斗。“曙光就在前面，我们应当努力。”这时一种庄严而又美好的情感充溢我的心灵，我觉得这是我所经历的大时代突然一下集中地体现在这奔腾的长江之上。是的，我们的全部生活不就是这样战斗、航进、穿过黑夜走向黎明的吗？现在，船上的人都已酣睡，整个世界也都在安眠，而驾驶室上露出一片宁静的灯光。想一想，掌握住舵轮，透过闪闪电炬，从惊涛骇浪之中寻到一条破浪前进的途径，这是多么豪迈的生活啊！我们的哲学是革命的哲学，我们的诗歌是战斗的诗歌，正因为这样——我们的生活是最美的生活。列宁有一句话说得好极了：“前进吧！——这是多么好啊！这才是生活啊！”……“江津”号昂奋而深沉的鸣响着汽笛向前方航进。

(2) 分三层，请学生朗读节选部分《长江三日》之“第二日”长江三峡。

注意这一天的旋律：“雄伟而瑰丽的交响乐中飞翔”。

朗读描写瞿塘峡部分，学生总结出作者笔下瞿塘峡的特点，雄壮险峻；朗读描写巫峡部分，学生总结出作者笔下巫峡的特点，神奇俊秀；朗读描写西陵峡部分，学生总结出作者笔下西陵峡的特点，凶险、险恶。在此过程中，分别总结出三部分的写作特点与修辞手法、语言特色、句式特点、直接描写与侧面描写，详略安排等。

特别提醒学生注意课文被删节的一段文字："这时我正注视着一只逆流而上的木船，看起这青滩的声势十分吓人，但人从汹涌浪涛中掌握了一条前进途径，也就战胜了大自然了。"

探讨编者删掉此段文字的原因，与学生讨论有没有这个必要，以及保留它的意义。讨论后的结论：掩盖起来，无补于事，只有面对这种畸形的错误的观念，承认在历史的回旋涡流中，曾经走过怎样的心路历程，我们才能真正改变这种观念，才能真正进步。

(3) 跳读《长江三日》之"第三日"部分文字，注意关键词。教师朗读以下两个段落：

"江津"号在平静的浪花中缓缓驶行。我读着书，一种非常珍贵的感情渗透我的全身。我必须立刻把它写下来，我愿意把它写在这奔腾叫啸、而又安静温柔的长江一起，因为它使我联想到我前天想到的"战斗——航进——穿过黑夜走向黎明"的想象，过去，多少人，从他们艰巨战斗中想望着一个美好的明天呀！而当我承受着像今天这样灿烂的阳光和清丽的景色时，我不能不意识到，今天我们整个大地，所吐露出来的那一种芬芳、宁馨的呼吸，这社会主义生活的呼吸，正是全世界上，不管在亚洲还是在欧洲，在美洲还是在非洲，一切先驱者的血液，凝聚起来，而发射出来的最自由最强大的光辉。我读完了《狱中书简》，一轮落日——那样圆，那样大，像鲜红的珊瑚球一样，把整个江面笼罩在一脉淡淡的红光中，面前像有一种细细的丝幕柔和地、轻悄地撒落下来。

夜间，九时余——从前面漆黑的夜幕中，看见很小很小几点亮光。人们指给我那就是长江大桥，"江津"号稳稳地向武汉驶近。从这以后，我一直站在船上眺望，渐渐地渐渐地看出那整整齐齐的一排像横串起来的珍珠，在熠熠闪亮。我看着，我觉得在这辽阔无边的大江之上，这正是我们献给我们母亲河流的一顶珍珠冠呀……再前进，江上无数蓝的、白的、红的、绿的灯光，拖着长长倒影在浮动，那是无数船只在航行，而那由一颗颗珍珠画出的大桥的轮廓，完全像升在云端里一样，高耸空中，而桥那面，灯光稠密的简直像是灿烂的金河，那是什么？仔细分辨，原来是武汉两岸的亿万灯光。当我们的“江津”号，嘹亮地向武汉市发出致敬欢呼的声音时，我心中升起一种庄严的情感，看一看！我们创造的新世界有多么灿烂吧！……

1960 年

“1960 年”一读完，全班哑然。

因为孩子们已经掌握了大量的1960 年的历史资料，至少从数字上，他们已经对那个年代所发生的悲剧有了一个量的抽象认知，而在刘白羽先生的文章里，他们却丝毫感受不到那个时代的悲剧特征，先前在第一课时通读《长江三峡》时所感受到的瑰丽雄奇浪漫豪迈，如今，与冰冷无情的数字相对照，不但荡然无存，而且产生了巨大的反差，显得荒唐可笑，滑稽可怖。在心灵上，插进了一柄利刃，在头脑中，刮起了一阵旋风：这是怎么回事？这是为什么？这该怎么解释？

当此之时，向学生发问：在了解了历史的背景下，通读完《长江三日》，再体会刘白羽先生的情感和他这篇文章所表达的思想主旨，你有何感想？他是真诚的吗？如果是真诚的，他为什么能够罔顾那么多人的生活悲剧而高唱赞歌，热血沸腾？如果不是真诚的，又是什么让他写下这样的文字，在那样的一个时代？请各位周末放假后，继续搜索相关信息，了解那个年代的风云变幻，以及更多人物的作为、选择和命运，比如，郭沫若在那时写了些什么诗文，他的家庭有哪些变迁？

3. 布置周末作业

(1) 阅读讲义《右派劳改营50 年》，并上网查询相关历史背景，从“反右”到“文革”时期（1957—1976）。

(2) 推荐阅读书目：高尔泰《寻找家园》，杨显惠《夹边沟记事》，赵诚《长河孤旅——黄万里九十年人生沧桑》。

借助网络平台，拓展阅读，还原文本，触摸历史真相，这两个课时上下来，学生的感受非常强烈，纷纷在随笔和摘评中写下自己的思考。

仅录其一：

有时候觉得，被遣送劳改营甚至比“焚书坑儒”更践踏生命，它意图将你折磨得放弃自我、放弃最基本的尊严、放弃生存的欲望，等到你如同地上的烂泥般无血无肉无心无骨，那么“改造”算是成功了。而陈苏民这样的林场干部竟然还大言不惭地说漂亮话“‘右派’在夹边沟劳动为如今的开发打下了基础”，你怎么不说这一寸一寸的土地都是用“右派”的血肉之躯来肥沃的？！

前些日子把这份讲义给我母亲看了。母亲看完后也是惊叹不已，感慨着原来还有这样一段惨无人道的过往。我心中有一些明朗，并不是因为我知道的比母亲多，而是自此之后，真相又少了一分孤单，多了一人陪伴，那些在劳改营、在“文革”时孤单离去的人不再是无人知晓，至少有人为他们叹息过，为他们默默坚守着真相。

（陆绮）

这样的还原，是对历史的负责，也是对当下的担当，不承认历史便无以建设当下。生命意识，人文关怀，绝不应该只是一句空话。在语文课堂上，种下一棵勇于栉历史腥风沐时代血雨的精神之树，扎根于坚实的大地，渴望着阳光生长，悲天悯人的情怀，现代公民的责任担当意识，在沉痛的追问反思中，渐次养成。

上师范时，所学专业名称为：汉语言文学教育。一个语文教师，必须要有专业素养。对中华民族的语言文学，要有衷心的热爱，能沉入其中，发现她的美丽与绚烂，涵咏体会，以她的博大丰富浸濡自身。更需要有理性的反思，能跳出其外，承认她的丑陋与畸形，审视拷问，努力从因袭的沉疴中睁开双眼，迈步前进，哪怕步履艰难。

方法二：打通内外，丰富文本

我自己比较满意的是，我的课堂不是闭合的、单一的，而是开放的、丰富的。我并没有在解决问题，事实上，我也很难解决所有问题，我是跟孩子们一起发现那些问题，思考那些问题。就像课后校长给我的短信所说："这个课有很多令人回味的东西，不仅抓住了学生的情感，更开启了学生的思维。"课堂后，感动与思考仍能继续下去，我觉得这一点我比较满意。

这段话，是我在学校的一次论坛上，谈自己为全校所作公开课《前方》时所说的。

很多语文教师不喜欢让学生在上课之前查询资料、掌握第一手材料，觉得学生都知道了，自己上课还讲什么呢。这种观念，表面看来是教师不自信，其根源则是不平等、不民主、不公开的思想观念在作祟。教师不追求做传播知识并激发学生探求真理欲望的知识分子，而仅仅满足于做一个"知道分子"，将知识作为一种有形的资产垄断起来，希望自己能掌握更多的信息（最好是全部信息），把课堂封闭起来，从而让学生成为一个接受体，臣服于自己。这样，就不会触及到教师的"统治"地位。这样的课堂，学生可能会掌握很多知识（当然，也是极其有限的），但是，却无法习得获取知识的能力和甄别真伪的智力，更有甚者，连对知识与真理的探求热情都会丧失。而在信息不对称的情况下建立起来的师道尊严、专业威信，是不健全的，更是可悲的。

打开课堂，使之开放丰富，自由饱满，健康有力，具备不断生长的可能，就从打通课堂内外之隔，丰富并建构文本意义开始。

案例：别样的一片荷塘

朱自清的《荷塘月色》，人教版高中语文教材（必修）将其设置为第一册第二单元（散文单元）的第一篇课文。2004 年 9 月，我是这样上《荷塘月色》的。

第 一 课 时

1. 学生分读课文

全文朗读，随机（按照男女均分的比例）抽取8名学生分段朗读。每读罢一个段落，师生共同点评一下，除了个别字音纠正外，主要是对于朗读的习惯（如重音的处理、停顿安排、语速的快慢、音调的高低等）和学习上的一些问题（如不求甚解、不动脑筋、不查字典等）的指导点拨。让学生自评时，注意营造宽松自由的氛围，以便他们能自然自在地面对自己；教师点评时既要一针见血指出问题，又要照顾学生心理上的承受能力，给予鼓励和激励。气氛活跃而安静，活跃在于交流的真诚和自然，安静在于品味倾听的投入和认真。

这个环节，表面是在检查学生的预习情况，其实醉翁之意不在酒。在指导朗读的同时，旨在“窥测”学生对于课文感情的理解、把握程度。

2. 教师范读

要求学生注意听，听教师语速的变化、重音的处理、停顿的安排、音调的调整和全文感情表达的变化，你认同不认同，品一品好与坏，给老师挑挑刺。读完之后，教室里一片宁静，我提示说“读完了”，片刻，掌声訇然。

3. 师生探讨此文的朗读

（1）学生交流2分钟，谈谈教师读得如何（气氛比较热烈）。

（2）学生给教师挑毛病，自己主动举手说，不点名。挑毛病的学生还做了范读。读罢，教师赞许，全班给予热烈掌声。有些地方，教师请求学生给一个辩解的机会，我谈了自己为什么那么读，谈了自己的理解，得到了学生的认可。……大家一致认为老师全文读得很不错，感情变化有序，能把人带到某些境界中去，读出了情感的流动。

（3）教师谈自己的阅读感触，谈对朗读的一些个人认识，谈自己感觉读得比较得意的几处，以及自己为什么这样读，又谈了谈读得不太理想或者听起来可能不太好的几个地方，并且分析了造成这个结果的一些主客观原因。与学生交流，基本得到理解。

这两个环节，貌似教师在展示自我，实际上是教师在和学生交流对文本的各自体会。而先让学生读然后再由教师范读，一方面，避免教师先入为主，使学生丧失自己独立体会的主体地位；另一方面，通过教师的诵读，既能把学生对文本的体会提升到一个相对略高一点的平台上，又能让学生在独立体会的基础上对教师的把握有一个成熟的评价。

4. 小结并布置作业

这节课仅仅是读了两遍课文吗？读出了点什么？读说明了什么？有什么作用？《荷塘月色》是一篇散文，是一篇——抒情——散文，那么它抒发了怎样的感情，感情有变化没有，如果有，是怎么变化的？如果你再读，你将怎么去读？

提问至此，下课，这就是明天晨读的任务。

第二课时

1. 谈阅读的个性化

(1)“一千个读者有一千个哈姆雷特”——阅读是自己的事，读得进去，读得出来。

(2) 见仁见智——举例鲁迅谈读《红楼梦》：道家看见淫，革命家看见排满，才子看见缠绵。

(3) 阅读“四要四不要”：要敢于提出自己的看法认识，要敢于提出不同意见，要敢于坚持自己认为有根据的道理，要突显自己的个性智慧，动自己的头脑，而不依赖他人；不要迷信书本、不要迷信权威、不要迷信老师，尤其是不要意图在我这里找到唯一的标准答案，我的观点只代表我个人。

(4) 送一句我化用伏尔泰的话：“我也许不同意你的观点，但我坚决捍卫你说话的权利；你也许不同意我的观点，但我坚决捍卫我说话的权利。”

“必也正乎名”！高一新接手的学生，从思想观念上解其综缚，从思维习惯上植其骨干，这是一个必须的过程，而且是一个循序渐进的过程。要如东风解衣，送暖入怀，耐心而细致地去做，反复做。

2. 写《荷塘月色》的阅读感受

在坚持阅读个性化的前提下，在已经读了几遍课文的基础上，给学生25分钟时间，写写自己阅读《荷塘月色》的感受，主要分析文中“我”的感情，感情的流程，写出你自己的认识，写出你是怎么品读出来的。

不必刻意考究他为什么不平静，只探求文本本身，至于原由，如果感兴趣，在专题研究时，可以专门搜集资料考证分析。要求文章必须有题目，而且尽量把题目拟得优美、生动、形象。25分钟，先读再写，当堂完成。

25分钟后，全部收齐，教师指出文字不在于多少，只要谈出自己观点就是好的。

3. 布置作业

布置下一节晨读任务：其一，用自己的理解再来读课文；其二，阅读读本上《温州的踪迹》，重点朗读《绿》，并且比较它和《荷塘月色》在语言和感情方面的异同。

第三课时

主要任务：集中交流上节课学生分析《荷塘月色》感情变化的小论文。

首先，讲今天下午带女儿参加教师节庆典演出的感受，请学生来评价我新换的衣服怎么样——掌声和笑声随之起来。然后，满怀欣喜之情谈自己收到论文当夜的兴奋和喜悦，晚自习下课后不回家而是到办公室传给其他老师看，老师们叹为观止！然后带回家看，当晚看了三遍，直到12点才睡，第二天又看，看到同学们的真知灼见，受益很大，很多见地自出机杼，了不起！

我一边说一边手之舞之足之蹈之，结果一不小心把鞋跟陷在木制讲台的缝隙里，拔不出来了，于是我索性踢掉那高跟鞋，继续说，教室里洋溢着兴奋欢乐和自豪的感情浪潮。

一节课时间交流学生的论文，时间所限，只能选一部分——10篇。“全班九十多人，大家写得都很好，都是独立见解，选文的标准是按照不同观点选取有代表性的文章，再考虑文笔风格的多样化，还有男女生比例等，被选上交流的不要自得骄傲，没有被选上的也不要妄自菲薄，机会多的是，我们的语文课会给每个同学充分展示自己的机会。而且，此次交流排名顺序不分先后。”（众笑）

交流时，要求学生用自己的耳朵听，和自己的观点对照，看看哪些可以借鉴。每读到一个学生的论文，请那个学生站起来向大家示意一下，读完之后，师生一起略做点评。

小论文举例：

忘情荷塘

张惠鑫

是的，他很烦。你看他多烦。还好在这满月的天里他想到了荷塘。

他在曲曲折折的煤屑路上走着，想着白天的迫不得已，想着现在的清闲，心中像吹进了一阵从门缝中挤进的风。到了荷塘，见到那出水的荷叶、荷花，想象着舞女的裙，碧盘中的珍珠，心中开朗了许多。眼前是满池的荷叶荷花，笼罩在薄雾中的荷叶荷花，他像到了瑶池仙境中一样，心中的快感在一丝一丝地上涨，达到一个高潮。

向四周看到那杨柳，听到蝉鸣蛙叫，心中不知不觉地又涌起了一丝伤感。

他甩开忧伤，想到了江南的旧俗——采莲，想到了古人的诗句，想到了采莲的姑娘，心中有些欢喜，但想到自己已经无福消受了，又不觉有一些失落，又一首《西洲曲》找回了快乐，但荷塘见叶不见水而怀念江南。

回到家，还是那样，我想，他大概又陷入忧伤中去了吧。

作者一路心情三起三落，以忧开头，以伤结尾，画了一个十分完美的圆。

——她用细腻的语言，分析诠释出一个完美的圆。

谢晶晶同学却在她的题为《朱自清笔下的抛物线》的文章中这样写道：“读了这篇文章，我不禁想起了数学中开口向下的抛物线。作者的感情经历了由低到高再低的一个过程，读过几遍后就能体会出作者感情的一个细微变化。”她还在作文纸上画了一个开口向下的抛物线示意图。看到这个之后，我第一个反应就是：如果之前我讲出了圆，还会有这个抛物线吗？而肖雅梦的《月荷之下静与动》则又是一个新说法：动静说。李健丰《纷乱的年代　不一样的荷塘》，进一步抓住1927年这个时代背景，分析朱自清摆脱不了现实苦闷的缘由。

撕下伪装

刘　妍

你将痛苦装进了心里，你用平静的表情掩饰了一切。你努力地将思绪填满，不去想那些寞落，但无可奈何，它挥之不去。

“不应有恨，何事长向别时圆。”在月圆之夜，你信步来到荷塘。不必急于看风景，只在属于你的这片天地里，心中的抑郁会不会少些？独处时，你心情稍稍镇定些了。但你没撕下冷静而信天长啸，我不知你为何不释怀，也许没有原因，从不卸下伪装也许是你的习惯。

荷塘月色美，的确美。但你没有发现满腹心事的你似乎不属于这片天地吗？

学着释怀一些吧！为了自己，哪怕只有10分钟，你用真正的自己来感受一切。果然那份朦胧的宁静与恬舒是你真心所盼，一直所待的。找回了自己，现在就连那鬼魅般的树影也变得可爱了。你终于有了真正的笑意。似青石击碧水，笑意在你脸上荡漾开了。

你听到蛙叫蝉鸣了吗？那固然不如奉承话好听，但那却是真实之声。你感到了虚伪的可恶，于是愁云又一次在你头上聚拢。你试图用回忆打断对自己的回顾，但你可曾知道，面对现实社会，逃避是没用的。

“此情无计可消除，才下眉头，又上心头”，这是现实社会给你的唯一礼物。你也许无法“轻解罗裳，独上兰舟”，无法“低头弄莲子”，但你要记住刚才荷塘边上的你，记住偷偷的喜悦。

你又愁云满面了。你是否已经明白，撕下虚伪也许是在用真实嘲笑自己。因为你无法逃避明天，逃避以后，这就是现实社会。

也许虚伪时你更好些，麻木了便不再矛盾、痛苦了。就让刚刚荷塘边找回自我的喜悦成为永恒的秘密吧。

——用心与作者对话——读过这样的文字，内心之感动惊叹是不必言说的。

第四课时

1. 再读《荷塘月色》

请学生自告奋勇，选读课文，读自己觉得读得比较好的，能够把感情体会并表达出来的地方，或是自己比较喜欢的地方，用自己的声音读给大家听。

一边读也是一边品味语言的过程，时间5—8分钟。

2. 分析《荷塘月色》的语言

分析荷塘月色的语言，还是不点名，让学生自己主动举手或者站起来说。并要求每个人站起来之后先自我介绍。限定交流时间20分钟，提示抓住机会，学生争先表达，屡次出现几个人同时站起来要说话的情景。

通过学生的讨论交流，中间教师穿针引线，把通感（让学生根据课例总结了通感的运用特点）、比喻（涉及和比拟的区别）、反衬（结合古诗文把这个修辞手法做了回顾和深化）以及叠字等，本文主要的语言特色、表现手法都分析了出来，重点突出，不枝不蔓。

最后5分钟，总结讨论分析的主要内容，肯定学生的见识和胆量。然后跟孩子们谈心，谈关于竞争和锻炼的意识问题，指出人越开放，吸纳得越多，成长就越快，越能够超越自我。

第五课时

《荷塘月色》的拓展阅读。

这是两节连上的大课，我把它安排为阅读课，这是本次《荷塘月色》教学拓展的开始，是十分重要的一个环节。

1. 拓展阅读内容

（1）余光中《论朱自清的散文》。

(2) 朱自清的散文13篇：《背影》，《春》，《匆匆》，《温州的踪迹》之《月朦胧，鸟朦胧，帘卷海棠红》、《绿》、《白水漈》和《生命的价格——七毛钱》，《冬天》，《儿女》，《给亡妇》，《桨声灯影里的秦淮河》，《我是扬州人》，《择偶记》。

根据多年高中语文教学的经验，我从来都是利用语文课堂时间让学生阅读，如果把阅读放到课下，对于高中生而言，等于没有布置，众多科目的作业排山倒海地压过来，学生是不可能气定神闲地阅读的，即使有人能够看看翻翻，也不过走马观花，毫无质量和效果。不能保证效果，则一切归零。

2. 阅读目的

组织研究暨辩论活动——是否赞同余光中对朱自清的批判？是否喜欢朱自清的散文？

具体组织过程如下：

(1) 下节晨读课举行“我看朱自清散文”的小组自由讨论活动，以宿舍为分组单位，宿舍长为组长，负责组织。晨读讨论中互相问难答疑，争取每个人初步得出自己的观点，你是否赞同余光中的观点？赞同哪些，不赞同哪些？结合你所阅读的朱自清的文章，你如何评价其散文，你喜欢哪几篇？你不喜欢哪几篇？必须结合文本得出结论。

(2) 讨论结束后，下一节课举行课堂小型辩论会，交流各组讨论成果。

(3) 辩论会结束后，写研究论文，每个人将自己的认识总结成文，小组交流评议，每组推荐两篇本组最优秀的论文，交给老师，全班交流。时间为一周。

3. 阅读流程

先粗读余光中的《论朱自清的散文》，把握余光中对朱自清散文的主要评价。尤其是结合《荷塘月色》内容进行的点评，阅读之时要与自己的阅读体验做比较。

再读朱自清的13篇文章，其中《背影》、《春》、《匆匆》和《温州的踪迹》（前三篇）属于重温，阅读速度适当加快。其余则需认真品味，不但要体会语言文字，更要努力理解、探求文字中蕴涵的思想情感。

读完之后，再重读余光中的文章，第一要细心，第二要结合朱自清的文章，第三要保持自己的判断。

4. 布置作业

(1) 课下有时间，把这些篇目再多看几遍。理清自己的认识，疑惑犹豫之处，与同学交流。

(2) 准备下节晨读课举行“我看朱自清散文”的小组自由讨论活动，以宿舍为分组单位，宿舍长为组长，负责组织。

(3) 讨论结束后，下一节课举行课堂小型辩论会，交流各组讨论成果。

(4) 辩论会结束后，写研究论文，每人将自己的认识总结成文，小组交流评议，每组提交两篇最优秀的论文，全班交流，为时一周。

阅读是需要指导的。

从初中到高中，学生的阅读发生了量和质的双重变化，文本长度增加了，难度提高了。阅读如果单凭兴趣指引是远远不够的，所以，在阅读的方式方法上、技巧习惯上、目的意义上，都需要教师予以适当的指导。

阅读课，开始要有发动——关于阅读目的、流程以及方法的总提。在阅读过程中，教师要仔细观察学生的阅读习惯，比如坐姿、眼距等随时纠正；共性问题记下来，阅读总结时，集中分析。组织学生开阅读课，其开课和结课的阅读指导十分重要。开课时目的流程务必要清晰科学，结课时指导和作业更要具有针对性和可行性。

第六课时

这是《荷塘月色》的辩论课。

这堂课，汇报讨论交流的结果，请每个宿舍持不同观点的学生，各选派一名代表到前台来陈述本组的主要见解，每人限时3分钟，之后，再自由辩论。理不辩不明，各组之间热烈地自由讨论之后，以余光中的文章为引线，学生对于朱自清散文的评价，又达到了一个新的认识水平。

在此，重点谈谈语文课小型课堂辩论会的组织模式。

高中语文课堂教学往往需要考虑如何组织课堂辩论，规模大的辩论赛，经常搞根本不实际，可是采用“问答法”，又会使辩论徒有其名，经常变成老师问学生答，指哪打哪，别说辩论了，连讨论的氛围都很难形成。

所谓小型课堂辩论，就是介于辩论赛和讨论之间的一种活动形式，对于活跃语文课堂、有效激发学生学习兴趣、培养学生研读辩难的能力，是很有价值的。以下方法，或可参考。

1. 选题

辩论选题很重要。

针对小型课堂辩论的特点，选题不宜太复杂（复杂的选题不是不可以搞，那种选题就该采用辩论赛的方式了），但也要有一定的深度，以便学生有研究、阅读的兴趣。因此，选题范围最好是跟课本紧密联系，比如挖掘人物形象的差异性，对文章感情基调争鸣等。选题还应忌单调平板，一定要能够激发学生探究的欲望，而且结论一定要多样化，惟其如此，才会有辩论的可能。

举个例子，学习《雷雨》，就可以搞一个小型的课堂辩论活动。

辩论题目可以设计为：“周朴园对侍萍有没有真爱？”

所谓牵一发而动全身，这个辩题，首先可以激发学生探究争论的兴趣，有兴趣有热情，是使课程得以深入开展的前提。再者，此辩题能够引领学生探微索隐，无论学生持何种见解，其欲佐证自己观点，都必须从分析周朴园的个性心理入手。如此则必须研究剧本，前后勾连，品味台词背后的深蕴，咀嚼细节之处的滋味。

当然，选题可以由教师确定，也可以采取征集选题的方式，让学生自主选题，提交之后，分析比较，由师生共同确定。

2. 策划

确定好的辩题抛给学生之后，由学生自主表决观点，按照观点异同，将全班学生划分成若干小组（原则上每组不超过10人，具体分组要视班容量决定）。每个小组要确定负责人，担任组长，负责本组合议过程中研读、交流、讨论和总结等程序的组织工作。

小组合议采取课上集中与课下随机相结合的方式。课上时间最好选定在语文课的早读（或早自习）课上，以便于打破座位限制，各小组成员集中在一起，各抒己见，畅所欲言。因为是小型辩论，故只需安排一个课时的合议，未解决的问题，需要学生利用课余时间随机探讨。在课堂合议和课下交流时，各组学生也可以与教师交流意见。

通过合议，每组选出一名学生作代表，准备在辩论课上独立陈述本组对所持观点的基本认识，只许列讲话提纲，不许照本宣科。这名代表的选定，采取自愿与公决相结合的方法，提倡由本组最需要锻炼也最想得到锻炼的学生担当，而非是最擅长表达的学生相当。

3. 生成

准备工作全部就绪，小型课堂辩论就该拉开帷幕了。

第一步：条分缕析。

各小组陈词者按照抽签所定顺序上台陈词，每位选手陈词时间要有规定，如果分组较多，可以规定在2—3 分钟之间，总之，这个环节时间控制在8—10 分钟为宜。代表陈词时，要求条理清晰、有理有据、口齿清楚、服装整洁。

其余学生，要认真听取各组陈词，并摘要做好笔记，以备下一个环节之用。

可别小看这个陈词过程，这是观点交锋的第一步，也是后面热烈辩论的基础，因为每个代表都是集中陈述本组观点，这些观点是主要的辩驳对象，是靶子。课堂上往往新见迭出，令人思路大开。以《雷雨》为例，仅观点就出现了“始终有感情”、“从来没有感情”、“一直有深厚的感情”和“三十年前有感情，三十年后没感情”、“三十年前是真挚的感情，三十年后没有爱只有怀念”、“三十年前是玩弄，三十年中是忏悔，三十年后是疑惧”这样六种不同的认识。

第二步：融会贯通。

各组陈词结束后，全体学生按照就近原则，与自己的前后左右邻座自由交流对各组代表陈词的评价，要求逐一点评，与自己观点比较，聆听邻座同学的意见，力求得出更加深入、新颖的认识。这个环节，也要有时间限制，可以安排5—8分钟。设计这样一个环节，是考虑到现在高中班容量普遍很大，一课时的时间，如果课堂上分组集中交流很不现实，因此采取小组集中探讨与个人分散交流结合的方式。再者，课堂也是要有节奏的，这个步骤，是前后两个环节之间的缓冲，好比一首歌曲的过门。

第三步：质疑问难。

针对各组代表陈词的内容，结合个人的理解认识，在刚刚与同学一起融会贯通的基础上，学生自由发言，可以批驳某位或者某几位陈词者的观点，可以附议自己的认识，也可以独出新见，提出前所未有的见解。这个环节，是课堂最精彩的一个环节，活动的主体是学生，教师也要发挥及时引导的作用，以使论辩高潮迭起。

仍以《雷雨》为例，在这个环节中，课堂就达到了高潮，学生发言十分踊跃，而且都是点将质问，有备而来。比如一个学生批驳第一组陈词代表时这样发言："请问第一组代表，你们的观点是周朴园对侍萍始终有感情，其中你有一个论据说周朴园的一句'鲁贵像是个很不老实的人'体现了他对侍萍的关爱。我不同意你的看法，因为周朴园那句话并不是出于对侍萍的关爱，而是因为他了解鲁贵，鲁贵好赌，连自己的女儿四凤都敲诈，周其实是怕鲁贵利用他和侍萍的关系敲诈他，并不是因为爱侍萍。这一点，我们看剧本中侍萍的回答，就很清楚了'你不要怕，他永远不会知道的'。请你联系上下文仔细读一读，哪一个结论更恰当？"

这一轮采取竞抢发言的方式，谁先起立开口，谁就有机会发表自己的观点，如若质疑，受到批评的别无选择，需要据理以辩。即使甘拜下风，也是服膺于理，其乐融融。在辩论过程中，每个人都可以自由支援，补充发言。这个环节时间安排应该多一点，视课程情况而定，一般时间可控制在15—20分钟之间。

以上三个步骤的主持工作，可以由教师完成，也可以由语文课代表来做，应视班级具体学情而定。如果初次开展这种活动，建议教师主持为好。

最后，在课堂还有5分钟左右时间之际，教师对此次小型辩论活动现场即时点评，要有针对性，而且要从发掘闪光点入手，对于所辩论题目的不同看法，教师可以表达自己的个人观点，但是，站位要与学生平等，切不可教训学生。因为，辩论的目的在于丰富的过程而非唯一的结论，这一点，也许应该是每次辩论的原则和共识。

小型课堂辩论，对于培养学生“感受、理解、欣赏和评价的能力”有促进之功。

“朱自清的散文”研究成果选摘

摘录学生的研究成果，想起了王荣生的一段话：

“让学生自己来‘说’，从‘阅读’教学的角度，应该转化为使学生学会有节制地‘说’（读解）；‘阅读’教学的目的，是使学生学会（建构）在阅读中如何合适地倾听、合适地言说，即学会‘对话’——与文本的‘对话’。”

（王荣生《语文科课程论基础》p237）

点滴中有深意——驳余光中《论朱自清的散文》

张 杰

朱自清，中国著名诗人，作家，民主战士。尤其是他的散文成就，在中国现代文学史上，占有重要地位。

但就是这样一位人物，还是有很多人站出来批驳他，最典型的要算余光中了。他的《论朱自清的散文》一文，可以说是批得入骨三分，把朱自清的散文说得一无是处，算得上是经典的文章。

不过，我是很不同意的，具体有以下几点：

第一，关于《白水》一文中“这也是个瀑布”中“个”的使用。

余光中先生认为“瀑布以‘个’为单位，未免太抽象，太随便。”

我却不这么认为，“个”字，在生活中用得较多，“这也是个瀑布”，“个”和“也”字，两个字让人感到这个瀑布似乎普普通通，似无新意，而后，作者一句“但是……”，把瀑布的美与不寻常刻画出来，立时使读者眼前一亮，属于欲扬先抑的手法，充分调动了读者阅读的兴趣。一个“个”字，俗字不俗用，反而是别出新意的妙笔。

第二，关于《白水》一文中“扯”字的运用。

真如余先生所言“扯”这个字太粗太重，不典雅吗？不一定！朱自清先生的原文是这样的“岩石中间突然空了一段，水到那里，无可凭依，零虚飞下，便扯得又薄又细了。”我们可以试想一下，急湍顺流而下，突然遇见那空了一段的岩石，它无可凭依，无可依靠，它零虚而下，那种飞溅而下的快感与力量，又有哪个字比这个“扯”字更贴切、更恰当呢？

第三，关于《白水》一文最后一句是否画蛇添足。

余先生文中提到《白水》一文中最后一句“幻影也许织着诱惑，我的依恋便是个老大的证据”是“画蛇添足，是一大败笔”。我不得不问，何来画蛇添足？何来败笔？《白水》开头便交代了作者与几个朋友来游白水，而后是对白水细致典雅的描写，如果文章就此结束，那就好似是我们去过白水了，美好景色也看到了，而后就面无表情，一言不发地回家了。如此，再好的景色也不美了！一篇没有作者感情流露的文章，又如何读出美的韵味呢？又何需去读呢！因此，这最后的一句不仅不是画蛇添足之败笔，反而是全文画龙点睛的经典之笔！

第四，关于《荷塘月色》一文中开头结尾的运用。

《荷塘月色》中的开头一句“妻在屋里拍着闰儿，迷迷糊糊地哼着眠歌。我悄悄地披了大衫，带上门出去”和结尾“这样想着，猛一抬头，不觉已是自己的门前；轻轻地推门进去，什么声息也没有，妻已睡熟好久了。”据余先生所言，这两句便是“作者把自己的身份和赏月的场合交代得一清二楚”，“既无破空而来之喜，又乏好处收笔之姿，未免太‘油盐酱醋’了一点。”是否如此，且先听听封先勇先生是如何说的，在《智者的孤独——对〈荷塘月色〉主题的再思考》中，封先生对于《荷》文中的开头结尾，以及“妻”这个人物的出现如此说道：“朱先生文章很注重结撰艺术的，朱先生撰文也很吝惜笔墨，他不会在短短的一千余字的散文结构中构思安排‘妻’这个人物而没有深意！”我很同意封先生的观点，朱自清，一代文学大师，他的首尾安排决不仅仅局限于表面所表达出来的内容，更不会只是生硬的首尾呼应，串联文章！

我认为朱先生之所以如此安排文章首尾，是在表现或者说是在发泄自己的孤独与无奈，所谓“柴米油盐”的文字反而使得孤独与无奈变得真实。而“妻”的安排恰恰又以自己最亲近的人为衬托来抒发自己“不被世人所理解”的孤独感。如此，作者以一开头、结尾将自己的孤独无奈渲染到了极致，看似轻描淡写，实则含万千感慨！

第五，关于“妻”这个称呼的使用。

关于“妻”这个称呼的使用，余光中先生就太有些强施于人了。《荷塘月色》写于北京，而北京人称配偶多为“妻”。恐怕，只有在余先生生活的台湾，称“太太”的才较普遍吧。至于为何不称她的名字，而用个家常便饭的“妻”，这难道不是强人所难吗？作者与“妻”感情到了一定程度，最普通的，才是最美好的，过日子不就要个“家常便饭”吗？这方面不必多议！

第六，关于《背影》。

余先生评价《背影》时，就文章内容谈到“一个二十岁的大男孩是不是还要父亲这么照顾，而面临离别，是不是会这么容易流泪。我很怀疑”。再大的孩子，在父亲面前仍是个孩子，总是会得到父亲的一点帮助！而对于落泪，我就要问了：面对着祸不单行、满院狼籍的家，能不落泪吗？面对着父亲无微不至的关怀，能不落泪吗？面对着父亲翻越铁道的身影，能不落泪吗？面对着即将与父亲的分离，能不落泪吗？面对着父亲“大约大去之期不远矣”的信，能不落泪吗？作者写这篇文章时已经二十七岁了吧，已经深深感到作为父亲的不易，作者的几次落泪已不仅仅限于表情上，又有多少次是在作者心里啊！

余光中先生认为今日的少年应多读读坚毅刚强的文章，不必只诵这悲伤的文章。而我认为我们作为新一代的青少年，不仅要有坚毅刚强的一面，更重要的在于要有人性的一面，中国在这方面的教育已经忽视得太久了！

难道仅仅因为哭了几次便是懦夫吗？那朱自清先生晚年拒绝美国救济粮又算做什么呢？

总之，朱自清的散文写得清秀隽永，文章幽深而忠厚，朴实又风华，写出了情致，点点滴滴，一词一句中，无不渗透着作者对文学的热衷。仅仅几篇如此之评论是决不会动摇朱自清一代文学大师的地位的！

同学评析（略）

历史的印迹

谢晶晶

一位“文学创作上的多妻主义者”，一位民主战士，二人在文学的思想上碰撞出了火星，就让我使火星变成璀璨的火花。物理学中有“同向相吸，异向相斥”的说法，想必二人能为对方所吸引。我想，我应该带着乡愁诗人——余光中去探讨朱先生笔下的中国文化与中国性格，让他对朱先生有一个公正、全面的评价。

首先要说朱先生文章的内容。很多人认为朱先生的文章平凡、庸俗，写的全是生活琐事，描写的是一种缺乏美感的景致。其实不尽然，只要读者静下心来细细品味，会发现朱先生的文章平淡不乏为一种神奇，朴实又不失为一种优美。当他用一支平凡的笔挖掘出一块美玉时，不少人却惊呼：“他的文章只是美玉上的一斑瑕疵。”可没有人敢否认他的文章是中华文化中不可或缺的一部分。

在遣辞造句上面，朱先生是一名巧匠，在随意中造化一种神奇。余光中批判他的文章女性形象颇多，且形象十分不堪。例如《荷》中的两个比喻：“像亭亭的舞女的裙”、“像刚出浴的美人”。我觉得这是对美的一种追求。散文中适当的女性化可以增添文章的一种亲和力和一种让人无法抗拒的美的享受。这种感觉不仅会涤荡人的心灵，更会让人有一种从视觉美到思维艺术美的跨越。只有当你带着有色眼镜去看它时，你看到的才是自己肮脏的心态。女人是美的凝华，女人更是美的升华。大雕塑家罗丹刻刀下的女人不计其数，我们称之为一种艺术，对于朱先生的文章，不妨套用他的话说："对于朱先生的文章，不是缺少美，而是缺少发现。"

只要是一个有思想、有感情的人，都会被朱先生的真情流露所感动。他把生活剖析得很完美，感情表达得很真实。如在《儿女》、《给亡妇》、《背影》中，他对儿女、妻子、父亲的牵挂，以及字里行间的深深忏悔，使文章更具感染力。字字血，行行泪，这几篇文章表达出了任何一个有着相似经历的人的心声。

中国的文化源远流长，朱先生的文章代表着中国文化的一方面，他的蓝墨水的上游是黄河，深受中国文化的影响。在当时的文化背景下，一个爱国文人笔下也留下了历史的印迹，他是一个民主战士，为一种尊严而有骨气地活，他的笔不是鲁迅的枪杆子，是在寻求精神归宿的受苦人的港湾。余光中曾说："我慢慢意识到我的乡愁应该是对包括地理、历史和文化在内的整个中国的眷恋。"我想他们在对祖国的热爱上一定能够产生共鸣。

余光中曾深情低吟"乡愁是一湾浅浅的海峡"，希望这一浅浅的海峡不要把两个同样有着爱国情结的文人隔离开来，希望时间和空间上的距离能在他们之间产生真正的美。文人之间是互通的，就像朱先生以女性形象来表现美一样。在余光中最著名的《乡愁》中，诗中写的也全是女性，最后是大陆这个"母亲"使女性美升高到了极点。

就像化学的置换反应一样，他的生命已换位到了语文的教科书里，换位到中国文化的史册里。

历史没有放弃朱自清，不是吗？

同学评析（略）

自评：我觉得自己写得挺好！

教师评价：的确写得不错！尤其是角度新颖，能够将"余朱"联接起来，体现了你思维角度的扩放。好！可做交流的范本。

这个学生的自评和我的评价之如此，是有原因的，此文没有被本组同学公议作为优秀的交流论文提交，但小作者本人对此不服，她亲自把专题论文交给了我。一则文章确实写得不错，在众多提交的论文里也是匠心独具的；二则她这种不因为被否定而自我否定的精神也令人感佩。因此，在全班交流中，她们的小组就有了三篇。

整理这个课程的过程，是一个相当愉快的过程，因为我又经历了一次我和学生共同学习的过程。这个过程，是一个活泼的热烈的过程，也是一个安静的沉稳的过程；是一个合作探究的过程，也是一个独立思考的过程；是一个漫长而稍纵即逝的过程，也是一个短暂却历久弥新的过程。

设计这个课程的时候，我尽量把自己置身于学习活动的组织者和引导者的位置，克服自己“讲课”的欲望而激活学生“探究”的欲望。于是，就有了这样的“一片荷塘”。

所谓“创造性地理解和使用教材”，我认为，就是教师要结合自身的综合素养以及学生的认知水平，在通盘把握教材设置的基础上，自由而不任由，自主而非自专，引进活水，勾连拓展，大胆取舍，详略有度，弱水三千，取一瓢饮。从而，让有限的教学时间，发挥最大的教学效益，让有限的教学素材，变幻无穷的教学魅力。

方法三：纵深多维，重构文本

阅读教学应当“逐步培养学生探究性阅读和创造性阅读的能力，提倡多角度、有创意的阅读，利用阅读期待、阅读反思和批判等环节，拓展思维空间，提高阅读质量”（《全日制九年义务教育语文课程标准》）。

达成这个目标，教师应该怎么做呢？

面对任何一个文本，教师在备课时，都应该站在时空的坐标轴上，致力于探求它的内涵与外延，充分利用自己的资源，调动可以调动的一切因素，纵深挖掘，多维勾连，比照裁汰，最终确定自己课堂教学的目标和所要采用的方法与所使用的素材。

案例1：那一座座消失的城堡——我教《想北平》

《想北平》的文本价值，取之于现实，可挖掘的地方，尚有两处。

老舍之死

从苏教版教材的编排看，必修一第一单元选了食指的《相信未来》和江河的《让我们一起奔腾吧》。这两首诗都与20世纪六七十年代的历史变革紧密相连，在教学时，只有把握了那个时代的特点，才能够准确、清晰、透彻地理解文本。

第三单元中，教读老舍先生的《想北平》时，也必须要结合老舍的生平经历以及时代背景，才能够进入文本，体会感情。此时，梳理一个老舍先生年表，也是对初中以来就学习老舍先生文章所做的一个必要的总结。

老舍年表：

1899年出生，后毕业于北京师范，教书。

1924年赴英，伦敦大学东方学院汉语讲师，开始小说创作。

1930年回国，先后在齐鲁大学、山东大学任教授。

1936年写就《想北平》，抗日战争开始。

1946年赴美讲学，一年后旅居美国。

建国后，响应号召，回国。在文联等部门任职并创作话剧《龙须沟》，被授予“人民艺术家”称号。

1966年，文化大革命初期，因不堪受辱，投湖弃世。

至此，老舍的生命戛然而止。而这个时间段，恰好跟第一单元学习那两首诗歌的时代背景勾连在一起。了解到这些，学生会很自然地再度回望那段沧桑的岁月，感慨万千。

于是，布置作业，让学生周末放假上网搜索老舍生平的详细经历，尤其是关于老舍之死的有关文字，整理成章，以老舍先生的个案，引导学生再次涉足那段永远不该遗忘的历史，铭记一个民族的血的教训。

并推荐阅读冯骥才先生的著作《一百个人的十年》，作家冯骥才通过广泛的社会调查，披阅十载，将一代中国人的心灵记忆载入史册。在这部书中，他试图以对一百个普通中国人在“文革”中心灵历程的真实记录，显现那场旷古未闻的劫难的真相。反思一段中国绕不过去的历史，冯骥才为这些经历者留下了记忆，只有做到不忘却历史，历史才可以不再重复。

名城之殇

由本文中所描绘之北平，比较今日之北京，尤其是课文5、6、7三段里所描述之北平的风貌、建筑布置，比较如今之北京。请到过北京的学生谈谈，如今是否能体验到这种风情、这般空闲、这种美丽、这般风景。

然后谈北平的历史。明清两代，义和团运动、八国联军、军阀混战、张作霖、段祺瑞、乃至日本侵华、直至中国共产党兵临城下、傅作义将军最终和平交接政权，几百年的沧桑历史，几多战火之中，北平都完整地保留了下来。但是，20世纪50年代以来，新中国的建设、文化大革命、改革开放后现代化的建设……老舍先生心心念念，忧虑着可能会毁于战火之中的宁静祥和的属于老百姓的历史的北平，就这样消失在了和平年代。

梁思成、林徽因等，多么周详的计划，多么伟大的设计，多么悲痛的呼号，都无法挽救北平的消逝。现如今，幸存的几个门楼殿阁，在立交桥和高楼大厦中，仿佛是一个个巨大的惊叹号，在叹息着历史的无奈，文化的脆弱。愚昧、颟顸、粗暴、野蛮、功利、短视，让我们成为了看不见历史痕迹的民族。

于是，再联系《沁园春·雪》、《沁园春·长沙》、《浪淘沙·北戴河》、《水调歌头·游泳》，谈到毛泽东，看一看伟人的伟大胸襟、豪迈气魄，归根结底是什么。“百代皆行秦政治”的含义，“到中流击水浪遏飞舟”、“惜秦皇汉武”、“换了人间”、“当惊世界殊”等诗句的深层文化内涵。

由此可以看到，这个民族的历史，是多么不可遗忘，这个民族的前进是多么艰难。但是，新的闹剧还在上演，城市化的脚步，几乎无法阻挡，一座座历史名城，在拆迁改造的洪流中，消失了踪影，所有的城市，越来越成为一个模样。

再阅读王开岭的《每个故乡都在消逝》，点评并思考：历史，需要铭刻的是什么？现实，我们面对的是什么？未来，需要我们怎么做？

布置作业：上网查阅有关梁思成、林徽因等人的资料，查阅关于北京城拆毁的文字，查阅有关中国历史名城现状的文字。

推荐书目：费慰梅《林徽因与梁思成——一对探索中国建筑的伴侣》和王军《城记》。

《想北平》，是放在近一个世纪的历史中来拷问现实的，不免几多沉重，而这沉重，对于生活在当下的我们来说，却是有意义的。生命中不能承受的，恰是置身事外之轻。青春年少的孩子们，在思想成长的过程中，能够意识到自己应该具备创造文化、延续文明的能力和责任，不管他现在或将来能做什么，我相信这粒精神的种子，都会发芽的。

案例 2：那一场场生离死别——我教《长亭送别》

首先，回放一段授课实录：

1. 看这一场生离死别

播放著名黄梅戏演员马兰演唱的黄梅戏《西厢记》中《长亭送别》部分的开头一节，放至崔莺莺唱："伯劳东去燕西飞"停。

师：这是著名黄梅戏演员马兰演唱的《长亭送别》一段。我们今天就暂且看到这里。你们注意到没有，这个戏，做戏做得很足，尤其是一饮酒，"且尽生前酒一杯"啊！然后镜头就打向秋林，然后，就是凄怨的伴唱……那种悲凉的气氛，简直让人难以承受。为什么崔莺莺送别张生，她会这么痛苦呢？为什么她会把这场分别当做生离死别呢？

（学生窃窃私语）

师：（转身，一边板书"崔莺莺"三个大字）昨天让大家分析一下在"长亭送别"这个情节里，表现了崔莺莺什么样的思想感情、什么样的性格特点，要求同学们拿她和张生比较一下，和她的母亲比较一下，从哪些唱词、哪些对话之中得出结论。现在给大家3分钟时间讨论，然后再单独发言，共同交流。我这个课，内容非常丰富，如果你们抓紧时间，就能在这节课上，看到更多精彩。

（3分钟后，教师击掌示意）

师：有同学可能觉得，上节课我们统观全文，读了一遍，再梳理结构层次时，老师一点，我们都看出来了嘛！你看出来的，还是表面的东西。上节课，我只是提了一些问题，但并没下任何结论，你透过我提的问题，可能会有所感受，但是，你有没有尝试着去挖一下表面现象背后的根源呢？下面，我们就请同学们来单独发言，有一点说一点，大家互相交流。

2. 为何是生离死别

（1）崔莺莺的怕与忧。

乔涛：那个女的……（师：哪个女的？众生大笑。师：尊重点好不好啊，好歹叫个名字。）那个崔莺莺生怕张生出去之后采野花忘了她。（众生大笑）

师：生怕他出去了采野花。文中哪句话啊？

乔涛：第54页，"若见了那异乡花草，再休似此处栖迟。"

师：哦，崔莺莺最担心的就是这个，是吧？

乔涛：嗯，是，采野花。（众生又大笑）

师：能不能不用采野花这个说法呢，乔涛？换一个词？用你写言情小说的笔法来概括一下。

乔涛：移情别恋！

师（边说边转身板书）：呵呵，这不好多了嘛！担心他移情别恋。

俞志敏：崔莺莺还担心他一个人出门，进京赶考，路上没人照顾。

师：哦，除了怕他移情别恋之外，还担心他的身体健康。（转身板书"怕"字）如果说这个是怕，那么你这个是什么呢？

俞志敏：是关心。是忧。

师（板书"忧"字，继续问）：那么，怕的是移情别恋，忧的是什么呢？

怎么概括比较好?

师生共同读54页[五煞]部分唱词:“到京师服水土，趁程途节饮食，顺时自保揣身体，荒村雨露宜眠早，野店风霜要起迟。”然后共同概括出饮食起居四个字。(教师板书“饮食起居”)

(2) 崔莺莺的梦与怨。

同时有五个学生举手欲发言，本着女士优先的原则，先请女生发言。

曹雨:我想说的是“蜗角虚名，蝇头微利，拆鸳鸯在两下里”这句话。我觉得崔莺莺是把爱情看做至高无上的，而对于功名利禄是视如尘埃的。她和张生刚刚成亲，他就要离开她去求取功名利禄，甚至不知道什么时候回来，也不知道能不能回来，所以，她就觉得很悲痛。

师:嗯。刚才俞志敏和乔涛概括了崔莺莺心理方面的特点:一个是怕，一个是忧。而你呢，概括的则是她的思想方面的特点，是她的人生观。你认为她是视爱情为最高理想，把爱情当做——(生齐答)至高无上的。(教师板书“爱情至上”)对功名利禄是——(生齐答)视如粪土的。(教师板书“视名利如粪土”)

庞欢:崔莺莺对她的母亲不满。

师:对她的母亲不满?

庞欢:对。她是爱情至上的，刚才曹雨也说了。(师:你也同意这个观点?)是的，她是淡泊名利的。而且，她自己是相国的女儿，张生娶了她，也就尊贵了，但是她母亲非要逼着张生进京赶考，还要他夺个状元，她就对她的母亲非常不满。

师:你是从52页这里，“你与俺崔相国做女婿，妻荣夫贵。”这句话看出来的，是吧?也就是说，崔莺莺觉得相国之家，不愁吃不愁穿，为什么还非要他去考个状元呢?

刘浩:我觉得崔莺莺思想过于简单。因为她父亲虽然是相国，但是毕竟已经去世了，而崔莺莺偏偏只想和张生共享爱情的甜蜜，不追求名利，可是这样的话，她的家道肯定会衰败下来的，因为家里没有个顶梁柱嘛，没

有个男人。(大家齐笑)

师：庞欢是说崔莺莺埋怨母亲，刘浩说从这里看出来崔莺莺思想过于简单。

刘浩：我觉得她母亲看得更远。因为张生毕竟有实力，博学多才，他出去考个状元回来，娶崔莺莺门当户对、明媒正娶，不然的话，他就是一个市井小卒。

师：你从哪看出来的呢？

刘浩：他就是一个平凡的小人物嘛。

师：嗯，他没考取状元娶崔莺莺就门不当户不对，这个你从文本中哪看出来的呢？是张生有这个想法呢，还是老夫人的言语透露出来了呢？

众生："俺近日将莺莺许配与你，到京师休辱没了俺孩儿，挣揣一个状元回来者！"

刘浩：是的，他考中状元，就能继续维持这个相国的家业（师：还有门第），如果他就是和崔莺莺这样厮守爱情，说不定过个10年、20年，他们家道就衰败了，逆反了，没有经济的维持，锦衣玉食的生活就无法继续下去了。而因为经济的断掉，可能思想就会发生改变，那时候母亲也去世了，崔莺莺也老了，门第也就没有今日的强盛了……

师：你是不是想说，父母之爱子女——

刘浩：嗯，我觉得她母亲做得很对。父母之爱子女，则为之计深远。

师（一边板书一边说）：父母之爱子女，则为之计深远。你觉得她母亲做得很对。

刘浩：是的。而且事实也证明她母亲做得很对，他考中了，回来了。

庞欢：我也同意刘浩的一部分看法。母亲的做法是对的，你说张生一个热血男儿，他天天在家儿女私情算个什么啊！当然是应该去考个功名！但是，崔莺莺的想法也是正确的。你想啊，张生他是有实力去夺取状元的，他到京师拿了个状元，你想想，京师有多少高官啊，人家家里都可能有女儿的呀！（大家齐笑，议论纷纷）崔莺莺虽然是相国的女儿，但是毕竟她的父亲已经去世了。

师：哦，虽然是相国的女儿，但是，是前相国的女儿，是吧？所以，刘浩说崔莺莺思想简单，你认为崔莺莺——

庞欢：她从她自己考虑，这是很正常的。

(3) 崔莺莺的爱与痛。

师：在文科班，就有同学提出来这么一个词，说崔莺莺“自私”。而且是两个男同学说的，两个男同学站起来就说，崔莺莺自私，完全就是想把张生留在家里，怕他跟别人那再栖迟不归。不考虑家族的利益，不考虑张生的感受。（有男生点头称是）不考虑张生的感受？你们以为呢？

刘泽琨：我觉得不是这样的。她如果真的不考虑他的感受的话，她可以哭着闹着要自杀，说什么不让他走。（大家齐笑）

师：是啊。从文本中我们可以看到，虽然她非常痛苦，但是她——

刘泽琨：并没有阻拦他，还是让他上路了，并且叮嘱他要注意身体，要怎么怎么地……

师：嗯，她还是支持他的，只是一再地告诉他，考得中也好，考不中也好，有一节君须记，必须要回来。

孙飞：我觉得，不管是说她头脑简单也好，埋怨母亲也好，自私也好，终归有一点，她毕竟是女人呀！女人毕竟是女人！（大家齐笑）

师：崔莺莺毕竟是个女人呀！还女人毕竟是女人呀！女人怎么啦？

孙飞：女人，柔情似水。（大家齐笑，叫声乍起）

师：安静安静安静，人家孙飞不就说了一个女人柔情似水嘛！孙飞你接着说。

孙飞：这个特点是女人所共有的，不可能一个女人喜欢一个男人，喜欢了他之后，然后再把他放走。

师：哦，你又不是女人，你怎么知道女人呢？（教室里再次爆发热笑）

师：我为什么问你这个问题呢，孙飞，因为你现在讨论这个问题的时候，已经离开了长亭送别。你从文本里去找，去找你的论据，哪些地方体现了

你所说的，崔莺莺毕竟是个女人！（同时板书这句话）

你在这哗哗哗一通说，不知道说到哪儿去了。记住啊，这是我们在阅读理解、阅读鉴赏时最忌讳的一点。你从文本里边找，哪些地方体现了她这个女人的特点，或者说，女人的哪些特点，在她身上最突出地体现了出来？

孙飞：她跟张生一见钟情，她担心她在路上没人照顾——体贴，还有她怕他采野花——移情别恋。还有分别的时候那一系列的表现，哭啊，吃不下饭啊，依依不舍的。

师：这些都是女人所特有的，体贴、敏感，用你刚才的话说，还有柔情似水。

袁许健：崔莺莺把这场分别看做生离死别，我觉得还有一个方面的原因。

师：还有一个什么原因？

袁许健：我觉得她应该是怕张生万一考不取状元的话，他就不回来了。

师：考不取状元的话，就会不回来了？为什么呢？你从哪些地方看出来崔莺莺还有这一层担心？我们刚才在分析的时候，同学们都是从另一个方面来说的，比如，庞欢刚才说他考中了状元，京城里那么多大官，家里可能都有女儿，他可能就另攀高枝了，毕竟这是前相国之女啊。可是，袁许健却说，崔莺莺还担心他考不中就不回来了，你是从哪儿看出来的呢？

袁许健：54 页 [二煞] 里面，说“你却休金榜无名誓不归”。

师：哦，“你却休金榜无名誓不归”这一句。“金榜无名誓不归”这话是谁说的啊？

袁许健：是张生说的。

师：张生在什么情况下说的？

袁许健：52 页，和崔莺莺辞行的时候说的，“青山有路终须到，金榜无名誓不归”。

师：嗯。所以崔莺莺她担心，他考中了，她担心，担心他见了那异乡花草再像此处栖迟；他考不中，她还担心，他这次去是抱着必得之心，他说他去考状元就像什么一样？（生：拾芥尔！）如果他万一要考不中的话，他有可能没脸回来了，再也不回来了。那怎么办呢？所以，崔莺莺还担心这一层。袁许健同学阅读非常细心，非常好。

师：为什么会把这分别当做生离死别？我们看，崔莺莺心里的种种担心：张生这一去考状元，中了，有可能栖迟在异乡花草；考不中，有可能金榜无名誓不归。那么，自己是什么结局呢，无论他中还是不中，他都可能不回来。因此，这分别，就被当做一场生离死别。

师：同学们有没有想过，为什么崔莺莺把张生这一去，回来不回来，看得这么重要呢？

学生议论纷纷。

周剑：因为崔莺莺已经以身相许了。

师：他们已经成亲了。成亲了，她就生是他的人，死是他的鬼，是吗？

周剑：嗯。还有一个原因是社会的原因，对于崔莺莺来说，社会压力比较大，如果张生不回来，她没有任何办法。

师：我再问同学们一个问题，在崔莺莺的心里，张生能不能回来，他会不会回来，她认为，这个安全系数大不大啊？

生：不大！

师：在文科班，就有同学分析说，崔莺莺有个毛病，她不信任张生。对自己的爱人缺乏最起码的信任，你既然爱他，你就要信任他，你爱他，你怎么就不信任他呢？我们其实也都能看出来，崔莺莺不信任张生，在文本里是非常明显的。我想问的是，崔莺莺为何就这么不信任张生呢？

学生低头看书，窃窃私语。

师：大家翻到54页，看这一段：[二煞]你休忧“文齐福不齐”，我只怕你“停妻再娶妻”，休要“一春鱼雁无消息”，我这里青鸾有信频须寄。你却休“金榜无名誓不归”，此一节君须记，若见了异乡花草，再休似此处栖迟。同学们有没有注意到这一段的标点呐？

生：加引号了。

师：对啊，这一段里的“文齐福不齐”、“停妻再娶妻”、“一春鱼雁无消息”、

“金榜无名誓不归”都是用引号引起来的。引号表达了什么意思呢？

生：这是引用的。

师：是啊，这几句话是不是崔莺莺话别当时创造出来的呀？（生：不是）是啊，除了“金榜无名誓不归”是前引张生的话之外，其他几句都是引用的，有的是古语，有的是前人的诗句。比如“一春鱼雁无消息”这句，昨天我们补充了，这是秦观《鹧鸪天》里的句子。

师生齐读：

枝上流莺和泪闻，新啼痕间旧啼痕。一春鱼雁无消息，千里关山劳梦魂。

无一语，对芳尊，安排断肠到黄昏。甫能炙得灯儿了，雨打梨花深闭门。

师：崔莺莺这种担忧，这种忧虑，这种害怕，这种埋怨，这种视这一场分别为生离死别的痛苦，是不是因为她太感性啊？（学生纷纷摇头）不是啊，是因为她太理性了，因为她知道，张生很有可能像以前所有的那些王生、李生、陈生、赵生一样，这一去就“一春鱼雁无消息”！而自己，很有可能就像以前的赵王张李周吴郑钱等等之类的那些莺莺燕燕一样，就只有“千里关山劳梦魂”！所以说，这里边包含了非常丰厚的、我们现在这个时代的同学们你所不能理解的东西。

……

这段实录，展现了我们学习《长亭送别》时，对崔莺莺人物形象的探究，这个探究，其实是在为课堂的第三部分“曾经有太多的生离死别”做铺垫。

3. 曾经有太多的生离死别

师：文科班有同学说，崔莺莺真是无聊啊，你为什么就把你的一生都牵涉在这个男人身上呢？他走了，你不会干点别的吗？他走了不回来，你不会去找他吗？可是我们想想，在那个时代，有这个可能吗？她能自己掌握自己的命运吗？实际上，在与张生的关系上，就像刚才周剑所说的，她已经以身相许了，而且她这种以身相许，是违背礼数的。如果张生抛弃了她，张生不会受到任何指责，她却没有任何办法。

师：我们一起，从古看起，了解一下。

教师点开大屏幕，播放音乐《阳关三叠》，伴着曲子，一页一页朗读并讲解屏幕上的内容：

《诗经·郑风·遵大路》（遵大路兮，掺执子之祛兮……）

《诗经·郑风·褰裳》（子惠思我，褰裳涉溱……）

《诗经·秦风·蒹葭》（蒹葭苍苍，白露为霜……）

《诗经·郑风·將仲子》（将仲子兮，无踰我里，无折我树杞……）

《古诗十九首（其一）》（行行重行行，与君生别离……）

《拟古九首（其一）》东晋·陶渊明（荣荣窗下兰，密密堂前柳……）

《拟行路难（其一）》南北朝·鲍照（洛阳名工铸为金博山……）

《闺怨》唐·王昌龄（闺中少妇不知愁，春日凝妆上翠楼……）

《蝶恋花》北宋·欧阳修（庭院深深深几许？杨柳堆烟……）

《凤凰台上忆吹箫》宋·李清照（香冷金猊，被翻红浪……）

《钗头凤》南宋·唐婉（世情薄，人情恶，雨送黄昏花易落……）

就这样，从先秦的自由平等泼辣奔放，到两汉魏晋的哀婉愁思不尽相思，再到唐代的怨艾悲叹望眼欲穿，再到两宋的庭院深深凝眸咽泪。从诗文中，一路迤逦而来，可以清晰地看出中国古代女子生活天地逐渐被缩小，人身自由逐渐被限制，除了被动地等待，除了凄婉的哀叹，再难有其他办法。

于是，大屏幕详细展示“三从四德”和“七出之条”的渊源发展和具体内容，学生观之，不禁个个目瞪口呆。

此时，大屏幕打出秋瑾的《鹧鸪天》：

祖国沉沦感不禁，闲来海外觅知音。金瓯已缺总须补，为国牺牲敢惜身。

嗟险阻，叹飘零。关山万里作雄行。休言女子非英物，夜夜龙泉壁上鸣。

然后，播放邓丽君《路边的野花不要采》、舒婷诗歌《神女峰》朗诵、毛阿敏《女人不是月亮》、齐秦《大约在冬季》、赵传《爱要怎么说出口》、阿牛《桃花朵朵开》、王强《秋天不回来》、钟镇涛《只要你过得比我好》、黄立行和刘若英《分开旅行》、屠洪刚和王菲《爱人》，最后，播放舒婷诗歌《致橡树》朗诵。

这些不同时代的流行歌曲、诗歌，恰好可以反映时代变迁中，女子在爱情生活中的地位变化。《路边的野花不要采》，不乏戏谑与调侃；《神女峰》“与其在悬崖展览千年 / 不如在爱人肩头痛哭一晚”，不啻是爱情独立宣言；《女人不是月亮》，是女人在思考女人的人生价值；《大约在冬季》，是即将远行的男子对女子的深情款款；《爱要怎么说出口》，是被爱煎熬的男子的痛苦；《桃花朵朵开》，则已经是男子在等待女子归来；《秋天不回来》，是男子对女子苦苦地呼求与怜惜；《只要你过得比我好》，是一往情深的男子对女子美好的祝愿；《分开旅行》，在探讨相爱双方的尊重与自由；《爱人》，表达的是彼此的支撑与信赖……

最后，教师提出五四时期最有名的“娜拉出走以后”的议题：有人说，娜拉出走以后的问题，要靠娜拉自己去解决。是这样吗？只能靠娜拉自己去解决吗？

《长亭送别》，我将其放在两千年历史长河的坐标系中，用黄仁宇先生大历史观的方法，把一个小情节，放到历史长河中去观照，纵剖横截，孩子们看到了更多沉疴，也感受到了更多惊喜，感慨深矣。

请看女生丁希璞的文章《中国女子生活变迁》结尾三段：

明清时对妇女的压制达到了前所未有的程度。《大清律》中规定：“其夫丧服满，果愿守志，而女之祖父母、父母，及夫家之祖父母、父母强嫁之者，杖八十。”此时涌现出大量殉夫而死的妇女。余秋雨写过一篇关于贞节牌坊的文章，我直到现在才明白，那不是荣耀，而是一个妇女一生的悲哀，不过那时，已有《红楼梦》这样的崇尚新的爱情观、鄙弃仕途经济的书出现，它们虽然只是星星之火，但也代表着希望。

近现代的女性逐渐觉醒，开始为自己的社会地位反抗。舒婷就曾发出过这样的感叹：“与其在悬崖上展览千年，不如在爱人肩头痛哭一晚”，她呼吁女性大胆追求世俗幸福，获得自己应有的权利和地位。

中国的女子是不容易的，奋斗千年，终于换得如此的平等。

再看男生钮楷的《被力量绑架了的女子们》节选：

即使是说到那几个少有的女性统治者，也能发现她们那种男性色彩。吕雉有野心，当权后杀死了刘家无数子孙。这种血腥哪是一般女子所有？恐怕也只有兵刃沙场之士才敢吧。而武则天生性刚强，入宫之前向母亲告别时放言："侍奉圣明天子，岂知非福，为何还要哭哭啼啼，作儿女之态呢？"这种政治眼光绝非一般女子所能比。慈禧就更不用说了。这些被男性化了的女子一定程度上冲击了男子统治的观念，但她们骨子里用的招数套路，毕竟还是男子们惯用的。

如今的主流看法认为，男女各有优势，而现代社会的发展，离不开各种优势的互补协作。遗憾的是，人人皆平等也只是一个趋势，免不了掺杂腐朽陈旧的观念，在农村，有这么一条规定即可佐证：第一胎是女孩，可以生第二胎。这种歧视让第一胎的女孩情何以堪？如果她问父母弟弟为何来到世界，她能接受父母的那一句"因为你是女孩"吗？而那句"是中国房价改变了重男轻女"更让人感到无力。人们只是因房价所迫才想生女孩，这是多么悲哀啊。

而李天骄同学更是直言："从整个社会来看，男女平等体现的是一个社会的思想开放程度、公正程度。一个社会，男女越平等，那么，这个社会就越是现代化，越是文明，越是和谐。"

……

纵深多维，挖掘文本，勾连对照，重构文本，让一篇篇课文，成为一粒粒种子，生根、发芽，在日日递进的语文课堂上，长成一棵迎风沐雨的树，每一根枝桠都有生命的力量，每一片叶子都饱含情感的润泽，每一朵花都绽放个性的绚烂，每一颗果实都孕育着智性的丰盈。

三年，我真的长大了许多，由小小的自我走了出来，除了自己外，关注了更多更广的世界，学会了理性的思考，学着以更健全的角度去看世界，放下偏激，放下麻木。他们不是别人，他们也是我们，这一切都与我们有关，这些话真的已经刻入我的骨髓中了，这些东西震荡着我的灵魂，这是我一生的财富。

这是2010届毕业生，我的课代表丁培培，在高考结束之后，回想过去三年的语文课，写下的文字。

有重量、有热量、有胆量的语文课，确实能够给学生以“一生的财富”。

比如《最后的常春藤叶》，我将其与初中课文泰格特的《窗》比较阅读，分析两组人物（病人与医护亲友）的异同，再联系南京彭宇扶助老太案、福建南平郑民生屠童血案、台湾抗癌小诗人周大观的故事，日本童谣诗人金子美玲的遭遇与诗歌，课堂以盲歌手周云蓬的歌曲《如果你突然瞎了怎么办》做结，由小说到生活，从表象及内心，按照“别人之于他们”、“他们之于自身”、“他们之于我们”三个层次，层层剥笋，逐层推进。

师生最终达成共识，对于社会而言，不能把所有的责任都归于一个人身上，每个单个的个人都是脆弱的、渺小的、复杂的，很容易动摇的；对于自我而言，不要对别人的苦难漠不关心，因为他们不是别人，他们就是我们。如果我们处于苦难之中，该怎么办？如果我们看到别人在苦难之中，我们该怎么办？

就这样，课堂在发人深思的追问中结束了，而心灵的颤音，还在不断回响。

方法四：精心设问，把玩文本

教师在备课时，对于文本，应观其大略并熟读精思。

把握一个文本的教学，要有精当的问题意识。一个出色的问题，好比打开文本的一把钥匙，设置一个精当的问题，如同在阅读的大门上，安装一个有力的把手。精当的问题，在阅读教学中，即为纲领，纲举目张，提纲挈领，牵一发动全身，以四两拨千斤。

这样的问题，往往可以从文本中抓取。

比如杨绛先生的散文《老王》，就可以抓住文本最后一句“那是一个幸运的人对一个不幸者的愧怍”来组织教学。统观文本，微观品味，分析那是一个怎样的“幸运的人”，那又是一个怎样的“不幸者”，他们彼此之间的关系是怎样的，他们对彼此之间的情感有什么异同，为什么杨绛先生会“渐渐明白”，自己“每想起老王，总觉心上不安”，是出于“愧怍”，而那又是怎样的一种“愧怍”？

如此环环相扣，步步交接，对《老王》文本的探究，必然可达深入。

这样的问题，还可以由教师结合自己的授课思路而设计。

比如李乐薇的美文《我的空中楼阁》，我在教学时，首先采用以读激趣的方法，第一课时让学生边读边赏，体味文章语言文字之美。然后教师范读，将学生带入雾失楼台月迷津渡的“空中楼阁”之境，在课堂结尾时则抛出一个问题：“如此美妙的小屋，到底是真还是幻？”第二课时则以此问题为议题，在晨读反复吟诵体会和课下小范围交流的基础上，让学生展开自由辩论。其实，辩论“是真是幻”不过是个切口，真正的目的是由此切入对作者思想感情和本文主旨的把握以及评价。

再比如高尔斯华绥的小说《品质》，教学设计中，首先通读全文，把握人物的命运与性格，然后众生研读细品，分析并点评格斯拉兄弟的形象及品质，最后，我设置了一个问题：“如果我是格斯拉……”激发学生反躬自照，分组交流，共同探讨，从文本，从现实，从理想，从他人，从社会，从自身，多方对照拷问，辩驳问难，议论风生，从而探究“理想与现实是否可以连接”这一深刻问题。

一个有价值的问题，不能仅仅指向知识，知识是文化的载体，文明借助文化传承发展。有价值的问题，既有知识含量，又应超越知识，面向精神和心灵，才能在师生间建立起对话之桥。一个有价值的问题，无论是对文本准确深入的解读，还是对思维的锻造、思想的打磨，都会起到点燃的作用。

这种问题的设计，当然与教师自身素养密切相关，首先，教师要具备这样的问题意识，在设置问题时，指向要明确，开放度要大，必须考量这个问题的价值有多大，有多少含金量，有没有设置在关键处，能不能激发学生的求知欲，是否值得学生去探究，其外延有多大，其难度是否可操作等。这些，是一个教师在备课时，精思熟虑，必不可少的地方。

其次，教师要有对文本自主开发研究的热情和信心。还是那句话，不能一本教参包打天下。备课时，最好先把教参丢到一边，自己研读文本，边读边思考，读完再思考，问问自己的收获在哪里，自己的困惑在哪里，自己的见识在哪里，然后，再旁搜远绍，杂取博采，或则质疑，或则共识，或则调整改观，或则愤悱恻忖百思不得其解。

教师备课时没有思路，很大程度上是教学目标局限于教参和考试，被束缚成习惯，丧失了独立思考的能力。不再以考试为全部教学目标，让教参成为参考，教师就会开始思考自己对教材的理解是什么，进而明确课堂的教学目标是什么，这些问题弄清楚了，思路自然就有了，然后就能设计出有含金量的问题。

接下来，是如何处理课堂预设与生成的关系，教学目标（包括所设计的问题，因为设计问题就是为了更有效地达成目标）即是教师的预设，而课堂却是一个动态生成的过程。师生之间的对话，围绕的是教师的教学目标还是学生的思维、思想情感的发展生长？如果教学目标一时难以达成，教师应该怎么办？教学过程中，对话的质量，取决于对这两个问题的回答。教学过程中，教师不能心里只装着自己的教学目标，自己的问题，要时刻关注学生，并适时做出调整。不能为了达成目标而教学，因为，课堂教学目标，正是为了促进学生的发展而设定的。

对话是多维的，师生对话，生生对话，教师在其中必须要注意自己的引领作用，针对课堂中学生主体地位的丧失之现状，有论者提出师生平等的观点，这个平等，倘若指人格、意志、尊严、自由等，自然无可非议。但是倘若在教学活动的组织中，在文本研读的探讨中，在探究学习的过程中，教师与学生之间也来一个平而等之，则属于不负责任了。教师和学生，本身是有差异的，所谓“闻道有先后，术业有专攻”，尤其在智识水平上，差异更加明显。抹杀客观差异，刻意追求平等，是对教师的藐视，也是对学生的忽视，更是对课堂教学基本规律的盲视。

那么，教师就需要考虑自己的双重角色，在备课的过程中，努力发掘自己在智识上的优势，力争在更高的平台上准备课堂教学，教师的备课是教师对文本进行个性解读的必要环节，可以视做教师对课堂的一个基本预设，这个预设是必然要存在的，不但不能避免而且应当提倡，只有当教师对文本有了属于自己的独特见解之后，才能够得心应手地驾驭课堂，才能够在课堂教学上对文本做出合理的取舍，才能发挥教师的积极主动性。

而在课堂上，教师则应从学生的智识水平出发，循序渐进，与学生一起朝向更高层次迈进。这个进发的过程，应该是“教学相长”的最美妙的过程。在这个过程中，教师应该把握学生的思维角度、关注学生的思想内核、体验学生的情感体验，课堂中的惊喜与新奇，是师生共生而成的，甚至，大部分的惊喜是来自于学生的。而不再是教师事先准备好了的包袱，适时抖开来，震惊一下学生。它也许与教师对文本的解读契合，也许还能够超越教师的个体解读，也许与教师的深度解读尚有一段距离——那又有什么要紧，课堂教学不应是揠苗助长，如果学生还无法达到教师所预设的高度，何妨暂时先让学生保留他自己的稚真拙嫩，只要思考不停止，总有一天，他是会真正领悟懂得的，而那个时刻的自然到来，由于是他自己心灵的跋涉而得，将是怎样的一种欣喜啊!

这样的课堂，教师的推动引领是内隐的，是平缓的，是满含期待的，仿佛春煦鼓动小草破土一般，教师帮助学生把思维舒展、思想成熟、精神生长的原动力启开，这个美妙自在的过程，则归还给学生自己。这样的课堂，无论是提出问题还是解答问题，无论是发现疑窦还是做出结论，所有这些精彩的折转绾合之处，是经由学生通过个人努力，或者合作探究乃至交相问难而得来的。

一个语文教师，应该不断经历这样的脑力劳动，享受这样的思维辨识之乐，体验这种耕耘与收获的成就感。如此，在阅读教学中，就可以相对自如，逐渐获得使用教材和驾驭课堂的自主权。

苏教版语文教材必修五中，归有光的《项脊轩志》也是被删节的。

补记之前的“项脊生曰：蜀清守丹穴，利甲天下，其后秦皇帝筑女怀清台。刘玄德与曹操争天下，诸葛孔明起陇中。方二人之昧昧于一隅也，世何足以知之？余区区处败屋中，方扬眉瞬目，谓有奇景，人知之者，其谓与埳井之蛙何异？”一段，被删掉了。

我在教学此文时，首先概述归有光生平：9岁能文，24岁举乡试，少年得志，其后二十余年，八上春官不第，35岁才中举。37岁移居嘉定安亭江上，读书讲学，世称震川先生，60岁才中进士，授长兴知县，因为抗拒上司命令，被迫离职，转为顺德府通判，管理马政。后为南京太仆寺丞，留掌内阁制敕，参与撰修《世宗实录》，以劳瘁致疾，65岁卒于南京。

然后，给出被删节的语段（根据语段难易程度，我给它加了几处注释），请学生抄录下来，明确告知，此乃被编者删节内容。请学生根据课文内容以及课文注释（注释中注明了本文是分两个时间段写成），根据被删节语段内容，分别把握其思想感情，再联系归有光生平，将被删节的语段还原回去。

这个问题设置得精巧而得力。首先，锻炼学生利用注释理解文言文的能力，这是进入文本的第一步。无论是课文还是补录语段，教师都不做讲解，学生全凭注释理解分析，融会贯通。而最主要的，是让学生披文入情，他们要做的，不仅仅是理解文意、梳理脉络这么简单，更是在此基础上，仔细揣摩文章的语言文字，体味其所传达的思想感情的变化过程，比较前后差异，并联系作者的生平际遇，大胆猜想合理假设，文中取证，自圆其说。

经过这样的阅读品味、思考探究，学生终于成功地还原了文本，而文章的结构、思想和感情乃至语言特色和艺术风格，此时，已无需教师再多说什么了。

你看，学生随笔中的文章，其中况味，概当以慷：

归有光的项脊轩

胡耀杰

项脊轩显然是在与归有光一同病卧着，怕是连拄拐杖也不行了。但回忆里的青年自然是挺直脊柱的。

那时尚是青年，面对着的是旧南阁子。“室仅方丈，可容一人居”的“百年老屋”，当然挡不住小年轻的一把火。于是“尘泥渗漉”的屋顶被“余少为修葺，使不上漏”。原本“北向，不能得日，日过午已昏”的采光由“前辟四窗，垣墙周庭”而“洞然”。阳光洒在地板上，也温暖了同学的书桌。花花草草都种上，舍贫但书还是能借的，好歹满架，就读时也“万籁有声”。清贫的书舍便打扫好了。一屋不扫何以扫天下，此时，归有光同学望着修葺后的房子，心中想来不止是房子的，他的寄托在一架书上。时来啄食的鸟恐怕是不懂的，三五夜影之清明，能耐住的人才能名扬天下吧。望着影动入睡，心中依旧是孔孟之道、圣贤经纶。不然还能在哪里寻觅到希望呢？

希望还只是一张空头支票，天下未扫几扫，便要掸去门墙上的灰了。家族破败、人情冷暖，在这个庭院中展开。鸡飞狗跳炊烟四起，不知道归有光端着一箪食时，是否还有心思想着孔孟呢？

他恐怕没多感慨，便有老妪来指其母所在了。家族崩裂，归有光怕是没有那么多才华与热情来修葺这个家了。大母象笏置于书桌之上，竹影寥落桂枝虬曲，他不觉欷歔。不知道是为大母所感动呢，还是心有潜藏已久的悲哀。

但青年向来是能将破败视为力量的。蜀清与诸葛，恐怕便是自己的影子。他长号一声。破落轩阁是他清贫的家底不错，但也激励着他有朝一日持象笏走入朝中。子曰：“何陋之有？”项脊轩的灰尘都能化做自己血液的温度。

于是扃牖，一心向自己争天下之志迈进。从各种可能的地方汲取不切实际的力量，相信项脊轩不焚有神佑，扯上关系是为了堵上那逐渐扩大的屋顶漏洞，硬闭上眼不看项脊轩的破旧不堪与家的惨白。

闭上眼便看到神，孔孟与天下，心中充满青年的热血。

不知何时看到了年少时写的《项脊轩志》。阅读过去的文章显然是需要勇气的，除非一个人一成不变。他看着项脊轩志笑不出来，哭不出来，他似乎木讷。

他觉得一个青年的热情犹如叶会枯败一样理所当然，合理得不知道用什么表情来面对。于是他提笔告诉这个青年接下来会发生的事，用平静如死水的语气。

后五年，你会娶妻。她会像小鸟依人一样地随着你问古事，凭几载你在读的书。小妹问阁子是什么？你那时会心想，阁子便是纷落的家，无处寻觅踩不实的归宿。

后六年，妻死。这个家失修两年，再修，却不常居了。

你会看到枇杷树展开它那绒毛的叶子，一点一点亭亭如盖，开得茂盛热烈偏执癫狂沉溺。热情的事物却难以再勾起你的热情了，即使当年一捧灰都能点燃你。你平静地想，树龄到了，热烈是合理的。你望着那把持不住乃至快要跃起的枇杷树，却在心中暗自预订它的衰败。

只是不知道你听我说了那么多，眼中是否反而冒出热切的火。

最后，我袭用一下胡耀杰的话：“不知道你听我说了这么多，眼中是否冒出热切的火？”

阅读教学，可谓广阔天地大有作为，我仅凭自己的教学经验，略举数例，浅谈一二，既无理论依据，也无科学佐证，只是在讲述一个热爱语文的语文教师，怎么做以及为什么这么做罢了，但愿还能够给读者以一块攻玉的石头。

尾声：一个人的朗读

今天，学习海伦·凯勒的《假如给我三天光明》。

第一课时，走进文本，用20—30分钟时间，让孩子们朗读课文，体会作者的思想感情。同时，请他们思考教材上“文本研习”栏目下的问题：“假如得到三天光明，海伦·凯勒打算怎么安排？她为什么会做出这样的安排？”并画出那些触动自己心灵的语句，留待读完点评。

学生展开书页，很快进入境界，各自按照各自的速度与感情，此起彼伏地读了起来。

20分钟后，陆续有人停下，开始动笔，概括总结，点评语段。

25分钟后，为数不多的人在读，声音渐次稀微。我说：“没读完的同学，接着读，读完再动笔。”读书声便又起来。教室里，有凝神思索的，有奋笔疾书的，有翻页浏览的，也有继续朗读的。

渐渐地，只剩下两个孩子还在读，钮楷和钱范祥。

他俩读书，都很有特点。

钮楷读书，犹如唱书，是那种从小学里就被选入朗诵队，经常在节日里手捧鲜花唱诗的孩子。一个月前，让他读老舍的《想北平》，拖着长腔，声调夸张，班里的孩子都笑得前仰后合，他自己也红着脸笑。我给他示范了几次，领头读起，再由他接，可是那文字一到他嘴里，无论怎么读，都无法自如，全然是“连——爷——爷——我——们——欢——迎——您——”的调子。

这一个多月，他慢慢地调整自己，终于可以不唱了，但语速仍旧缓慢悠长，时不时地会哼那么一哼。

他读得慢，也就不奇怪了。

而钱范祥读书，字正腔圆，每个字都吐得玉润珠圆，可又不是CCTV播音员播音的那种不动声色、义正辞严，他能将每个字都咬得满含深情，像极了从三味书屋出来的寿镜吾。背诵《赤壁赋》的时候，他站起来，倒剪双手，目视前方，镇定自若，吐纳丹田之气，从“客喜而笑”，到“不知东方之既白”，两行字，念了足有3分钟。他跟钮楷不同，众人皆笑而他不笑，非但不笑，还有些莫名其妙，仿佛在纳罕：我这背得好好的，你们缘何发笑？

想到这里，我不禁暗自发笑，呵呵，按照他的速度，读到最后，再正常不过。

果然不出所料，钮楷也拿起笔开始写了，钱范祥仍然在读着，30分钟了，还好，他已经读到了海伦·凯勒的第三天。

钱范祥不紧不慢地读着，声音不高，但是整个教室里都能听见。这次，没有人爆笑，但是，很多孩子望望他，再看看我，窃笑之后，欲言又止。

我既没有对窃笑的孩子表示什么，也没有对看向我的孩子流露什么，嘴角隐隐含着笑意，我凝望了片刻端坐着读书的钱范祥，低头翻着手中的书，循着那节奏从容的读书声，随之体会字里行间的意味。

钱范祥的读书声，渐渐地，融入了教室的氛围中，没有人再看他，也没有人再看我，没有人再窃笑，也没有人再不安，风过无痕，水面清圆，一枝风荷举。他还在按照自己的节奏读着，每读完一段，还略做沉吟，然后，继续。他们，或者笔尖沙沙地写着，或者专注地思索着，各自品味各自的，读书声，使教室里更加安静如水。

36分钟过去了，钱范祥终于读完了最后一个字。他仿佛才从自己的世界醒来，放下书，看看左右，手指轻轻碰碰同桌钱玉亭，大概是想问她在做什么。而钱玉亭正在奋笔疾书，她在做自己的事情，一心全在点评中，任他碰了再碰，头也不抬，手也不停，也没有声响，也没有不耐烦的神色，只是一种专注。于是，钱范祥也不说话，等着。一分钟后，钱玉亭放下笔，冲他扭过头去……

我在讲台上，静悄悄看着这一幕，心中充满喜悦。

此时，还有2分钟就要下课了，我拍了拍手，孩子们抬起头。

我说："马上下课了，我说两句话，然后就把课本收上来，我看看你们初步的理解和点评。钱范祥，你刚刚读完，肯定还没点评吧？"

他认真地点头说："还没有！"

全班孩子此时哄堂大笑，我也笑了起来，面向大家说："刚才只剩下钱范祥一个人读的时候，你们有人是不是希望我去提醒他改成默读以加快速度啊？"

一些孩子频频点头。

"钮楷，你是因为觉得只剩下你们俩在读了，就中断了自己的朗读吗？"我又转向钮楷。

"不是，我读完了。"钮楷认真地说。

"嗯，很好。其实我知道你是读完了。"我冲钮楷笑笑，又面向大家，"你们知道我为什么不去制止或者提醒吗？因为我们本来约好的大家先朗读，朗读的速度有快有慢，每个人有每个人的习惯和特点，以大多数人的标准去要求与众不同的人，这是不合理的。是不是？"孩子们若有所思地点了点头。

我接着说："何况，我想钱范祥之所以读得慢，除了跟他的朗读习惯和速度有关之外，可能他还在边读边思考，在深入地体会。钱范祥，是不是呢？"

钱范祥抬头说："太长了……"

孩子们又一次哄堂大笑，我也跟着笑了起来。王泓宇大声笑着说："老师要失望了！"我笑着说："我为什么失望呢？你们听他把话说完。"

钱范祥此时站了起来，接着说："我读得慢，一是这文章太长了，还有是我觉得有些语句有很深的意味，我一时不太好理解，我要一边读一边理解……”

“哦？也就是说，你是一边读一边思考的？”我问。

“是的，我要读懂，而且想体会出其中的意味来。”

“哦，怪不得你每读完一段之后，还要沉吟片刻，那也是在思考回味……”

“是累了。”他打断我，全班又一次被他雷到，笑倒一片。等笑声渐消，他又接着说：“一方面是累了，因为文章真的太长了；另一方面，我确实是在回味。”

“嗯，终于你还是把它读完了，有很多感触吧？好的，你慢慢点评，我先不收你的书，点评完了你再给我看。请坐吧！”

钱范祥坐下之后，我又面向全班说，“现在你们理解我为什么不打断他了吧？而且，我也对大家的表现感到很欣慰，你们很快就接受了这个与大家都不同的朗读者，并且能专注地去做自己的事情，这就是一种文明，一种承认差异、接受差异并且尊重差异的文明。一个人的朗读也很美的，因为没有任何人粗暴地制止他，我们都学会了欣赏和包容，这才有了我们这节阅读课的和谐圆满。好了，下课后我要分享一下你们的阅读成果。”

第二单元

唤醒沉睡的心魂——我这样教写作

※ ※ ※

我认为没有什么语言比一个人真实的思想和感情更动人，也没有什么言辞比事物本身更有魅力。热爱真理，谦卑地折服于真理的语气，比任何强辞雄辩都更让人愿意聆听。如果说写作有什么法则，这就是法则。

——（英）赫·斯宾塞《斯宾塞的快乐教育》

※ ※ ※

引子：有个学生叫何颖

六班有个学生叫何颖。

看名字一直以为是个女生，看随笔发现他住在男生宿舍，于是知道是个男生。后来，在班里将人和名字对上了号，原来是个说话会脸红的羞涩男生。

他的语文基础很差，不是一般的差，是错别字连篇、语句不通的差。不客气地说，还不如小学生的语文顺溜。他入学的语文成绩如何，我不知道，因为我一向不关心学生的分数。他的随笔，我看得格外认真，每个错别字都圈出来，不管重复出现多少次；每个病句都画出来，不管是多么小的一个毛病，但是，我从来不给他改，每次再收上来，首先看看他以前的错误改了没有，改对了没有，如果没有，再圈点并且提写警示将该页对折，直到改对为止（其实，别人的随笔也是这样看，但是谁也没有他出的错多）。凭我的经验，只有这样，才能帮助他迅速提高语文水平。

一晃两个月过去了。期中考试之后，要分班了，在分班前的最后一个语文晚自习上，我让学生每人给我写一封信，谈谈两个月来，对语文学习有什么感触，对我有什么意见或者建议。

何颖的信，让我突然间发现了他的成长。

他在信中写道：

两个月过去了，我仍然清楚地记着第一节课，您交（教）给我们爱心掌法和怎样增强自己的自信心（的方法）。

两个月以来，您的表现总是那样的出色、出众。说实话，我没有发现您身上有什么缺点，也许是因为您是我从小到大看到的，认识的最好、最有责任心的老师。就是因为你太有责任心了，有时我都怕这样的情况会使我们上课太放松了。但它很有效，因为这次考试我竟然及格了，我没有想过，也不敢想，因为我的语文成绩一直很遭（糟）。也许您认为拿分数或一个人的成绩好坏来评价您今日的表现是不合理的。可是这是事实，所以我很感谢您在这些天对我的照顾和关心……

文中虽然还有些病句和错别字，但是已经畅达多了。至于他提到的这次考试能及格，确实，我还真的没有留意。

分完文理班后，何颖依然在我的班上，那天又收到了他的随笔。我按照习惯翻了一下他以前的随笔，透过字里行间，不禁为我和他共同走过的这两个月而心潮起伏。

“写的太少了，和别的同学，无法同日而语，为了让你跟上趟，从明天开始，每天一篇，天天交。9月25日。”这是在何颖最初不能做到每周写三篇随笔时，我对他采取的“制裁”。

“什么叫‘我们这类人’？‘我们’是哪类人？每个人都是有同等的尊严和情感的。所以，在别人没有看轻你时，自己千万别就看轻了自己，好吗？ 9月28日。”这是在何颖一篇感叹自己属于差生的自暴自弃的文章后，我的肺腑感叹。

“何颖，努力向错别字和病句挑战吧！自己每写完之后，检查一遍。每次我指出问题后，认真查字典，多写几遍，形义皆记牢。10月3日。”这是在何颖的错别字和病句的问题多少有点起色后，我进一步的呼告。

“想想，为什么调整语序？10月4日。”一个小病句，我做了调序的修改，让他思考缘由。

“哈哈，你以为别人都躺在那里睡觉吗？所以，目标不能定成这样，实现不了，你会痛苦的。10月5日。”看到何颖因为自己的奋斗目标没有实现而苦恼，我给他的劝告。

“要向前看，不要向后转，因为我们只能前进，而绝对回不去的。10月13日。”不用说，这是何颖要做逃兵，我在鼓励他了。

“你的观点我赞同！有进步了啊，错字渐少了，但文章还差啊！明天起，每天交，你又要这样了，不能出现第三次了！10月31日。”此乃表扬与批评并举。

“吾日三省吾身啊！好！古人云：君子博学而日三省乎己，则知明而行无过矣！祝贺你！你的错别字真的少多了！这又是一大喜事！这也是，随笔的第一大功效！可贺！11月1日。”看到他各方面的进步，我发自内心的喜悦。

“好！从修改中，又看出了你的良苦用心！11月2日。”只因为看到他自己把病句和别字提前改过，就很开心。

“呵呵，一口气读完，差点儿背过气去。小何啊，你怎么又不分段儿了？11月4日。”他看了这个批语会怎么样？

“既然是因小事而伤情，那么也可以因小事而生情的。所以，和同学们在日常生活中，互相多体谅，都不要斤斤计较，你可以首先尝试和解、沟通，尤其是，你‘身处异乡’，更应当宽以待人，付出爱，相信，必有回报，爱的回报。11月6日。”何颖因为一壶开水，和自己同宿舍的其他班的舍友发生了矛盾，被孤立了，他写了一篇随笔，我开出了这个“药方”。

“越来越生动活泼了！11月9日。”不但错字少了，文笔也越来越好了，而且，还在班里做了一次范读。

“何颖，自己把随笔从头至尾浏览一遍吧，你会收获和我一样的喜悦，你看你的进步多大啊！ 11月22日。”浏览完何颖这个即将用完的随笔本，我心中真的充盈了喜悦。我相信，他的成就感和自豪感，他的喜悦之情，一点也不亚于我的。

这个何颖，他在他第一个要用完的随笔本的最后一篇随笔的结尾处，郑重地写上了年、月、日、时、分、秒。

那样的心情，除了自豪、喜悦、激动，或许，还有一份虔诚。对于自己的成长的虔诚，对于自己书写自己历史的一份内在的激情涌动。

我只能淡淡记录这些痕迹，记下，有一个学生叫何颖。

他，是我现在90多名学生中的一名，很普通的一名。

（2004年12月25日星期六18点43分）

什么是写作？还是用斯宾塞的话来回答吧：

“写”是记录，“作”是创作。“写”就是把思想、感情、思考、事件记录在纸上，“作”就是使这种记录有恰当的体裁、形式、文采。“写”是求真，“作”是在真的基础上求美，使所写的东西具有感染力、说服力。

从这个意义上来说，学生写随笔，就是在书写个人的历史。而我阅读他们的随笔，就是在与一个个鲜活的生命进行心灵的对谈。所以，作为写作者，学生“对于自己的成长的虔诚，对于自己书写自己历史的一份内在的激情涌动”是完全真实动人的；而作为促进其写作并介入其写作过程中的一个阅读者兼对话者的我，那份充实和喜悦，那种教育着也被教育着的心灵的丰满与感动，确实是“读你千遍也不厌倦”！ 在这种对话交流之中，师生彼此亲近，共同成长。

什么时候，一个人的写作才得以开始？

当沉睡的心魂慢慢醒来的时刻……

写作是孩子自己的事

斯宾塞说："在根本上，写作是孩子自己的事。也只有把写作变成他自己的事，才能真正培养他们的语言表达能力和写作的能力。"

"写作是孩子自己的事"，确实如此。

这里，我想讲一个孩子"自己的"写作故事。

有一个小女孩儿。

她从五岁半开始写日记，笔耕不辍。

现在，她已经十三岁半了，已经写了几十万字。

姥姥是我的好姥姥。今天晚上我给姥姥写一封信。姥姥我好想你，你也想我吗?

姥姥，等我长大了以后我给你洗脚。姥姥你小时侯没有妈妈，没人给你过生日。你把10月1日当你的生日，好吗?以后，小寒给你过生日。回去以后，我给你画一张萝卜，祝你生日快乐。

写这封信的时候，我哭了好几次，我爱我的姥姥!

你的筱寒宝宝

2003年9月22日

姥爷，我也爱你!

姥爷，我真的想回家睡觉。

姥爷，你千万不要丢了这封信!!!

筱寒

这是她五岁半时写的第一封信，写给从小把自己带大的姥姥，第二天，她在妈妈的带领下，去邮局把信寄给了家乡的姥姥。

小　雨

青山雨蒙蒙，

万水飘风风。
穿过竹林走，
彩虹挂天空。

（2004 年 8 月 31 日）

秋　天

秋天来了，
小燕子飞走了，
叶子也黄了。
原来，
秋天真的来了，
我最喜欢秋天了，
真快乐！

（2004 年 9 月 1 日）

这是她六岁半时写的两首小诗。在日记本上，配着自己画的插图，有山有水有竹林有彩虹，还有飘落的叶子和飞翔的小鸟……

自　由　虫

现在，我们小学生真是一点都不自由，有许多老人就真的真的像自由虫一样自由。为什么我们小孩就不自由呢？为什么老人就那么自由？自由的人可能是没有知识的人，现在也别提自由不自由的了！

只要我再听见自由这两个字，我就再也不吃饭了。我可是实话实说，不骗人的呦！真的！

对，你们别的小朋友没有生病吧？尤其是小学生，生病了还要去医院治疗，输液或者打针，生病了不能上学了，新的知识就学不到了，而且每天的英语、数学、语文作业就做不了了，生病了真不好呀！

生病了要输液，可是有的人就想生病，好像是因为老师太厉害了，或者每天留的作业太多了，写不过来，所以想生病，盼着自己赶快生病吧！

我是喜欢上学，不想生病，再说了，生病对身体也不好。想生病的小朋友，请你把你的生病的愿望取消吧，因为生病对人的身体是不好的！

（2005年12月30日）

这是七岁多的她在慨叹自由与生病的问题，她到底是盼望生病呢还是害怕生病呢？

调桌儿了

前几天，我们调桌儿来着，我还是在一桌，我在北边，我同桌不是白海了，换成张岩了，我这个同桌是男生，而且很老实。我后面也不是勾金朝了，换成石巍了。我同桌后面又换成了王紫叶，上课不认真听讲，老师叫她，她都不知道。

我后面的同学，学习也很好，写的字儿，还要再努力，把字写好看。

我同桌，爱和女生玩儿，他每天下课都和他原来的同桌一起玩儿。

我现在每天一到讲台上交作业，让老师判作业，白海看见我，就对我笑，我也对他笑。

我们俩人同桌了四五个月了吧，我一想叫我同桌张岩，就想叫白海，可是最后还是叫的张岩。

调了桌儿，真没意思！

（2006年2月16日）

日记本，我有好多心里话要对你说……

我期末考试数学没考好，所以我和妈妈去新华书店，我自己选了一本《小学数学应用题大全》。我想，我期末考试应用题总爱丢分，妈妈那时侯正在看书法字帖那一类书呢，我把这本书拿过去，让妈妈看，妈妈说：“筱寒你的眼力可真好！”我心里在说：“哈哈，好吧！”那上面有分析等等，我感觉很好，妈妈同意了，买下了这本书。

刚买下来，感觉很好学，爸爸先让我看了看分析，开始让我做。我做的第一回，得到了表扬，第二回得到了表扬，可是第三回我就开始厌倦了，因为爸爸给我讲题时总会把我吓唬哭。我以后一看见《小学数学应用题大全》就像看见我爸爸一样，在说："快做吧，快做吧。"我想还不如不买呢，买了这本书，爸爸就像蜜蜂一样，围着我转，我的头都要大了，我如果数学好点，那该多好啊！

我的童年应该是快乐的时光，我应该想怎么玩儿就怎么玩儿，妈妈、爸爸，你们应该给你们的宝贝女儿留下一个美好的记忆，不应该是黑暗痛苦，难道你们不知道做题做得我的手都快磨出血来了？唉——我真是命苦啊。

我还不如不活着呢，死了算了！

这件事伤了我的心，我真的很苦。

（2006年8月10日）

这是八岁后的她，记录下的在学校里和同学老师的生活，在家里和爸爸妈妈的矛盾。

谢老师：

您好！您记得您以前说过一句话吗？我想，您说得话太多可能不太好记起来。我告诉您吧，是："从今天开始，不是前20名的人不能看这书了。"说完这句话，您知道吗，有多少的好学生，没进入前20名，可是您不让爱看书的孩子看书，这不是存心害那些孩子吗？

以前您也说过，这个四（6）班就是一个温暖的家，我们都知道您就是这个家里的妈妈和老师，您喜欢班里的每一个孩子，可是为什么大家不能一起分享知识呢？为什么呢？

老师，您这样做只会让前20名的人更加聪明，让没进入前20名的同学学习还停留在那个阶段。谢老师，如果您想让班级的组织纪律差，如果您想让班里的荣誉被七班夺走，那这书就这样，一直让前20名的同学看，那我们这些没有进入前20名的还被落在后面。班里想得第一也没门！谢老师，您考虑考虑吧！

您不应该总让学习好的学生回答问题，这让其他学生受到了严重的影响。老师您应该公平对待每一个学生，在班里，没有坏学生，虽然有几个人学习不好，但是他们并不笨，只是懒，懒得动脑筋，所以智力才会明显下降。

老师，说到这里，您就应该为他们的将来想，如果您现在不让他们多看书，那他们的学习就永远好不了了！

谢老师，我一定会好好学习的！我要自己努力！

您不是那种人，您一定会帮助他们的！

您的学生　蒋筱寒

2007年6月4日

昨天和今天

昨天，昨天的太阳出来了，是多么的明亮而清晰！
而今天，今天的太阳没出来，是多么的寂静和暗淡！

昨天，昨天我的朋友们玩得多开心，
而今天，今天我的朋友们玩得多不友好！

昨天，昨天我过得多愉快，
而今天，今天我过得多痛苦！

昨天，昨天的月亮多明亮，
而今天，今天的月亮没现身！

昨天，昨天的花儿多茂盛，
而今天，今天的花儿多枯萎！

昨天，昨天的爱情多美好，
而今天，今天的爱情“抛弃了我！”
抛弃了我！

（2007年7月12日）

这是九岁的她，一个小姑娘，单纯美丽的快乐与忧愁，丰富多彩的世界和内心……

童年的回忆

说起童年，或许我还能记起什么。

打水漂：
猫下腰儿，
用劲儿，再用劲儿，
让一个个石块，
像小鸟一样，
掠过水面。
让它们量一量，
到童年那端到底有几站。

捡知了壳：
那时候小，还不懂什么妖魔鬼怪，
总是跑到小树林那里去捡知了壳，
然后，串起来，当做知了项链儿！
那时候，我们把童年粘不牢的
一面，捡回来了，粘上去了，
但是，总也搞不懂——
童年为什么总是来忙忙，
去匆匆？

我想要一个十全十美的童年！

（2008年11月23日）

这首感慨童年消逝的小诗，发表于《初中生世界》。

假期三部曲

炎热的夏日来了，知了在树上齐声和唱，我的假期来到了。

第一部：姐妹之战

舅舅家有个妹妹，叫史筱伊。放暑假，对我万分想念的妹妹筱伊就和我一起回到了乡下老家。

一天，天空飘着细雨，我们俩在院子里玩转伞，筱伊突然间故意把伞一扭，伞尖扎到了我的脖子，扎到我之后，她还幸灾乐祸地笑了起来。我没有任何防备，当下就揉着脖子回到屋里，让姥姥看看脖子，进屋后我说："姥姥，筱伊用伞扎的！"而筱伊却在一旁插嘴说："不是我弄的，是她自己弄的！"姥姥看了看说："没事儿的，你是姐姐，让着她点儿吧。"

我当时非常生气，扎了我，她也不知道说一声对不起，笑了笑就以为这事过去了？不行，我不能忍气吞声！

我迈着沉重的脚步，走到了外面，对她说："你这个小孩儿太讨人嫌了！一点都不讨人喜欢！"说完，便甩门而走，跑到了街上。我呆了一会儿，觉得街上没什么意思，便回去了，刚回去，史筱伊竟然拿着一条枕巾跑了出来，由于我正背对着门口，不知道她出来了，听到脚步声，我一回头，她就抽在了我的脖子上。啊！好痛，不止抽了一下，抽了三下。我再也受不了了，为什么？凭什么？为什么姐姐永远要让着妹妹？难道她要用伞扎破我的喉咙，我也要让着她吗？我一把抢过她手里的枕巾，冲着她就是一记。发泄完了，心里畅通无阻。

唉！过了几天，筱伊被她爸爸接走了。我却又开始想她了，她笑起来的样子，其实也很可爱呀！

第二部：朋友之情

在乡下，我有两个十分要好的朋友，一个叫沙莎，一个叫郭凯丽。

沙莎只比我大28天，和我从小玩到大，从来没吵过架。凯丽比我大一岁，个子已经一米六多了。她们俩总是让着我，吃东西时，从来都把大的好的留给我。

我们很在意对方，每个假期都在一起，从早到晚，跑步，游戏，读书，说悄悄话……

暑假里，我们天天早上六点钟起床，在乡间小道上跑步，乡下的空气异常新鲜，我们大口大口地呼吸着新鲜的空气，听着小鸟在树丛间唱歌，摘几朵小花戴在头上，还爬到山坡上去摘酸枣吃，她们俩总是把又大又红的酸枣留给我吃。

暑假快结束了，她们俩还特意住到外婆家，陪了我两个晚上，我们三个一起睡在炕上，钻进洁白的纱帐里，彼此有说不完的小秘密。

希望我们三个能永远在一起，沙莎学习不好，我希望她能努力学习，将来能够上高中，上大学，能够找到工作，和我们在一起。如果不能的话，怎么办呢？我想到了一个办法，我一定要好好学习，考上好大学，将来开个公司，挣很多钱，把沙莎和凯丽都招进我的公司里上班！

第三部：祖孙之爱

暑假在不知不觉中，到了尽头。

外婆和外公在遥远的北方乡下生活，而我们在南方生活，只有在寒暑假时才会回去。所以，离别对我来说是件很痛苦的事，但是不想来的，终究还是来了。

离别的日子到了，我望着外婆，泪流满面。我很舍不得外婆，我永远也忘不了外婆的一言一行，我们走了，离开了乡下，离开了外婆、外公；离开了伙伴；离开了田地、丘陵……

我离不开外婆温暖的怀抱，离不开外婆慈祥的面容，离不开外婆动听的笑声……

姥姥，
我不想离开你，
你知道的。
我喜欢闻你身上
熟悉的气息。

姥姥，
我不想离开你，
你知道的。
我喜欢躺在你
温暖的怀抱里。

姥姥，
我一闭眼，
就想哭，
你知道的，
在新乡村我最舍不得的
就是你了！

姥姥，
只有你对我最好，
我要什么你就弄什么，
啊！姥姥！

姥姥，
你是世界上最好的人，
总是默默无闻地

为家人做出贡献！

姥姥，

你的白头发，是为了

我而长出来的，

你的皱纹，也是为了我而

长出来的！

啊！姥姥，我爱你！

永远 永远。

假期，对我来说，起点永远是快乐的，终点永远是痛苦的。

（2009年9月8日）

这篇记录自己暑假生活的文章，发表于《魅力汉语》。

我不知道　为什么

我不知道　为什么，

我们要建起高楼大厦。

其实　只要有一所房子，

那种新鲜亮丽的茅草做成的，

那　多好。

我不知道　为什么，

我们要铺成水泥路。

我并不喜欢它们。

其实　走走带石头的乡间小路，

那种土黄色的铺成的，

那　多好。

我不知道　为什么，
我们要有汽车在道路上行驶。
我不喜欢。
其实　手里拿好一条鞭子，
前面一匹马或一头小驴
拉着我们缓缓前行，嘴里衔着稻草根儿
悠闲自在地哼着曲儿。
那　多好。

我不知道，
为什么。

（2010年9月20日）

这首向往田园生活、渴望回归自然的小诗，发表于《知心姐姐》。

盛开的蒲公英

她们在哪里呀，她们还好吗，我们就这样，各自奔天涯。

——题记

——被时光留住的友情

“姐。”

我多想再叫你一声姐。

回想过去，我才知道，原来，姐，你我在一起的时光是那么短暂。姐，你还记得吗？那时你上三年级，我上一年级，每天上校车时，你就像一把伞，护着我，不让我受到雨水的侵袭；下车时，你就像朵盛开的花，迎接着采蜜的小蝴蝶；我们曾经每天手拉手一起过马路；我们曾坐在石堆上许下“放一百、一千天假”的愿望；我们曾坐在那辆充满欢声笑语的车上谈论着有趣的事；我们曾经都向对方倾诉过自己的心事；我们曾把你家的篮子作为小山，拿着纸枪打“游击战”；我们曾在寒气逼人的冬天玩过后看光盘体验动画的乐趣……

姐，你还记得，那次我去玩，没有叫上你，你很伤心的样子么？你好久没有理我，我很伤心，那段时间没有和你在一起。有好几次，我想与你和好，但是我没有勇气和你说对不起，就这样，我们僵持了一段时间后，突然某一天，你塞给了我一个信封，叫我回家再打开。我不知道你写的什么，或许是批评我的，或许是向我道歉的。我有些焦虑，也有些欣喜。

回到家后，忐忑不安地拆开信封，里面有一封你写给我的信，你说，自己不该这么小肚鸡肠，我那天没有叫上你，不怪我，你说，我们还是好朋友。我心里的那块石头也终于落了地。

我很开心，好像天气也晴朗许多啊。那天晚上，你找我出去玩，我爽快地答应了。在操场上，你骑着车带着我兜圈子，我们大声呼喊着，街灯忽然都亮了，照亮了整个操场，大人们一边散步一边说说笑笑，孩子们则在操场上追逐欢笑，快乐的气氛，让大家有了比赛的劲头，于是，比赛开始……那一刻，我们之间的隔阂都被车子甩得远远的了吧。

4年后，妈妈带我离开了这里。最舍不得的还是你，姐。

我想给你写信，结果一写，就是3页多，怀着对你的思念，把信寄了出去。此后，我天天盼着你的回信，一放学就往传达室跑，传达室的老爷爷都认识我了。

终于，我等到了你的信，它静静地躺在那里，我一眼就看到了它，快步取回它。我蹦着，跳着，回到家里，拆开了你写给我的信，读着读着，眼泪掉下来了。姐，你说看到我还想着你，你很开心，你说你永远忘不了我们共同度过的四个春秋，因为它是你一生中最宝贵的财富，你说，你是我最最好的朋友和姐姐……而且，给我回信的不止姐你一个，还有另外两个朋友。那一年的圣诞节，我过得很开心。

姐，我与你的友情，将留在那段时间里，随时等待着我们去翻阅，静默无声。

——被风吹散的友情

“匡匡。”

我不曾记得我们如何成为了形影不离的朋友，教室里，我们的距离很远，但也许是上帝给予的巧妙的尘缘，让你我从相识到相知。

每天，我们像牛皮糖一样黏在一起，渐渐地，我们互相交换了手中的钥匙，走进了彼此心灵的禁地……

每天，我们有说不完的悄悄话，你会告诉我令你伤心的事，一向坚强的你，只会在我面前流泪，我们一起为对方承担忧愁。

每天，我们在一起散步，一起做手工，一起运动，一起记心情日记……

校园里每个角落都留下了我与你共同的欢声笑语。

三年，仿佛是三天，一眨眼，也就到了头。我们毕业了，是的，也就意味着我们要说再见了。还记得毕业典礼那天你哭红的双眼么？我用力地抱了抱你，说着，没事。像是安慰你也像是在安慰自己。怎么会没事呢？我就要离开你了啊，我的伙伴，妈妈又要换工作单位了，我要到不同的城市去和你读同样的书。到了那时，我们的距离已不是教室里那么短小的路程了，取而代之的是相隔2小时的路程，我们虽然读同样的书，但却不可能再拥有同样的生活。那天我没有告诉你。因为我已没有力气。

我还是得走了。那天，我狠了心，告诉了你，我要离开这里。

大卡车把家里的东西一点一点搬走，好像在把我的心一点一点掏空。

朋友，我舍不得你。

在这个陌生的城市，我过得很好，但并不快乐。

那一天，妈妈说，也许放假我们会回去。我告诉你这个消息，你欣喜若狂，可是最后却让你希望落空。我知道你很失望，对你说，抱歉！没关系，你却说，下次一定要回来喔。也许是我想得太简单了，你知道么，后来我从你母亲那里才得知，知道我要回去后，你高兴得睡不着觉，本来你要去外婆家，但是知道我要回去，你竟然选择一个人留在了家里……

对不起，让你失望了。我在心里默默地对你说。

时间久了，我们交流少了，也就渐渐疏远了。QQ 聊天时，说上几句就沉默，不在一起没有了共同语言，渐渐地，从你口中知道你交到了一个好朋友，你们在一起重复着我们以前开心快乐的日子。我笑了。

拿出存放在口袋中的你与我的大头贴，放在手中，让秋风带着它，离开了。

匡匡，你我的友情，将被我深深地埋藏在心里，心底里。我亲爱的朋友，祝你快乐。

——一朵盛开的蒲公英

曾经的他们，我已不再熟悉。

有时闭着眼，回想起以前的他们，将他们的名字在心里默念，我终于被一个念头打断了，“他们的名字好陌生。”是的，他们的面容，像是被雨水冲洗过的，模糊不清。

而现在的朋友呢，他们的名字慢慢变得更熟悉，他们也开始走进我梦中，他们的名字，会在被雨水洗过的白纸上，被我一笔一画地记下。

那以前的他们，我该将他们存放在哪儿呢？时间久了，会不会变质？有没有保质期呢？

不过，没关系啊，朋友，就好像，嗯，就好像什么呢？

一朵盛开的蒲公英吧，风一吹，种子到处飞，飞……

（2010 年 12 月 11 日）

这篇怀念儿时好友的文章，获得了2011 第三届鲁迅青少年文学奖二等奖。

水 果 拼 盘

我们生活在水深火热之中

就像被厚厚的橘子皮包着一样

老师的指责就是刺鼻的味道

我们就像带刺的荔枝
老师总喜欢看到我们严肃的模样
那么，什么时候才能去壳呢

我们就像火红的火龙果
每学习一点知识就会增添一点香甜
等时机成熟　老师就会按期品尝
盯着最好的那个

我们就像臭臭的香蕉
虽然外表臭哄哄
但是扒下面具
我们都是好孩子

（2010 年 11 月 4 日）

贪生怕死

你说全球变暖，
要世界末日。
是吧。
我现在基本相信这个事实了，
那天或许是我的死期。

我不会像那个僧人一样，
淡定地敲钟等待淹没他的雪崩。

我不会像那个男人一样，
花重金买上诺亚方舟的票只为继续生存。

这样，不公平，有那么多的人，
被海啸吞噬，被雪崩淹没，被岩浆烫伤，痛苦地死去，
那么，这些人，得罪了谁？
整天为国家纳税，辛苦地劳作，为什么他们不能上船？
为什么他们不可以继续生存下去？

是的，我还想，两年后，继续活下去，上我的初三，
见到那么多爱我的，和我爱的人，
经历我人生中该经历的生离死别，
我还想，继续上可爱的星海学校，
见到那么多可爱的同学，在英语课上听流行音乐，
我还想，
上我的QQ，和多年不见的朋友聊天，在群里说说笑笑，
认识朋友……

我会想我以后的事情，
我还要嫁给我爱的与爱我的人，
让姥姥给我做个大被褥……
我会想我以后的事情，
我要当个服装设计师或画家
养活我的家人……

……

不想再写了
关于2012，我想说的太多太多
一句话："我还没活够……"

（2010年12月2日）

月 亮 月 亮

唔，我又坐在窗前，窗向右开，风好香好凉
看着月亮
它今天好圆好亮，周围散着金光

我身体往左，
它消失了
我身体往右，
它出现了
再往右，
被窗帘挡住了
我抬头看它
看见两个月亮
它们好圆好亮，周围散着金光

今天，可能看它的时候晚了，走到了大楼上方
昨天，或许早些看它，还在两幢楼之间
月亮月亮，周围散着金光

（2011 年 5 月 18 日）

我们走得太快，灵魂跟不上了

唉，慢点儿，我们走得太快，灵魂跟不上了
它被我们脚下趟起的尘土迷住了双眼
看不清我们走过这儿时的足迹

唉，慢点儿，我们走得太快，灵魂跟不上了
它一个人孤零零地被我们丢在了森林里

找不到出口

唉，慢点儿，我们走得太快，灵魂跟不上了
它一个人划着一条船被静谧的大海包围着
辨不清方向

唉，慢点儿，我们走得太快，灵魂跟不上了
它需要背对着尘土大口呼气
它需要在森林中与浣熊嬉戏
它需要划着船在海上与海豚亲密

唉，慢点儿，我们是该停下来等等它了
没看见嘛，它已经上气不接下气了

（2011 年 5 月 29 日）

这四首小诗，观察生活而勇于思考，热爱生活又悲天悯人，多愁善感有少女情怀，关注灵魂却充满童真，在2011 年 7 月的苏州，这个孩子将它们精心抄写，作为见面礼，送给了陈丹青先生。

这个小女孩儿，就是我的女儿——蒋筱寒。她，1998 年1 月11 日出生，现在已是一个初中二年级的学生。

透过这些文字，我看到往事的容颜，看到女儿踉跄的脚步，看到她的欢喜悲哀，看到她慢慢成长，看到我们一起度过的那珍珠般的日子……啊，我的孩子，我的宝贝，就这样长大！

对我来说，再没有比这更有力的，能印证“写作是孩子自己的事情”这句话的了！

如今，写作已经成为筱寒生活中不可分割的一部分。

因为，筱寒写作，不是为了将来当个作家，而是为了记录自己的生活，当回首往事的时候，知道自己怎样长大……

把写作的权力归还给孩子

我重视写作教学，并非始于我的女儿之开始写作。准确地说，恰恰是因为我重视写作教学，才有了我女儿自己的写作。

从我第一次登上讲台，我就发现了写作在教育中所具有的神奇力量。

1993 年 4 月，我去保定七中实习。

那些日子里，我不但认真听课，认真备课，认真上好每一节课，我还尤其认真地批改那些孩子们的日记，和每一个孩子用笔做心的交流。我发现，童年的天真烂漫是每个人心中永远的珍藏，而成长的困惑清愁又是这些善感的心灵默默咀嚼的橄榄，唯有当他们把心扉向你打开的时候，你才能够触摸他们的思想，倾听他们的心声，你才有机会真正地去为他们做一点点什么。

短短20 天的实习期里，我与每个孩子都做了笔谈，与他们沟通融合，记下了他们每个人的名字，了解了他们许多人的喜怒哀乐。

走上自己的讲台之后，对于写作教学，我始终情有独钟。

是的，我称之为“写作”而不是“作文”。

一、从“作文”到“写作”

“必也正乎名”，“写作”与“作文”，是有着根本不同的。

我之所以避免使用“作文”这个词汇，而是称为“写作”，固然有为了避免学生从心理上产生逆反的原因，更主要的，如前所述，我认为“写作”与“作文”本来就是两回事。

“写作”，是人生存的一种方式，每个人都在内心深处渴望真实自如地表达自我和充分和谐地与他人交流，“写作”无疑是达成这个愿望的最恰当也最普遍的方式，它与我们的生活息息相关。

而“作文”，我真的搞不懂，为什么我们要提出“作文”这个概念来，难道提出它来，就是为了让原本属于生活的一部分、原本属于个人的一部分、快乐丰满的“写作”，异化为令人头疼的、充斥着公共话语、写出来自己都不愿意再看第二遍，却要拿去给别人品评，以求货卖高价的“作文”吗？

一直以来，“作文”，都被当做语文教学中的一个难题。无论是老师，还是学生，一说起作文，自然而然地就会从嘴边溜出这句话：“作文儿作文儿，难死小人儿！”老师怕作文，因为作文最能体现语文教学历来最受诟病的“少慢费差”，任你劳神苦心去批阅讲评，学生的作文水平却依然是原地踏步，不见起色；学生怕作文，因为写作文是最吃力不讨好的作业，绞尽脑汁、挖空心思写一篇，会不会得到老师的认可，自己却丝毫没有把握。“会不会写作文，那是天生的，根本不是教出来的！”很多老师这么说。“平常写不写作文没多大用处，考试的时候，反正都是那点分！”很多学生这么认为。

之所以会有这样的作文困境，就在于一个最根本的问题没有得到厘清：我们让学生写“作文”，是为了什么？

“教育是一个生活过程，而不是为了未来的生活而做的一种准备；现代教育的失败，大多数因为忽略了学校作为一种社会生活形式这一基本准则。现代教育设想学校是这样一个场所：传递某种信息、学习某些课程并养成某些习惯。人们认为，这些东西的价值主要存在于遥远的未来，儿童应该做这些事情，是为了他必须做其他的事情，现在的一切仅仅是准备工作，结果它们不能成为儿童生活经验的一部分，因而没有真正的教育作用。”杜威的这段话，谈的是学校教育。

但是，仔细读来，我们的“作文教学”，何尝不是如此？我们让孩子“作文”，为了什么？是因为我们觉得写作应该是孩子们的生活构成吗？是为了让他们通过写作这个过程来体验并记录他们自己的生活吗？是为了让他们通过写作这种方式来真实地表达自己的思想感情，寄托自己的喜怒哀乐，抒写自己的志向心怀吗？

既然，我们此时的“写作”目的，就是把“作文”当做一种技艺，就是为了将来“能写出一手好文章”，甚至仅仅为了考试的时候能取得一个高一点的作文分数，那么，在“作文”中练求宝典秘籍，渴望通过技巧公式而一劳永逸，这样短视的想法和功利的作为，其所造成的对作文的厌倦乃至拒绝的普遍心态，其所带来的千人一面、千文一律，套话、空话、大话、假话充斥于作文之中的最终结果，到底该由谁来负责呢？

如果，我们让孩子们把“写作”当做每个人自己的事情，让“写作”成为使孩子的自我日益舒展饱满的一种生活过程，而不是为了完成“作文”的任务，尤其不是为了揣摩教师的喜好心思而去“作文”，那么，写作本身，对于孩子还会不会这么厌烦？阅读过程，对于教师还会不会成为苦役？我们的写作教学还会不会成为一片令人窒息的死寂单调的沙漠？

“教育应当使所提供的东西让学生作为一种宝贵的礼物来领受，而不是作为一种艰苦的任务要他负担。”爱因斯坦这话说得多好！所以，让我们向“作文”挥手，请“写作”回归吧！

归根结底，只有我们把写作的权力归还给孩子，孩子才能够真正成为自己写作的主人，孩子才能够在写作的过程中，体验到无穷的乐趣和生活的意义。只有自己主动地写作，才能让写作“成为自己的事情”。

请看这样一篇短文：

感　触

刘　旭

忽然发现自己的随笔已写完整整一个本子了，我想这比我上学10年来写过的作文还要多出两倍。以前最害怕写作文了，每次写作文就头疼，不知该写什么，从哪里入手。不过现在，写随笔成了我的爱好。翻看自己的随笔时，心中感触颇深。每当看到自己写过的每一个细节时，脑中不由地浮现当时的情景，心情跟着随笔潮起潮落。

随笔中的每一个文字都是我过去的脚印，每一句话都是我心中的感受，每篇文章都是我曾经的旅程。它记录着我过去的生活，以后，我要坚持写下去。也许到老了，我还可以看到自己学生时代的脚印。

事实上，写作本来就是孩子自己的事情。但是，它被长久地剥夺了自主权，于是，“写作”的主人，丧失了主人的意识，沦为了被“作文”控制的奴隶。而一旦孩子摆脱了控制，自由抒写心怀、真实记录生活之后，他必然发现“每一个文字都是我过去的脚印，每一句话都是我心中的感受，每篇文章都是我曾经的旅程”。

那么，如何把写作的权力归还给孩子呢？

归还的第一步，是促使孩子自我意识的觉醒，是一种自我的回归。

二、从“无话可说”到“不吐不快”

每当我接手一群孩子的时候，我第一个要谈的，就是我们为什么需要写作。

1. 改观精神

“九州生气恃风雷，万马齐喑究可哀。我劝天公重抖擞，不拘一格降人才！”面对高中学生“生活变枯燥紧张了，人变呆板匆忙了，作文越来越无话可说了”的状况，我总是想起龚自珍的这首诗。

意欲“不拘一格降人才”，第一要著就在于改变我们的精神！精神改观之后，才能从根本上具备有话要说的条件。

就像陶行知在《创造宣言》中所言：

有人说：生活太单调了，不能创造。单调无过于坐监牢，但就是在监牢中，产生了《易经》之卦辞，产生了《正气歌》，产生了苏联的国歌，产生了《尼赫鲁自传》。单调无过于沙漠了，而雷赛布竟能在沙漠中造成苏伊士运河，把地中海与红海贯通起来。单调又无过于开肉包铺子，而竟在这里面，产生了平凡而伟大的平老静。

境由心造，同样的环境，可以压抑人，也可以成就人，是压抑还是成就，取决于每个自我。

作为教师，我们必须尽自己最大的努力去改观学生的精神，让学生认识到：生活愈是闭塞枯燥，愈是紧张忙碌，就愈是应该想办法让自己生活得充满生机和乐趣。对于人而言，唯有思维活跃、思想深邃、情感丰富，才能充满生机，才能体验到生命的乐趣。

接踵而来的问题便是：如何改观精神？如何成为一个思维活跃、思想深邃、情感丰富的人？

学生上学，高考无可回避，但是，高考不是全世界，风声雨声要入耳。在紧张忙碌的备考学习中，作为教师，只要用心就会发现，引导学生学会充分利用一切可以利用的条件，比如收音机、报纸杂志、电视、电脑甚至街谈巷议，了解家事国事天下事，从而改变其“山中才一日，世上已千年”的封闭和麻木状态，并不是一件多么困难的事情。相反，在发现广阔的天地时，那接踵而至的新奇与快乐，会让师生都焕发生命的活力。但是，对新闻逸事的了解，不能仅停留在口耳之间，快口舌只是谈资，享耳食风云流散。耳濡目染的佳境是有得于心，有得于心的前提是思考。思考，如同咀嚼，一件不经思考的新闻，好似一颗未经咀嚼的红枣，囫囵吞下去，并不能消化吸收。思考，亦如焙药，一剂良药，只有经过细心焙煎，才能将精萃提取出来，才会有祛邪扶正之功。所以说，发现不是目的，引导学生发现之后，必须要激励学生思考。

2. 激励思考

在网络已经成为我们很多人生活中不可或缺的一部分的当下，大多数教师和家长，在内心深处仍然视网络为洪水猛兽。一方面，限制孩子接触网络，乃至千方百计对孩子屏蔽网络；另一方面，自己又沉迷网络之中，无法自拔。虽然大部分人除了看新闻和炒股外，大概也不做其他。

或许是因为自己所接触的网络，仅此而已，除了消磨时光之外，别无他用，所以才尽力想让孩子避免步自己后尘吧。

他律之下，永远无法培养出自律，只有在自律之中才能培养自律，要让孩子学会利用网络，而不是被网络所缠绕，就必须给孩子打开网络这扇窗。在网络信息如此发达的时代，打通孩子与世界的连接，无论是走进历史、关注当下还是面向未来，恐怕没有比网络更方便、更快捷、更多元、更开放、更海量的媒介了，而因为这些因素，网络也最能够锻炼一个人的鉴别力、理解力、决断力、思考力和意志力。语文的课程特点，决定了它需要思接千载、目极八方，在目标明确的前提下，搜集整合网络资源，刮垢磨光，锤炼出来的，不仅是思维的硕果，还有心智的成熟，人格的健全。

2009 年 6 月 5 日，一个名叫何丹笛的孩子曾经这样述说她籍由网络了解了世界之后的感受：

别人的快乐，别人的痛苦时不时地浮现在眼前。原以为地震只是四川人的灾难，原以为三鹿奶粉只是婴儿的毒品，可现在，它们一齐出现在我的天空中，让我再不能像以往，清晰地分辨出哪儿是我的天空，哪儿又是他们的天空。我混乱了，难道他们的天空也是我能触摸的？我们各自的天空都是相通的？我感受到别人的痛苦。面对灾难，我也不敢再说，这只是他们的灾难，与我无关。我们的快乐和痛苦连成了一片。我不仅仅只关注自己，同时也在体会别人的生活。“有人在世上某处死，无缘无故在某处死，看着我。”我想，这大概就是我们的关系吧。也许，天空本来就是一体的，被分割的只是单个的心灵，单个的世界。因为这一整个天空，我们才不孤独，看到别人的生活，也抚摸自己的生活。天空是我的，同时也是别人的。我们只有一个天空，我们息息相关。

一个人真正的强大，绝不是因为他有强力，去仇恨，去拒绝，去破坏。恰恰相反，是因为他只有柔弱温暖的一颗心，去热爱，去期待，去梦想，去创造。不管世界给了我们什么，我们的心里都要又温暖又坚强，多么艰难都会挺过去的。其实也没有多么伟大，挺住就是一切，并与生活达成和解，用温暖和信心去挺住！哪怕是在无边的黑夜的海上，只要在心里还收藏着阳光，依然可以拿出来取暖照亮。只有努力去爱，真诚地去爱，勇敢地去创造，世界必然会回馈我们以温暖和丰富。

经常会有同事说，你们班学生的作文一眼就能看出来，我说为什么呢，他们说，因为他们的作文没有程式化，没有假大空的套话，也没有浮华奢靡的词藻，有的是个性，有的是真情实感和真知灼见。我便会很自豪地笑笑说："我就是一直致力于保护并发展他们的个性，让每一个学生都长得像他自己啊！"

有的老师，以学生长得越来越像他而觉得成功，而我，是以学生长得越来越像他们自己而欣慰喜悦。作为教师，全部的幸福即在于此。

2008年6月的一次月考中，我拟了这样一个作文题：

人性的光辉常常在我们自己身上或身边人物的身上闪现，而人性的丑陋亦然。请从生活中取材，联系你的所见所闻所思，以"人性"为话题写一篇文章。题目自拟，文体不限。

在一篇题为"还教育人性"的考场作文中，一个学生写出了这样振聋发聩的文字：

有一家报纸上刊登了一串关于灾难中孩子们写的日记。从那些日记中，我们不难看出，只有当老师喊了快跑之后，同学们才反应过来，否则没有一个人敢自作主张往外跑，其机械化的程度已经到了令人发指的地步。

从这些真实的灾难写照中，我们不难发现，如今中国教育的这样一个事实：对于我们最重要的生命这方面的教育简直少得可怜。考试考什么，老师就教什么，不考就不教。在这样的一种教育模式下，孩子已经失去了最基本的保护自己生命的能力。孩子逐渐变得迟钝，就像肖申克监狱中的那些犯人一样，逐渐被格式化、规范化了！

教育的真正目的是要教会学生自己对自己的生命负责，而不是依赖他人；是要教会学生学会独立思考，独立选择，独立判断，而不是人云亦云，听话和乖；是要教会学生学会生存和生活的能力，而不是强制被哪一种观念洗脑……

如今这种教育可以说是零教育，其教育内容空洞，严重脱离实际。不知道是“学而优则仕”的观念难抛弃,还是“劳心者治人,劳力者治于人”的想法根深蒂固。在这种教育下培养出来的都只是机械化、模式化的操作者。严重束缚了孩子们创造性思维的发展。

当我们在大谈“民主”、“人性”的时候，是否忽略了教育这一重要区域。中国的教育制度真的应该改革了，应该还教育以民主和人性。我期待并为这一天的到来而努力。

读书，上网，了解社会，观察生活，关注他人，关心世界，思考人生的意义，探寻自身的职责，对他们而言，这已经成为一种生活自觉。世界，对他们是打开的，他们，对世界是充满热情的。爱并思考，创造并执著。他们深知，我们所热爱的世界，就是这样的一个世界——不只是有温馨美好的一面，令人感动陶醉，也同时充满了欺诈、丑陋、野蛮，令人痛苦愤怒……我们就是爱着这样的世界，我们生在其中，唯有了解它的真相，我们才能用热爱、用智慧、用勇敢，努力使它变得更美好一点，而不是相反。每每与他们交流，我都会对自己从事的工作，更多一份虔诚。

社会是个万花筒，千形万象，变幻莫测，以猎奇为目的，摒弃思考而贪一时之快，则过眼滔滔云共雾，所有的浪花都会复归宁静，不留半点痕迹。惟其“博学之，审问之，明辨之，慎思之”，方能每每有得，有得而能无惰，铭之于心，笔之于本，遇有适宜之路径，见到恰当的话题，则欣欣然面有喜色，捉笔成文，一吐为快了。譬如，伊拉克新政大选，奥巴马成功竞选，利比亚政局之变；超女 PK 风云，李敖北大讲演，骆家辉乘经济舱；“神六”胜利回归，奥运福娃亮相，巴金撒手尘寰，杨绛百岁华诞；5·12 汶川劫难，南平屠童血案，7·23 动车惨剧，药家鑫、郭美美、李双江……凡此种种，只要我们能够随时留意，注意点拨引导，透过表面现象，分析内在本原，问一问为什么，想一想怎么办，就能激发学生的社会责任感，心到意到则笔到，就能从其中咀嚼出人生的许多真义来：或叹或赞或钦或羡，或欢喜或悲惋，或欣赏或扼腕，诸多感怀，在心胸中千回百转，每一味都能煎熬成一剂属于自己的良药。这良药，储存于心，内蕴深意，发而为文，则含情探微。

“话”是什么？“话”就是思想，就是感情，就是态度。

无话可说，不止是写作的悲伤，无话可说，更应是做人的悲哀。

作为教师，我们有责任让学生明白：都是热血青年，正应激扬文字，怎能无话可说？

作为教师，我们更有责任帮助学生：

把紧闭的窗户打开，让阳光照进来！

把封闭的心胸打开，让眼界亮起来！

把僵化的头脑打开，把话语说出来！

但是，观念改变之后，精神振奋起来，要想让写作真正成为学生自己的事情，还需要一个培植的过程。

三、从“为别人而作文”到“为自己而写作”

原来我的文集叫《雪子年华》，现在它只是成了《猜猜我是谁》的一部分了，我只想把雪子年华留给高三……

……可你读懂你自己了吗？是的，你自己。也许一个人一辈子看“透”了身边所有的人，但他一定看不懂自己。知道为什么总有人想买后悔药吗？因为他做了让他自己后悔的事，而当时的自己却认为这么做是对的。凡事都要“三思而后行”吗？我不同意，那样活着也太累了。我认为，一个人一生中有无数个自己，干每件事的每个自己都不是同一个，别为过去的自己后悔。首先，那样也无济于事；其次，那么做会搞得现在的自己手足无措，手忙脚乱，又会让后一个自己后悔现在的自己，一个人活一辈子，尽量少后悔吧！用浪费的时间做好每件事，会活得很充实，活得很潇洒，活得很自己。

这就是我的这部文集为什么叫《猜猜我是谁》了。注意到了吗？是“部”而非“本”，我会一如既往地坚持写作这部文集，用一生的时间来记录每一刻的自己，也许你觉得很荒诞，但我会坚持，等我即将终老时，我翻开它，会读出一个真实的自己，会猜猜自己究竟是个什么样的人。

这是2004届高三（8）班学生李刚，在步入高三后，为自己的新随笔集《猜猜我是谁》所写的题引。原文1696字，此处仅节选头尾。

1. 为自己取个名字

开始写作，言为心声，“我手写我心”，要用心，更要用情。我们每个学生都要首先给自己的随笔集取个名字，然后，写上自序以诠释自己的文集，并在首页留白，以便当这个随笔本用完之后，建立文章目录。

看看学生自己的文集吧：

《我的秘密花园》（吕媛媛）、《成长》（徐朝）、《飘》（杨云飞）、《带充实走过》（李岩）、《酸甜苦辣咸》（刘贝贝）、《奔跑》（刘晓光）、《梅香竹韵》（肖雅梦）、《足迹》（王梦颖）、《只要半颗心》（张政洁）、《心灯如月》（许倩）、《七彩雨蝶》（王孟君）、《鞍上客》（谢晶晶）、《一只小小鸟》（韩克琼）、《坚持到底》（张旭）、《碎碎念》（赵璟琨）、《藏心亭》（张惠鑫）、《梦有知》（张杰）、《帆·船》（赵飞）、《暗香》（黄晨）、《轨迹》（刘坤）、《我的地盘·完美主义》（刘妍）、《硝烟中绽放的玫瑰》（高扬）、《书香醉》（王燕）、《心语者》（刘旭）、《紫筑草》（于润姿）、《灵与感》（李健丰）、《盛夏的果实》（王攀）、《春夏秋冬镜明心》（刘通）、《魔鬼与天使》（卢山）、《明天的阳光》（赵磊）、《沙漠·海滩》（李晓龙）、《静静地流淌》（刘健潇）、《随风》（李鹏）、《点滴人生》（史佳月）、《时空使者》（史晓松）、《笑读人生》（丁园园）、《水外游龙》（周贺松）、《疏影横斜》（单颖杰）、《我的眼睛看月亮》（牙亚萌）、《喊嗓子，练私功》（刘增海）、《云海集》（田宗丹）……

就这样，在自己亲手选定的随笔本上，自己冥思苦想“像给自己的孩子取名一样”（学生卢山语），他们，给自己的随笔取出了自认为足以表达自己此刻心情的名字。不但如此，很多孩子还为自己的随笔精心设计了封面。

于是，他们开始为自己而写作了。

高中生活是异常紧张的。如果每天都写随笔，对于大部分学生而言，会成为巨大的负担。所以，我一般要求他们每周写2—3篇，并要求他们每一篇都写上写作的具体时间，每篇都拟定一个题目（一般，写随笔一两个月后，每篇拟题目的习惯就养成了）。而他们的写作过程是与我的阅读过程一路相伴的，从他们开始写起来的那一天起，我的阅读过程也就开始了。

2. 要自己动手修改

我把班里的学生按照竖排座位分成小组，每组头排的学生自动晋级为小组长，负责本组随笔的收发工作。每天，我收取一组学生的随笔，认真批阅，写上评语。对于文章中的错别字、病句乃至标题、结尾、结构立意等问题，只是画出来在旁边打上一个问号或者提示几个问题，发还给学生后让其自己修订。下次再收到后，我都要把前面的浏览一下，看看问题改正了没有，如果没有，就折起来，背面用朱红大字批上一个鲜艳的“改！”，如此，直到他们每个人，知错就改。而如果学生对于所出现的问题不明白，我就继续启发引导，直到他自己明白修正为止。

让学生在自己写作的过程中，不断地修改有何意义呢？

王荣生先生在他的《语文科课程论基础》一书中，曾有这样的论述：“欧美写作理论和教学实践，当今处于主流地位的认识和指导原则，是把写作当成一个复杂和反复的认知和社会过程，在这个过程中，‘修改’（revising）占据一个很重要的地位。在他们看来，revising是一个重新认识、重新发现、重新创造的过程，是作者基于对包括题目、读者和目的等方面的‘修辞环境’的清醒体认，运用批判性思维来对内容和形式重新认识、发现和创造，还包括对文本、样式以及遣词造句的熟练把握。”

前苏联著名作家富尔曼诺夫，也曾劝人在任何时候都不要把文稿交别人去誊抄，要自己抄，“因为最后一遍抄写，绝不是一件纯技术性的工作，而是最后的润色”。

所以说，写作，就是一个不断修改的过程。

这个过程，一定要让学生亲自体验、经历，只有在反复不断地自我调整、完善的过程中，学生才会逐渐形成自己的语言文字风格，找到适合自己的表达方式，才会进入写作的自由境界，并能体验到写作的快乐。因为，“忘记了自己的语言的人是痛苦的，被迫用别人的语气、思路去说话也是痛苦的”（斯宾塞语）。在这个过程中，教师只做启发引导，而绝不能包办代替。即使偶做示范，也应提示学生去思考：为什么要这么修改。比如，删节一些冗余拖沓之处，不要告诉他“这里冗余拖沓而删除”，而应该提示学生，让其比较一下删节前后的文字，有何区别，思考为何删除。而对于用词不当或者不够准确传神之处，只需提示出来，让学生自己去思考修改，而不宜技痒难耐越俎代庖，倘使学生确实修改不得要领，再帮助不迟，因为这时候，已经是学生历经百思而不得其解之时，可谓不愤不启、不悱不发了。

修改文章，不仅仅是删节调换炼字造句这些小修小补，更应有谋篇布局立意选材等大手术，经常，我会指出学生某一篇文章在整体构架上的问题，或者在立意上的偏差，或者尚可以换个角度，深入挖掘剖析之处，让学生重起炉灶另开张，再写一篇。

“修改”，在一个人的写作过程中，其意义不仅限于辞章修饰，它更是一个人的思维、思想、审美乃至文化构成的自我健全过程。

3. 读与写是一种对话

除了引导、督促学生养成细节之处不断修改的习惯，在追求简洁、典雅、优美的过程中，形成各自的写作风格之外，更为重要而经常的，是与学生就具体问题不断深入地对话、交流和探讨，以促进他们心灵的生长、思想的成熟和精神的完善。

翻阅学生的随笔，经常会看到这样的情景：往往是我做了批注，下次收上来再看，批注之下又有了学生的回应，于是我再继续回应，而有时候，学生会因为我的一段段批注，奋笔疾书，再写下一篇篇文章。如此往复，乐在其中。这样的对谈，确实是彼此心灵情感的真诚呼应。有时候开心，有时候感动，有时候则心情久久不能平静。

开心的事，说一件吧。

很多学生一开始接触我这种"修改"策略时，都不习惯。有时候，整段话我给他们勾出来提示重新修改，有时候我说文章题目需要再换一个，有时候我说文章结尾应该重写，常常，有的学生觉得无从下手，就干脆把被我勾画出来的段落，整个删去。

每次面对这样的情形，我就在班里给他们打这样一个比方："咱们班里，有没有谁的理想是医生啊？说句心里话，如果你们去做了医生的话，我可不敢让你们给我看病。如果哪天你发现我身体哪个部位有毛病了，你一准会把我那部位给切除掉！你看看你们啊，你们的文章，我说这儿有点问题，那有点儿毛病，我说请你给它修改修改，你可倒好，大笔一挥，刷刷刷，把它给砍啦！你这不是太恐怖了吗？对自己的文章尚且下如此辣手，做个医生还不草菅人命？"笑声中，他们明白了一个道理，对自己的文章，不单要有感情，更应该负责任。

感动的事，莫过于彼此心灵的对谈。

还记得我和2007届学生李檬，高一时，在她随笔上的那一场场温馨的对话：

李檬语：

老师，每次看到你，你都带着一脸自信的笑容。是不是你觉得自己已经很成功了呢？当你在工作中遇到一点儿挫折时，会不会感到不够自信了呢？

在别人眼里，我已经很了不起了，可我觉得自己没有达到那么自信的程度，遇到一点儿小失败，或不尽如人意的地方就怀疑自己。为什么我不能拥有你的那份从容和自信呢？我在尽力做着，你有什么好的方法吗？

我回复：

我能够做到的，我就一定要尽力去做好，如果没有做好，我从来不怨天尤人，自暴自弃，而是反思没有做好的原因，马上去弥补。所以，我不怕失败，因为失败只能使我更完美于过去。

李檬语：

虽说一个班是一个集体，但在这个集体中也有形形色色的人，有些人作风很正，而有些人……但我始终认为每个人都有善良的一面，所以我接受他们的不足，去发现他们的长处。我虽然不能要求别人也这样做，只要自己心中这样坚持也就够了。我想你就是用这种包容的心来看待每一位同学的吧？

我回复：

是的。世界上，是不会有完人的。谁都不完美，谁都有罪，谁都有自由。“耶稣的石头”的故事你听说过吗？每一个个体都是独立的，每一个“个”都是美好的，有尊严的。因而，博爱，宽容，该是最道德的。

李檬语：

我的青春要怎样度过？

漫天的试卷，无休止的考试，朋友间的明争暗斗……我的青春就这样度过吗？……我到底是为了谁而活？

我想要提高自身的素质，我想要承担我作为“知识分子”肩负的责任，而我现在能做什么？我要怎样平衡考试和素质培养的天平？毕竟将来的社会，分数并不能决定一切，我需要的更多是能力，而我现在能做些什么？

我回复：

为自己的理想而活。

首先是适应，然后，挖个小孔，呼吸喘吁，生存，顽强地生存，擎着心中的火焰，然后，终有一天，烧出一片灿烂！真的，我们首先要生存，为了发展！为了改变！但是，我们的生存必须要有尊严。

李檬语：

我心中始终燃烧着希望之火，我要为之不懈地努力奋斗，也许我的奋斗在别人眼里是很可笑的事，但我有自己的原则，我要认准我认为对的事大踏步前行。虽然有时我真的会感到很孤单，不过，幸好还有你的陪伴。

我在不停地探索着好的学习方法，提高我的学习效率，在我能利用的这一天的有限时间中去取得更大的进步。至于自己的素质培养，在语文课上，在日常生活中，我都会尽力的！幸好还有语文！

我回复：

谢谢你的信任，让我们彼此支撑！送你一句话：“岁月在不停地流淌，我要激起生命的浪花。”

还记得一个叫张冲的男生，他在一篇题为“我的自省”的随笔里，谈到这样一件事：

今天选什么学习刻苦的同学，由宿舍长经过和大家讨论后来决定。但由于时间匆忙，大家没顾得上商量，所以，王东做了个十分糊涂而又十分莽撞的决定，把我这个“浪荡公子”的名字提了上去。当着全班同学的面，他被批评了一番。当时我还不知为何，但我猜想，王东肯定是选了浪荡的同学了。我们整个宿舍的同学被叫出去从新商定人选。我拿过王东写的名单，哦，原来他是选了我。原来，他选了我！心中的谜团顿时解开，但眼前似乎已经乌云密布了。一见此状，大家推举了连晚上做梦都在讨论数学题的张旭和李晓龙。本来就应该选他们俩，可王东却昏了头，挨了批。嗨，这又何苦呢？为什么明知山有虎，还偏向虎山行呢？我不得不承认，我现在变得太脆弱了，任何一次不经意的打击都会给我的心灵挂上一条沉重的铁链……

我看后，没有安慰他，而是写下了这样一段话：

为什么要把自己的定位权交给别人呢？我们每个人，都属于自己。别人认同你，你是你，别人不认同了，你就不是你了？小伙子，想想！

随笔发下去之后，第二天，张冲又交了上来，原来，他因我的话而又写了一篇：

确实是，我是我自己，我更是在为自己活着。可是理想与现实的差距是巨大的。人，不可能就只为自己活着。你活着，你不是为了自己，是为了你的爸爸妈妈，你的筱寒，和你的“当家的”。我也是如此。我不可能为我自己活着，我也不允许为我自己活着。我活着是为了每个爱我的人，和我爱的人，我希望我可以给他们一份幸福，一份永远永远都不会变质的幸福。家长们总喜欢坐在一起谈论孩子们的学习，这也是我最反感的。所以我必须努力努力地学习，让我的爸妈在谈论中赢得一点自豪。

可是这又有什么用呢？

妈妈总说让我努力学习，考大学，挣钱来回报我的亲人。难道“钱”才是报答亲人的唯一方式吗？

我挺尊敬陶渊明的，“因寄所托，放浪形骸之外”。他不恋世俗，归隐田园，该是多么潇洒，又是多么浪漫啊！人都是喜欢浪漫的，哪个痴情的浪子不愿与他的红颜知己去过世外桃源式的生活呢？可是，社会这个磁场永远吸引着我们，一旦我们降生在这个世上，就必须受这个磁场的控制。它太恐怖了。而且对于它的吸引，你已经形成了一种依赖与不舍。

往往这就是人生，这就是人的一辈子，而为自己活着的人却少之又少，哪怕他是最自私的人！为别人活着太累太累了，心里总是装着一份沉甸甸的牵挂。牵挂他的好，牵挂他的坏！而社会为什么会有这样的磁场呢？因为人与人之间是有感情的。“情”是人与人之间心灵交汇的产物，是人类至高无上的神圣而唯一纯洁的东西。亲情、友情、爱情、师生之情……交织成了一张张硕大无比的网，无论你是多么强壮的雄鹰，也根本无法穿越社会这只蜘蛛所织的坚实的罗网！这也许是社会为什么如此活泼，如此美丽，如此令人陶醉的原因吧！

所以，我为我的妈妈考大学，为我的爸爸做题，为我的奶奶学英语，为我的爷爷学微机，为我的姥姥姥爷学数理化生……我在为我学什么呢？我在为我自己学语文，是在学习一座如何做人的丰碑！

看完张冲这篇随笔，我的眼里情不自禁满含了泪水，是激动，是欣慰，更是心灵受到清化之后的幸福奔涌！我提起笔，给他写下了这样的答语：

我知道你肯定理解我的“定位”说了。而此篇又是由“自己”而阐发的。我同意你的观点，因为世上没有人是孤立的，情感是美好的，社会是活泼的，生活是丰富而美丽的。我们为别人而生，别人也在为我们而活。“这世上的一切，无穷的远方，无数的人们，都与我有关！”——还记得这话吧，鲁迅的。

感谢你，张冲，因了你最后的话，我便知足了，而且将更加努力地与你们一起生活，更好地生活！

现如今，这个叫张冲的男孩子，已经大学毕业，跟我一起在苏州这个南方古城工作了。去年的中秋节，他来我家吃饭，帮我整修窗户，安装吊灯，俨然一个男子汉。

还有一个叫潘熙圆的男孩子，2011 年 5 月 18 日，他因为背课文的问题，跟自己的父母发生了矛盾，望子成龙心切的家长（他们夫妇也都是教师，而且还是我的同事），对背书效率较低的儿子大动肝火。于是，受了刺激的17岁男孩，在当天深夜，奋笔疾书，写下了抒发自己愤懑，同时声讨父母的一篇“檄文”，密密麻麻洋洋洒洒，写了将近三页。

文章开头这样写道：

思绪像一团乌黑的水藻。我写这些文字的时候，有足够的冷静。……

事实上，通篇都是怒不可遏而又不得不遏的呼号、呐喊、申诉和辩白，写完之后，他又补充了这样几行：

很恶毒的诅咒，史老师，您若向“潘老师”提及我写的这篇文章，我会带领世界人民反抗你（对不起，但是，必须要写这句话，因为我已被定义为不可信任之人。因而今天24点前，我不信任任何人，可惜现在是23:59）。但我相信你不会。

显而易见，他写这个文章的目的就是为了表达自己，但是，也需要与人交流，而他选择的交流对象，是我。

第二天，我从孩子手里接过随笔本时，不用打开，就知道大概了。边看边旁批，与他对话，有打趣，有理解，有同情，也有批评，最后，我给他写了这样一段话：

今天早上，上班路上，碰见“潘老师”了，他跟我说了你们昨晚争吵的事。我跟他说他的方法不对，让他不要火上浇油，应当给你时间，尊重你的感受。“潘老师”还是很担心你的，承认自己太冲动了，希望我跟你谈谈，我说看你的情况再说，应当先给你时间自己抚平情绪。早读看你状态还好，就略略放心了。又看到你这篇宣泄文字，则更欣慰了，你已经有了很大的进步，能够主动采取良好的方式处理自己的情绪了。

如果，今明两天，你愿意面谈，我们可以再谈谈，是朋友一样的交谈，你自己决定，OK？

随笔还给孩子后，他没有来找我。

后来，再收到他的随笔，我看到他在下面写了一行字：“没事，不用了！谢谢！”

莞尔。

就这样，从“为别人而作文”，到“为自己而写作”，在这个转化过程中，学生逐渐明白了写作的真谛。

于是，他们说：

“书写自己虽不是很完美，但是很幸福！”

（2007 届学生谢晶晶）

“写随笔，也是在写自己，书写自己的生命，记录自己的人生历程，是件多么快乐的事。这本随笔犹如一面镜子，映出真实的我。我在记录生命，也在送生命，更是在记录人生使命，在每一页薄薄的纸上，留下我深深的感情。”

（2007 届学生刘健潇）

“渐渐地明白了，生活需要发现，需要寻找。千万不要蒙上你的眼睛，要相信，眼睛越睁越亮，越笑越有神。那么天天快乐吧！”

（2007 届学生牙亚萌）

“我们并不想轻易说永远，可有时只有永远才能表达出心灵深处最真切的情感，我们在说出永远时也许经过了深思熟虑，也许是脱口而出未加思索。不管怎样，我们都需要找一种方式去记录，定格下当时心灵深处真切的颤动……幸亏，有随笔，有你！”

（2007 届学生黄晨）

“到了大学，学了这个专业后我感受颇深，跟您说心里话，您那三年对我们的感性和理性教导起了很大的作用，尤其是您让我们每人都写随笔，您不但让我这个入学语文成绩倒数第一的学生高考考了 110 多分，您更使我们认识事物的能力加强了，说真的，您的教学方法真的有实效！”

（2002 届学生周占岩）

……

四、从“我的写作”到“我们的写作”

米兰·昆德拉在他的小说《生命中不能承受之轻》里写到，托马斯跪在发着高烧的特丽莎的床前，他的脑海中浮现的是一个顺着河漂流而下的孩子，他在他的床前捞起了她，他无法放弃这个顺河漂流的孤儿。

这个源于摩西的比喻性想象，无非是再一次形象地告诉人们，这世界上的每个人，都是被无端抛来的孤儿，在漂流的命途之中，我们都曾对着生命的荒流惊惶发问：“我是谁？我从哪里来？我往哪里去？我将与谁同行？”这世上，每个人都是孤儿，所以才渴望获得爱与安全，渴望被认同、被关怀——所以才渴望着表达和交流！

因此，写作是自己的事情，却不是为了封闭自己，恰恰相反，它是为了使自己获得丰满与延展，它是为了让自我的生命在更广大的世界里，获得默契的回响和来自同伴的温暖。就像《史奴比》里，查理·布朗在孤独中的自言自语：“知道我想要什么吗？我想要更多的问候。”

1. 奇文共欣赏，疑义相与析

默默的写作中，也需要不断地交流。不但需要师生之间的心灵对话，还需要生生之间的互相启发与映照。在你中，发现了我；在我中，看见了你；那么，我们便可以在精神上得到融合，我们会惊喜地发现：啊，原来你也在这里！啊，原来，不止我一个！

在成长的旅途上，许多平常的琐碎的痛苦，纠缠着我们，就像周国平所言，“人天生是软弱的，惟其软弱犹能承担起苦难，才显出人的尊严，我厌恶那种号称铁石心肠的强者，蔑视他们一路旗开得胜的骄横。只有以软弱的天性勇敢地承受着寻常苦难的人们，才是我的兄弟姐妹。”

让写作真的渗透到生命的河流中去，让我们彼此发现，寻找到自己的“兄弟姐妹”，那么，从“我的写作”到“我们的写作”，就成为必要的了！

写随笔之初，以“奇文共欣赏，疑义相与析”的交流为主。

每当看到写得比较好的随笔，我都会在批改记录本中特别记录下来，如果是某些句子或段落精彩感人，我就随手誊录下来，上课时，选择适当的机会，读给大家听；如果是整篇的文章，则需要征求作者的意见，只要作者本人同意，或在课上请他自己读给大家，或打印出来，印发给大家。这样的交流，渗透在日常教学中，对惊喜和碰撞的收获欲望，常常让学生格外关注我的作业批改记录本。每次我在课间叫几个人耳语几句，每当我翻开记录本笑意满脸地清一下喉咙，都可以从他们的眼睛中看到那孩子般明亮清澈的新奇和期待。

生活中发生了什么，学生就会写什么，同一件事情，不同人的相同或迥异的观点，通过文字展露出来，推出了一个声音，会一石激起千层浪，往往自然而然地就会生成多米诺骨牌现象。这样的交流，有它随机随意的特点，但是，只要教师用心留意，也可以使之逐渐形成序列。

作为教师，在阅读这些思想情感的碰撞时，那种看着小苗儿茁壮成长的喜悦，是非常美好的。你会体会到“与自然界万物的生长一样，在教育中，宁静、和谐、渐渐地发展、耐心地等待，这些都是非常必要的”；你会发现，“对于教育来说，无论其愿望、目的还是结果，都应该给他们恰当的水和阳光、养料，让所有的孩子都生生不息”（斯宾塞语）；你会明白，教育就是这样，绿色种植，不打农药，不用催熟剂，松土施肥，自然生长，给以时间和爱，成熟之后，果实才格外甘甜。

在这样的交流过程中，要留心给每一个孩子一个展示自己的舞台，让他们每个人都能体会到被接纳、被认同、被欣赏的喜悦。

2011年4月11日晚上七点多，我收到了一条短信：

史老师，今天张心耀特意告诉我，您把他的习作片段摘录到“佳作撷英”里了，尽管他语气有些轻描淡写，但掩饰不住那份兴奋与自豪，现在他正在灯下细细品味呢！感谢您的倾情指导，让他拥有一份自信！

我赶紧回信，说这孩子在写作上是有天份的，只要有了兴趣，会越来越优秀。

从来没有人这样评价他，如果说他有一些天份，那也是您激发出来的！真诚地感谢您！

家长这条回信，读来真有点淡淡的心酸。我所做的，不过是在整理文章时，除了典例文章外，又开辟了一个“佳作撷英”栏目，从未登出的学生的文章中，每篇撷取其中精彩出色的语段，选录在其中，给孩子们搭建了一个展示自己的平台。给学生搭建一个得以充分展示自己的平台，对于教师而言，可谓轻而易举，只要有心，恰当的方法总是会随之而产生的。可是，为什么有太多的教师，注意不到这一点呢？有多少热情的火苗、自信的火种，就在那经年累月的麻木不仁的无视中被熄灭窒息了？

写到这里，猛然想起那个叫陈甲楠的男孩子，他曾在随笔里，这样描述有一次我在全班交流他的文章，对他产生的影响：

就在那次，她第一次读了我的文章，好像是写刘邦和项羽的，我感觉到一股重逢的动力（小学四年级时有过），虽然是在最后读的，虽然我认为没小胡、发哥等人写得好，不过，埋在角落的那团被无数老师不屑的创作之火又燃烧了起来，原来我也行！是她给了我自信，用那平等的眼睛，这是我最希望的，也是我最想要的。

当然，这交流之中，除了生生交流，还有师生交流。

写作教学，好比汪洋大海，试图教会学生激水扬波，教师也要自己试水，不能只站在岸边，观看学生的沉浮，指点江山；戏水游波之乐，逆风而行之苦，也要亲自去体尝。想让学生畅游，教师就必须下水，与学生载沉载浮，感受写作浪涛的冲击，掀起浪花朵朵，师生一起神驰心游，如鱼得水，浪花里飞出欢乐的歌！

我经常会适时拿出自己的文章，或抛砖引玉，或寄语旁白，或交相问难，与孩子们一起分享交流成长中的喜怒哀乐。

一个教师，能够与孩子们共同成长进步，彼此交流分享，这样的日子从容而优裕，不断地净化彼此的心灵，让我们发现生命中还埋藏着太多的奇迹和美妙……

2. 写作专题化，健笔写人生

随着孩子的成长而变化，“我们的写作”就可以组织专题的写作探讨了。

除了专题论文一类的研究性写作，针对高中生的心理特点，比较适合的专题写作，有“我的烦恼报告”、“我的成功报告”、“我的理想报告”、“我的家庭报告”等。为了论证写作，尤其是专题写作，本质上与高考作文之间并无冲突。在此，我将特别以我在教高三毕业班时所组织的三次专题写作（“我的烦恼报告”、“我的理想报告”和“我的成长报告”）为例，谈谈通过组织专题的形式，如何推进“我们的写作”，如何引导学生发出真实的声音，交流彼此的思想，从而深入生活的内核，并且提升写作品质，提高“作文”分数。

与高考接轨，我把这种专题写作置换为“话题作文”。

话题的提出，当然可以有不同方式，但是，不管使用何种方式，原则是要能激发孩子们写作的热情，触动他们的思想和心灵。

比如，2003 年“我的烦恼报告”的“话题源起”就是这样的：

中学生是祖国的花朵、民族的未来，但是这些“花朵”也有各种各样的烦恼，并不能愉快地开放，顺利地结果，需要更多的人来关心，也需要我们自己来叙说自己的烦恼、苦闷、忧愁和困惑，让更多的人了解我们，关心我们，理解我们。

你的烦恼是什么？一直困扰着你的有什么？是变幻的友情，是繁重的学业，是父母师长的不理解，是对现实的无奈，是对未来的迷惘，是身体的不适意，还是花季雨季里那微妙的情愫？……

以“我的烦恼”为话题，自拟题目，自选角度和体裁作文，必须以第一人称来写，不少于800字，不多于1500字。

再比如2010年“我的成长报告”的话题：

回顾，青葱岁月中，我们和我们所遇到的人之间产生的那些“火花”，那些让我们有所顿悟的智慧，那些让我们内心怦然的感动，那些让我们泪流满面的时刻……在我们的生活中，总有一些人、一些事件、一些场面、一些生活片段对我们产生影响：改变了我们的人生观和价值观，提升了我们的人生境界，给我们以启发，甚至是深深地伤害了我们，也可能是悲悯而强大地拯救了我们——所有这些，无不促进了我们的进步与成长，使我们逐渐地接近自我。

读上述材料，自选角度，自拟题目，写一篇叙事写人的记叙文，不少于800字（可多写）。

而2002年“我的理想报告”这个“话题”则是从学生的随笔引出，再用教师的导言，以激发学生对理想问题的思考和探求的欲望。

生命的灯塔

王洁琳

每当我躺在床上将要入睡时，每当我清晨刚刚睁开睡眼时，我都会在心中反反复复地问自己，并一直在寻求着答案：我一直追寻的，究竟是些什么？

满城的树已经是树叶飘零，冬天又来了，风一天比一天刮得猛烈了。在脸、鼻、耳冻得生疼时，我发觉这一年又即将过去了。我又这样度过了一年，漫无目的地这样漂泊，真想站在高处看一看我的灯塔，它究竟在何方，我何时才能看到。我真想告诉你我此刻的心情，但我却话到口边又不敢说出来，不知道是害怕还是不知怎样说好。我不得不承认我自己的渺小和自己的无能为力了。

我是一个好强的人，但在目标与理想面前，我的确是那么的渺小，那么的无能。不是怕我不能实现理想，其实不能实现理想也并不可怕。可怕的是我此时此刻还没有找到自己的理想，只是一味地在不停忙碌着，明日我也得这样，我必须这样。就在我拿起笔写下这些文字时，我依旧很茫然，但又似乎看到了那么一点点亮光，十分的朦胧。……

其实有些东西是不好写出来的，写不出它最奇妙最真切的地方；当这些文字被铺于纸上时，读来总也感觉不到它本来所有的魅力，总觉得像是风化了，变了味道。

生命的灯塔本来就是埋于心中的，想要拿出来看时，像是被一团乱七八糟的东西团绕着，怎么分也分不清楚，只能从缝隙中看到它那朦胧的光。也许，我最近这几个月来的烦心都是自寻烦恼吧，说不清的东西，只要心中明朗就行了，没有必要把它摆在眼前。灯塔在心中给你指路，你要小心呵护，别让海风吹灭。

我一直追寻的，究竟是些什么？

沧海月明（作者网名）寄语：

这是王洁琳同学月考时的作文，之所以打印出来，是因为她写出了自己的困惑。而这种思索、这种困惑，应该有一定的普遍性。

我们已经到了一个成长迅速的年龄，我们现在面对的是高考，可是高考之后呢？许多考上大学的学生回头问我，"老师，为什么我现在这么失落？为什么我的生活没有意义？"为什么？其实很简单，因为人生没有理想就没有目标，于是没有意义，于是考上了大学反倒更加失落。

而现在，许多同学连自己要考哪所大学也是没有自己的主张的。

同学们，你的理想是什么？你为什么有这样的理想？为了理想，你能够付出什么？如果你面对的现实与你的理想发生了冲突，你会怎样选择？……

现在谈理想，或许又有人说不切实际了，可是，现在谈理想都已经不算早了。

人，不能生活得太物质；人，不能没有理想。

人，不是单靠吃米活着。

本期话题：我的理想

要求：根据以上材料，自拟题目，自选角度，自定体裁，写一篇800—1000字的文章。

本周五上午8点完成上交。

专题布置之后，是学生的写作过程，虽然设置为高考话题形式，但根本目的不是让学生写考场作文，所以，每个专题的写作都有一个过程。这个过程，是学生深入思考并互相交流的过程，一般不超过一周。

专题文章收上来后，通过认真批阅，提出有代表性的文章，分类整理，汇总成报告形式，印发下去，交流讨论。

比如“我的烦恼报告”，分成两辑来交流，第一辑共有“理解篇”、“压力篇”、“迷惘篇”、“友谊篇”和“孤独篇”五个单元11篇文章；第二辑共有“困惑篇”、“朦胧篇”、“抨击篇”、“感悟篇”、“无奈篇”五个单元9篇文章。而且每一辑后面都写有“沧海月明寄语”，第一辑的寄语是这样的：

这11篇文章，都是以第一人称写成的，有的或许不是自己的故事，但是却都体现了我们这个年龄的心理特点。成长论坛的一位网友看了之后说：“现在孩子们的心理真是非常敏感多情啊，若干年后他们有了新的烦恼，再看到沧海月明为他们留下的这些文字，不知是否会感到一丝怅惘、甜蜜、失落，抑或是其他的感叹？仿佛回到了我们的从前，他们苦恼着，我们羡慕着。”

的确，年轻是一笔财富，年轻也必然有成长的烦恼、苦闷、忧愁和困惑，我们不要害怕，也无须掩饰，我们不必躲藏，更不该自责，因为成长就是这样的。抬起头，迎着太阳走，绽放你的微笑如花般灿烂；伸出手，向着师长和朋友，送去你的信任和理解，如冬日阳光般温暖。阳光总在风雨后，请相信有彩虹，珍惜所有的拥有，我一直会在你的左右！

在第二辑寄语里，我附录了记录女儿成长的短文《我家有女》，并亲笔写下了这样一段文字：

你可能笑了，而后你或许能体会到我的辛酸和清愁了吧。

成长怎么能没有烦恼呢？人生怎么会没有痛苦呢？人，怎么可以不去追求呢？收获的时候，会失去；痛苦的时候，欢乐正在背后；充实着，也便更深地体味到什么是空虚。只有拒绝成长，成长才痛苦不堪！

呼唤理解的你，尝试去理解；承担压力的你，变压力为动力；迷惘未来的你，走好现在的每一步，别太着急；感叹友谊的人，应学会宽容与珍惜；孤独无助的人，乐观是快乐的宝藏；困惑是在成长；朦胧多美丽；抨击因热肠；感悟因理想；无奈总会成过往。让我们直面成长，直面生活，直面心灵，哭个痛快，笑个张扬，让青春，在真实中吐露芬芳！

同样，“我的理想报告”也是如此汇总，而且因为是谈理想，我还特意为他们增加了一节阅读课，给他们印发了著名院士王选在北大的演讲《我一生中的八个重要的抉择》。在专辑汇报的“沧海月明寄语”里，我这样写道：

看完王选的《我一生中的八个重要的抉择》和于红颖、刘通、崔志钢、张春霞、田坤、刘聪、马辉等七位同学关于理想的文章后，你一定有许多感触。

理想是什么？如果非要用语言来形容的话，我只好说，同学们，你们自己在脑海里勾勒一下自己瑰丽的理想吧。

理想来自于哪里？她来自于生活。

也许，你现在还在追寻着；也许你会为了你现在的理想而奋斗终生；也许若干年后，你已经又有了新的选择。但是无论如何，我们都行走在路上，时间和时代、主观和客观裹胁着你，让你无法停滞，更不可能回头。所以，我们才要一起探究，我们苦苦追寻的，到底是什么？

理想应该如何？首先，你要热爱，热爱才会有乐趣。其次，你要肯坚持，坚持你才能够有收获。再次，你要懂得放弃，敢于放弃才是成熟的标志。而最重要的一点是，人的理想没有高低贵贱之分，只要是能够体现自己的价值，能够发挥自己的光和热，一个举世闻名的画家和一个默默无闻的清洁工，为世界所做的贡献，都是一样不可替代的。

最后，我还要问你：

“亲爱的同学们，你的理想在哪里？为了理想，你准备好了吗？”

2007年7月的一天下午，我上街，遇到了2003届的学生刘通，他告诉我，他现在在北京一家中外合资的饭店里上班，我说："刘通，还记得你的理想吗？开一家像麦当劳、肯德基一样的中国式快餐店？"

他面色激动地对我说："老师，我当然记得！所以我上大学才学的酒店管理，而且，我现在就是在这家饭店的西餐厅工作，这就是为了实现我的理想做准备！"看着他慢慢成熟的英俊的面庞和刚毅的眼睛，我满含微笑地、用力地点了点头："好，到时候，我也一定履行我的诺言，去你饭店做一个顾客！"

还记得2004年的寒假，张婧等几个上了大学的2002届的学生，到学校来看我，他们说，老师一定有需要整理的学生的东西吧，以前我们的都是您自己整理，现在，让我们来帮您吧！于是，我就让他们帮我把2004届学生的"理想报告"全部整理了出来，两个班一百多份"理想报告"，就这样存在了我的电脑里。

2010年的"我的成长报告"专题，从友情、爱情、亲情、师生情等四个方面，汇总了9篇文章，在这四大版块里，又各有不同维度上的关照反映，在师生共同品读赏析的过程中，既有对遣词造句、布局谋篇的切磋，更有对人生成长中必须经历的各种情感的体验、交流、反思和探询。课堂上，有人废卷浩叹，有人凝眸深思，有人泪花闪烁……赤诚，真挚，丰富，深厚，这些文章，确乎是记录孩子们人生历程的呕心之作。

比如，徐涛同学的这篇《我的父亲》。

我的父亲

徐 涛

回顾我18年的人生，遇到过形形色色的人，他们都对我产生了或大或小的影响，但是在我这人生的第一段路里，对我影响最大的，还是我的父亲。

很难想象我在年幼时是如何仰视我的父亲的。父亲初中文化，在工厂干了几年以后，就当起了司机。他是个对工作一丝不苟的人，只要是他应承下来的事情，总是会很用心地办好，从这一层上说，他是个很不错的人。他那时还开出租车，工作是很辛苦的，从早晨一直干到夜晚。但是那时，一点也看不出他累。初中以前，父亲一直忙于开车，他在家里的时间很少，在我眼里，他是个有本事的好男人，那时，是他一人撑起了家里的全部负担。我也很敬畏他，可能是工作劳累的原因，他那时的脾气很火爆，很喜欢在别人出错的时候批评别人。但偏偏他做事很细心，连监督也很认真。我常常做事毛手毛脚，就经常受他的训斥和教导，那个时候，父亲就像是一个全知的教授。有时有些事情弄得他不顺心，他甚至也会出手打人。年幼的我，只认他是权威的存在。

到了我初二的时候，父亲就开始歇在家里了。他是个很注意自己身体的人，常年开车，他已经隐隐感到腰痛，就决定停下来休养。我对父亲的真正了解也是从那时开始的。

进入全市最好的初中学习，让我接触了一个比较高端的社会群体。农村家庭出身的我，在看到一个个温文尔雅的父母时，就开始渐渐对自己的父母有所芥蒂了。这种微妙的心理变化直接导致了我和父亲矛盾的产生。

在家里，我本来是一个十分沉默听话又很温和的孩子，父母对我的批评，我都是十分乐意接受的。可是后来就渐渐变了，我发现了父亲本身的疲弱，他身上有一些为我所讨厌的习惯，最关键的是，他不思悔改。他曾不止一次地说:“这毛病改不掉了。”同时摆出一副无赖的样子。每到这时，我甚至会愠怒到咬牙切齿，但却又无可奈何，可以说，在这些时候，父亲几乎被我与地痞流氓等同视之了。

我是从心里看不起他。

我这样看他还有另外的原因。直到现在我临近高三毕业，父亲都没有再出去工作，而是一直空闲在家。母亲曾不止一次地要求他外出就业，他却总是搪塞,不愿再担起家庭的担子。在家待的时间太长,他的心散了。他的头上又被扣了一个没有家庭责任感的帽子。我的心中也就更没了他的位子。在家里，我曾多次对他冷眼相待，甚至恶语相向，丝毫无尊敬之心，而父亲每每被我直接刺中要害，却也只能隐忍地不说话，他已经不再像一个父亲。

记得有一天晚上，我刚从学校放学回家，因为那时高中两个星期才放一天假，我难得回一趟家。母亲早就张罗起了一桌好菜，来犒劳学习辛苦的我。忘了是什么原因，我那天心情不怎么好。吃饭的时候，父亲很关切地问我学校的情况，我却很没好气地回了他的话。但是他一点也不见生气的样子，依旧笑呵呵的。看到他这个样子，我的心中跳出了一个念头：我要如何才能激怒我的父亲？现在回想起来，我是多么无知啊，竟然如此轻贱父母对我发自内心的爱！当时，我更加摆出了一副不耐烦的样子，话语中还夹杂着对他们两人的抱怨。然而最终，父亲一直没有发怒，但我当时看到他脸涨得通红，却依旧保持住语气里的温柔。我也渐渐感到心虚，没有再蛮横下去。事后母亲对我说，父亲其实已经到了爆发的边缘，但是他想到我在学校日夜学习，终究忍住了。

我那自满又骄横的父亲，竟也会有如此善良而温暖的一面！

之后，我和父亲两人，也就一直想要克制住自己的情感，让我们这两个几乎势如水火的人，能有一个共同的栖身之地。

可惜事情又不会总是这样单纯的。我的心中总是有对父亲轻视的种子，它便总有机会在内心的风雨中发芽。

有一回在家里吃饭，我们一家三口在拉家常，不知当时父亲说了一句什么话，我噌地一下就提起一股戒心，收起笑容，警戒地对父亲说："你刚才说的那句话是什么意思，难道非要在饭桌上指点一些我的不好吗？"父亲惊愕了一下，但马上回过神来质问我说："你说的这话倒是什么意思，难道我刚才说你什么了吗？"我丝毫不回避，更有了一种讽刺的口气："你不是在说的话里面总要夹一层意思么，你是什么样的人我还不知道，找着各样的机会攻击我。"这句，我的语气是很重的，父亲听后立刻就呆了，喃喃地说："难道我在你心中就是这样的人啊。"忽而我在他的眼中看见了泪花，这是一向刚强的他所从来没有过的。当时，我也心一软，没再和他吵下去，只冷冷地站在旁边。

现在想来，当时父亲该有多么心痛啊。其实，我们两人都心知肚明，以他初中的学历，面对高中的我，本就没有优势的，再加上我年岁一天天长大，势必会一天天赶上他乃至超越他。后来他重新和我讲这件事，我也表现出了懊悔，因为我本性是善良的，却不知为何会生出剑刃，但我可以确定，以我当时眼光的冷漠与警戒，必然已经割伤了他的心，是再也愈合不了了。

高三后，学习压力陡然增大了。从来没有危机感的我，却也感到了极大的压力。至此，我也变得更加易怒了起来，并且，我也总是想找机会放松自己。见我毫无斗志，父亲也很着急。

就在今年元旦的时候，学校为了加强我们的学习，布置了大量的作业，多到了让我们几乎没有空闲娱乐的地步。只做了一天，我便没有了耐性，便在家里叫唤着不想再做作业了。父亲听到后就过来劝我，正好撞在了我的枪口上，我立马就横下了脸来，矛头直指向他："你现在在家里休闲了，哪里知道我在学校里多么劳累！"父亲又被我说中了要害，显然气势馁了下去，但他这回却一返往日的妥协，依然对我好言相劝，并不惜以批评他自己来规劝我努力学习。这在以前是绝不可能的，父亲是个要强的人，平日里，要他承认一个错误几乎都是不可能的。后来，他恳切地说："我是个没本事的人，现在没有什么能力再出去挣大钱了，我深感自己力不从心。我只是一个普通人。而你现在还正在人生的分界岭上，现在的每一步，都是十分重要的。父母供不起你未来的生活。所以现在恳求你忍一忍，挺过去，自己将来为自己谋出路。"当时听了这段话，我立刻流下了眼泪，从这话里，我听出了父亲的无奈、懊悔和请求，这是他最像我父亲的时候。

父亲身上，有我所未曾发现过的感情，这是掩藏在他刚强的外表下真正柔韧的部分。只是我一直只看到了他坚硬的壳，就以为他是一块顽石了。很清楚地记得，一次我们一家人在谈我的考试成绩，我超了一本线8分。父亲问我班里过一本线的有几个人，我说：十几个，差几个人我就进前五了。父亲一愣，然后笑了。

我的父亲原来就是这样一个单纯的人。他有着作为父亲的高姿态，却又如此容易因为儿子小小的成功而欢欣。在儿子面前，他竭力地保持着依靠者的形象，却也十分容易仅因儿子的三言两语被打垮。

这就是我的父亲。

（注：写了近2个小时，荒废了大量作业时间。值得纪念！）

正是这个徐涛，这个在高三时肯花两个小时的时间不带任何功利目地写一篇两千六百字文章的徐涛，当他考取大学半年之后，2011年1月，仍然给了我一份出乎意料之外而又在意料之中的惊喜。

当时，《读写月报　新教育》的编辑向我约稿，他们要做一期有关网游的专题，问我有没有学生可以写写关于网游的话题。因为徐涛以前在随笔里写过一篇回顾自己玩游戏的历程的文章，给我印象很深，很可惜当时没有把它复印一下，或者打印出来。我便通过QQ问他要不要参加，我说："不过，你现在也找不到了吧，随笔肯定在家里呢。重新写，会更好的。毕竟，长大了嘛！"徐涛满口答应，说一周之内尽量交稿。

然而，一个小时后，他的头像再次闪烁："我找到以前的那个文章了，我不小心带了随笔本……"

可以想象，当高三毕业后，大量的复习资料被成捆地卖掉的时候，他收藏了随笔本；当即将奔赴另一个遥远的城市去上大学的时候，整理行装，收箱捡箧，他带上了随笔本；而在全新的大学生活中，时不时，他会翻阅自己的随笔本……这是一种怎样的深情，使得他如此珍惜？这是一种怎样的感动，使得我为之动容。

我知道，在我教过的孩子之中，像徐涛这样的，还有很多。

回头看这本随笔，第一篇是08年5月写的，两年，才写了这么点随笔，我还真是有点懒啊。心里有一点后悔，高中毕业后很多东西（应该说绝大多数)都是会扔掉的，我想保留的就只有几本高中看的小说、同学传的小纸条、一本记事簿，还有就是这本随笔和另一本摘评。虽然，我是这辈子都不想再体会这种起得比鸡早、睡得比狗晚的生活了，但是有一些回忆是值得收藏的。

(2010届学生封弈)

当有一天，这些孩子长大了，走上了自己的人生岗位，如果他们还想寻找到自己曾经的激情和梦想，还想看到自己当年走过的心路历程，到那时，他们翻开自己的随笔本，必然会发现，我与他们，为自己的青春，保留了一份无比珍贵的礼物。

到那时，他们一定会再次发现，是“我们的写作”，给了他们生命的惊喜和激情。

五、从“感性化写作”到“理性化写作”

亚里士多德说：人类是论理的而不是讲情理的动物。

在历史上，我们却是一个重实用情感轻逻辑理性的民族，这个特点固然有利地发展了我们的唐诗宋词等，却也同样使我们较西方民族缺少了很多。再加之清朝以来长期的闭关锁国政策，使得我们不但在自然科学上远远落后于西方，在社会科学方面也难以望其项背。

改变这种落后状况，教育责任重大。而一直以来，我们的语文教学却是滥情的，是缺乏理性的。课堂上，越热闹越精彩，图片和音响、眼泪和欢笑成为组成课堂的要素，“感动”这个词越来越多地被当做语文课堂的效果标签。要想方设法让学生哭或者笑，要把学生感动得一塌糊涂，煽情成了必然，表演随处可见，浅薄在所难免！与之相应的是，在我们的写作教学中，也更重视形式技巧、结构篇章等这些外在的东西，辞彩日益华美，技巧愈加圆熟。但是，是否抒写了真情挚感？是否体现了真知卓见？是否能关照社会人生？是否在解决现实问题？却越来越不被人重视。乃至，在高考作文中，会有学生杜撰父母婚姻破裂、父母双双过世、自己身残志坚等，只为了制造催人泪下的效果，获得一个高分！如果语文教学不能培养学生的思辩能力，不能让学生逐步学会冷静、客观、理智、全面地分析评判纷繁复杂的世界，却充斥着浅薄的感动、无稽的笑谈甚至虚张声势的喧嚣热闹、恶意制造的假话空谈，作为教育工作者，我们是应该感到惭愧的。

并不是说“情感”是必须回避的，也决不是说“感动”是错误的，“感人心者，莫先乎情”，能够从情感上先打动人，这确实是很关键的。但是，如果只停留在以情动人上，甚至只是为了追求以情动人，就是一个很严重的问题了！

一个国家、民族的高度的想象力与创造力主要表现为四种精神：一是怀疑精神，二是批判精神，三是超越精神，四是追求真理的执著精神。毋庸置疑，只有在理性的土壤中，才能结出这四种精神的果实。

写作，缘起于对外在与内在的感性认识，这一点是无需回避的。但是，写作，更需要用对外在与内在的理性分析来把握，否则，“缺钙”就成为常态了。司马迁在论屈原时说得好：“人穷则反本，故劳苦倦极，未尝不呼天也；疾痛惨怛，未尝不呼父母也。”面对一个问题，人的第一反应往往是诉诸感情的。而青春年少的高中生则更是如此。然而，感情的雾障往往遮蔽了他们心神的清明，使他们与思考绝缘，与理性陌路。

但是，我们深知，“幸福一定是理智之乐，而且只有来自于对真理的追求或把握的幸福才可靠”（亚里士多德），而“一切罪恶，都根源于无知愚昧，要改变这种现状只能通过知识和爱，没有其他途径”（斯宾塞）。所以，不能拒绝思考，虽然思考确实会有痛苦，但是没有痛苦，便没有重生的喜悦和欢乐。

怎样的思维才是理性的思维呢？

这里，不得不提到杜威。美国实用主义教育家杜威始终坚持将“反性思维”视做民主的根本。在20世纪60年代后，“反性思维”被扩展为“批判性思维”。在美国，掌握批判思维能力已成为个人成长与教育的核心目标。约翰·查菲在他的《批判性思维》一书中曾这样描述："批判性思维不是仅指一种思维方法，而是指对包罗万象的世界进行认识的所有思维方法的总和。其中包括：一、能动性思维；二、独立思考；三、仔细研究情况或问题；四、乐于接受新事物和不同的观点；五、以论据和证据来支持自己的观点；六、有条理地讨论我们的想法。"（《批判性思维》，约翰·查菲著，姜丽蓉等译，山西人民出版社1989年，p62—63）

因此，当我们阅读学生的随笔时，就不能仅仅停留在同情附和、鼓舞欣赏乃至慰问喝彩的层面上，语言文字实际上是思想的外在表现，是思维的物化。我们必须透过外在的语言文字，发现学生内在思想思维的关键点，从思想上引领，在思维上培养，以一颗敏锐的头脑，以一种高度负责的态度，不断地给学生以精神上的澄澈，用理性的醍醐使之获得心智的健全明亮。

当代西方最有影响的哲学家之一卡尔·波普曾说："理性取向就是随时准备承认我可能是错的，你可能是对的，凭借这种共同努力的态度，让我们更接近真理。"激励学生反省，对自身的成长负责，是培养理性思维必须要做的一步。

记得在2004年，我曾经看过这样一则随笔：

特殊的体育课

刘贝贝

这一段时间，我们都在上着特殊的体育课，那就是只有女生的体育课。男生被"幸运"地留在班中上自习。而体育委员呢？则是所有的女生轮流当，也让我们体会了一下当体育委员的乐趣与艰辛。

而我感觉，没有男生的体育课是最有趣的了。我们这三十多个女生可以在操场上任意玩，所有的体育器材都是我们的了。不再像以前，男生把所有的篮球都包了，留给我们女生的只有排球。整个操场也只属于我们的了，我们可以在篮球场打篮球。更幸运的是，体育老师允许我们去草坪上玩排球。

这一节体育课，体育老师说做游戏……

……

一上体育课，这45分钟就像45秒钟，眨眼间就过去了。这不，又要下课了，下一节课又要上班主任的化学。天啊！简直是从天堂掉到了地狱！这也是我们的最后一节特殊的体育课了，因为男生被班主任批准，下星期可以去上体育课了。

唉！真希望永远上这只有女生的特殊的体育课。

看了这篇随笔，我心情很是复杂，因为就是这个为男生被剥夺了上体育课的权利而庆幸的孩子，她的上一篇随笔，还在因为班主任对她的不公正待遇而如此慨叹：

是啊！我错了，我怎么做都是个错。不说，我会无辜地在下边站上几个小时；说了，我会被人骂，被人骂我缺德，被人骂我出卖朋友。总之，我就是个做稳了的奴隶，没有反抗，连最起码的说话的权利也被剥夺了，任由奴隶主摆布，让我往西，我不敢往东，让我站几个小时我只有乖乖地站着。因为我只是个奴隶，任人摆布的奴隶。现在才感觉，做人真的很好。

可是，她的义愤仅止于对自己的遭遇，而对待别人，却马上换了另一种角度。

深思之后，我提笔为她写下了这样一段话：

如果缺乏对被伤害者的同情，那么，所享受的快乐是应当羞耻的。而且，当有一天你也遭遇伤害——并不是没有过吧？——你也不要埋怨他人的冷漠甚至无聊。

当然，面对损害而逆来顺受，也足可悲！

成长，是一个人终生的事业。严格地说，成长是每个人自己的事情。不管有没有人陪，不管有没有人促使，一个人都应该追求自身的成长。这样，才能真正地成长。而教育，正是成长的事业，是唤醒激励，是师生共同成长，按照本性成长，长成自己所希望的样子。写作，既是对于这种成长的记录，也是参与并促进成长的一种手段，也同时属于成长本身。

2010年3月，面临高考的徐涛，依然在随笔里表达了对自身成长的期待与困惑，希望从我这里得到帮助。

以下，是我跟他在随笔本上的交流：

“留给老师的话：虽然之前老师对于我的心理有过疏导，让我的看法有所改变，但是，之前老师所讲的，都是粗略的概括，我依然无法完全认识我自己。希望老师能对我进行比较细致的评价，写一下在老师眼中的我的形象，让我以此作为对自己认识的一个参考。谢谢老师了！”

“好的，今天先不写，容我好好想想。”

“请老师向前翻9页，读一下红字，请履行诺言吧。别拖了，要高考了。我等着你的回复，谢。”

“怎么会忘记，我的承诺，我一般都记得。”

下面，则是我履行诺言，在高考前夕，给徐涛写在他随笔本上的一封信：

徐涛：

你好！

不知你有没有发现，我教了你们三年，我从来没有给任何一个人下过定义，一般就事论事，不论人。你知道这是为什么吗？因为我认为作为教师，我只有帮助你们获得自己去发现自己、完善自己、寻找自己、提升自己的能力，而不具备给你们定性的能力和权力。

认识自我，要靠自己，在生活的历程中，不断地发现、不断地否定、不断地肯定、不断地失去又不断地寻找！你能理解我的意思吧？

但是，这并不是说，我对你，对你们每一个人，就没有我个人的认识和了解。只是我很谨慎地轻易不去表现我个人的判断，唯恐它会错误，唯恐你们会误解，唯恐我会在不经意中伤害了你们。

那就说说你在我心中的印象吧。你要知道，这仅仅是我个人的印象，而且是从我与你的各方面交流以及其他方面的观察了解所得，它只是一个参照。

从高一看到你的第一篇随笔起，我就发现了你的思维能力之超群，你可以用极俭省而朴素的语言，极简洁的形式，表达出十分丰富的思想感情。这种能力一方面来自天赋，另一方面来自你思考的习惯性锻炼。你不是一个浑浑噩噩生活的人，而是一个善于思考、喜欢思考并能在思考中获得快乐的人。然而，你还是有些需要克服的东西，就我感触最深的、也是我认为你最需要立刻就开始改变的，应当是建立自信，强大的自信。

你其实是有勇气面对自我的，这可以从你回顾与父亲的关系，并写出来，并愿意给同学们交流看出，你是一个心胸宽阔而又意志坚定的人，可是却偏偏有些不自信，总是会以为自己的见识不够，当你能将内心之强大真正化做对自身的肯定时，你或许对自己的认识会更深入全面。

至于其他，你是个热爱生活的人，你兴趣是广泛的，喜欢读书，游戏，对人热情宽容，是个有趣味的人，不自以为是，唯我独尊等，优点很多，不再一一说了。

其他优点还有很多，散见以前给你随笔的点评之中，其他思想认识上的小问题也有，不过在以前也都一一交流过了，那可不是笼统概括的，那都是很细节、很具体的，你以后翻看时，会体会到我是用心来与你交流的，会有些小小感动。

好了，就此止笔。先祝高考顺利吧！

再祝不断发现并完善自我！让自我更强大！

你的朋友：史金霞

2010 年 6 月 3 日

砥砺学生的思想，使之敢于质疑，学会冷静客观地分析并勇于批评，是发展理性思维的起点。

一个人勇于批评不是因为他偏激，而是因为他走出了愚昧的陷阱，摆脱了麻木冷漠的控制。因为他知道所有的一切，都与我们有关，没有人是一个孤岛，自由是不可分割的。

2011年3月，上了半年高中之后的潘熙圆同学，在他的随笔集《一片天》中，写下了一篇题为“用怀疑的眼光看世界”的文章，回顾自己上高中以来的成长变化。

进入高中，言论顿时开阔了不少，我一下接触到许多之前从未接触过的东西。……

我发现，以往我对任何事物只是简单一想，听一方观点便轻而易举地相信，那是多么愚蠢的行为。……

这一个多学期，我经历了无数次的反复，……但在反反复复后，我终于意识到，我得用我的眼睛和耳朵去收集信息，用我的大脑去思考甄别，而不是单纯地相信。于是，我开始一点一点去怀疑，怀疑媒体，怀疑书本，怀疑一切。我的价值观和世界观也开始悄然发生变化，因为正如同史老师说的：

你了解到的信息越多，你就越接近真相。

于是我懂得了，面对那些所谓的“事实”，先选择沉默，静静观察，多听一些，多看一些，比较鉴别，审问思考，选择性地接受，就会离事实更近一步。

鼓励学生追问思考，是引导理性思维深入发展的又一良方。

一个中学生，除了关注自己的学习生活，也应该思考历史、社会、世界以及人生，这些问题对于他们，绝不是宏大的命题，而是青春必修课。

诚然，以他们现在的知识储备和思考能力，以及客观条件的限制，很多问题他们是难以获得清晰认识的，更不用说获得解决问题的路径，进而找到答案得出结论。但是，这并不意味着思考是无益的。

很多时候，我们的教育，恰恰是太注重结果了，忽略了至关重要的过程。

在大人面前，孩子是没有思想的，并不是真正没有，而是不敢有，即使头脑中充满想法，也要装作不懂，乖乖巧巧地听大人把话说完。在经过一至两小时的教育后，便要装出一副深感愧疚的样子点点头，承认“错误”，或者，写几份千字检查，以表达自己内心的忏悔，而心里，却完全是另一种想法。孩子的不诚实，便从这里开始。孩子是痛苦的，大人们也不见得快乐到哪里去！

在我们出生的那一刻，一切便被规划好了。生活、学习、将来的道路甚至爱情，都早已被爱我们的父母构思好并开始逐一实现。我们按照大人们所规定的一切去活，甚至于我们连生气、表示自己不满的权利都没有。我们的日子是一样的，永远都是这样的。我们没有自由，虽然我们没有带着枷锁；我们没有思想，虽然我们从记事起便一直转动脑筋算算算……

面对商北雁同学对大人与孩子之间矛盾的揭露，我没有为她喝彩拍案，而是鼓励她继续追问，深入思考：

而所有这一切的根源是什么？

或许，总有一天，你们能够自己找到答案，并彻底解决它。

只怕那时，你们成了大人，也会忘记自己曾经是一个怎样的孩子，而这或许是最可怕、最可悲的吧？因为每个大人都曾经是一个孩子……

在理性思维不断健全的过程中，责任、正义、良知、勇气……这些高贵美好的品质，也日益凸显。2008年3月，一次月考后，我在批阅学生的考场作文《心灵的震撼》时，看到下面这些文字，我的心灵被他们深深地震撼了。

然而，中国在教育、医疗、社会保障上花的钱少之又少，8亿农民没有多少能看得起病、买得起房，更多的只能外出打工，因为种地根本不可能有经济收入。那些贫苦地区的孩子的梦想大多是挣许多钱。教育与现实将中国下一代的思想都异化为只追求经济利益。如若一直这样下去，便会更加严重。最终有一天，中国这个曾经拥有无比灿烂文明的国家会变为文明的沙漠与墓地。这一切所反映出来的问题怎能不使人心灵震颤，怎能不让人为中国的未来担忧。难道“为中华之崛起而读书”仅能在经济上适用吗？这一切需要我们这一代乃至下一代人去改变！

我们发现生活中还有那么多的弱势群体，也知道了世间真情的可贵。它教会了我们，用仇恨和暴力解决不了任何问题，而一味地隐忍息事又会助长坏人的嚣张气焰。能创造美好世界的只有爱。只有真实才能给人以心灵的震撼，假恶丑给人的只能是憎恶。只有真实才能唤起大家的共鸣，从中找到自己所需要和所缺少的东西。

在人生成长的关键期，能够获得思考的能力并体验思考的乐趣，这样的成长过程，确实是学生所热爱的。

高中遇到了第一个让我佩服的老师——您。阅老师无数，估计以后会记得的也只有您了。我佩服您的博览群书，我佩服您的“自我意识”，我佩服您的教育观念……因为您，我明白了许多东西，明白了许多不理解的东西，我学会了思考，有了思考的能力，不再是一个麻木的傀儡。虽然我的理想不是当老师，但老师真的会对学生产生很大的影响。老师，您很成功。

（2010届学生　顾金瓶）

回望高中这三年，我真的改变了很多，因为，我遇到了真正的“启蒙”老师，谢谢您教会了我如何思考，尽管您只教了我两年，说真的，这两年是我人生的转折点之一，我努力地表现自己，希望得到您的一句赞赏，哪怕一丝微笑……

我存在的意义就是把意志传承下去，我传承的意志是什么？火的意志，对生命的热情，对正义的不懈追求；水的意志，让坚持插上翅膀；风的意志，思想的放飞，无限的想象；木的意志，回归自然，珍爱生命。

（2010届学生　陈甲楠）

遇到史金霞老师，使我们的精神境界上升了一层，有了足以令我们骄傲的、比别人强的精神力量。我更了解社会，更会思考，我不再愚昧软弱,我不仅关注个人也关注社会。她对我们影响很大,影响了整个人生!

（2010 届学生 许夏晴）

人一生中会遇到许多老师。但绝大多数只是教我们知识，而很少有老师教育我们怎样对待生活、感情，怎样从另一个角度看待问题……从而锻炼我们的思维，培养我们独立思考问题的能力。虽然这样的老师很少，但是，一辈子遇上这样一个老师也是幸福的。

（2010 届学生 陈恺）

其实，做一个教书育人的教师，也是幸福的。

悉心培育，享受其健全成长的拔节之乐。生长，痛并快乐着；变化，问并追索着。当理性的花，终于璀璨开放的时候，不用说学生自己的智性和人格会变得饱满而有力量，连同我们的心野里，都会满贮了芬芳。

最后，需要强调的是，写作教学与阅读教学、实践活动课程的组织、电影课的教学等都是分不开的，这些在相关的单元中都有所体现，在此不再赘言。

尾声：一朵花里一个世界

就让我用这样的两朵小花，来结束这个单元的讲述吧，希望它们能够带给你和我一样的幸福、感动和思索：

博　爱

刘　宁

这几天心里复杂得很，在我所在的小小的县城里，发生了一件轰动全国的大事，让我内心不能平静，愤愤地把我的感情付诸笔尖，来“赞扬这个社会的正直与关爱”。

大约是在前几个星期，我还在学校里上学，晚上下了自习，跑到电话亭往家打电话，虽然也没什么可说的，但毕竟离家几个星期了，总想和家人说说话才安心。“嘟—嘟！”电话那边传来了父亲熟悉而慈祥的声音，他是很爱我的，先是寒暄，大概这也算谈话的主题了，之后他便似乎很神秘地跟我说：“你知道吗？张仁艳（化名）死了！”“死了？啊！”我心里微微一颤，也忘了问她是怎么死的。

这真是让人出乎意料，她大概才四十多岁，怎么说没就没了呢？她在我们县妇幼医院工作，我爷爷是那里的前任院长，我父亲、叔叔、婶婶也都在那里工作，况且张仁艳还曾是爷爷家的邻居，所以我们与她很熟，她是个很慈祥的人，我叫她“张姨”，每次见面她都微笑着和我谈几句。可惜好人命短，怎么说没就没了呢？这不禁又使我慨叹生命的短暂与脆弱。去年过年回家时，我的一名同学的母亲突然得了脑血栓一下子就没了，我都替我的那位同学感到悲痛万分。唉！确实，就像史铁生说的一样，“死亡就像一个节日”，它迟早会到的，只是这突如其来的死亡叫人无法接受，大概张姨是得了什么不治之症死了，虽然我们没有太多的交往，我还是对她的死感到惋惜和悲痛……

终于放月假可以回家了。头一天晚上吃完饭后，奶奶又神秘地对我说：“张仁艳死了！”“唉！我知道了！”“你怎么知道的？”“我爸爸告诉我的，对了，她是怎么死的？”“唉！”奶奶叹了口气，但这叹气中没有丝毫惋惜之意，“她是和别人‘搞破鞋’死的……”我听了之后心里又是一振，更感到意外了，这怎么可能？似乎一下子对她的死我少了些悲痛，多了些责备之心，我也没有再追问下去。

后来到朋友家，朋友拿出了份报纸，上面登着她死亡的具体原因及情形，原来死者除了张姨还有一位50多岁的男子。我自以为消息很灵通，可没想到大街上人人都知道这件事了，我每碰到一个熟人，他的第一句话总是：“你知道吗？张仁艳死了……”或者有的不知道她是我张姨，便说：“咱们县出了件大事，公安部内保股长和妇幼医院的一名医生……”我随便在大街上问了一个十来岁的小孩子，他都能把事情的情况生动地描述一番，仿佛他在现场似的。

这件事真是如雷贯耳，回家才一天，我就仿佛也成了现场目击者了，并且还知道，来了记者，新闻上了报纸，甚至上了网站，据说从我县出去的一位美国留学生在网上看到了这则消息，还打电话询问这是不是真的。还有手机短信尽是些抨击这一事件的信息，我大概从五六个人的手机上就看到了十多条……虽说传播信息的方式不一样，但主旨却是如出一辙，讽刺、批评、感叹、鄙视他们的行为，全没有些同情之心，大概都认为他们该死，或者说死有余辜。我想，死亡也许对张姨是个解脱，即使她活下来了，也无法再活下去。

死亡对死者是一种解脱，却给活下来的人留下了无尽的痛苦。张姨的丈夫在听说这件事后，当场晕了过去，她的儿子在外地上学，也赶回来了，哭得死去活来，这使我又感叹：难道人世间的真爱只有父母、子女之间的爱吗？张姨的儿子到亲戚朋友家去磕头（这是我们家乡的风俗，人死了都要由小辈的去磕头报丧），但凡亲戚朋友都应出份子钱的，可是毕竟这不是什么光彩的事，很多人都不愿出这份子钱，或有的有些同情心，出了份子钱了事，办红白事都要有帮忙的，可张姨的丧事却没有几个人愿意帮忙。

谁愿意和丑闻扯上关系呢？张姨家的事，别人知道了都会鄙视她，这又会牵涉到妇幼医院的声誉，别的地方的人知道了又会影响到我县的声誉，外国人知道了又会影响中国人的声誉。如此看来，危害不小啊！于是对于这件事大家都是尽力逃避的。不过也有例外，听说张姨的几个同学知道了这件事，要给她开追悼会。“这真是荒唐！”李叔很轻蔑地说，“难道还要追悼‘张仁艳的光辉一生’吗？”说着便笑了起来，用一种很奇怪的表情看着大家。我倒不觉得他的话有什么幽默，只是大家也都不约而同地笑了起来。听李叔的意思，只有因公殉职的英雄才有资格开追悼会追悼。张姨哪有这个资格！即使张姨兢兢业业在妇幼医院工作了二十余年，谁又会在意她的那一丁点贡献，哪里及得上她这一次错误带来的负面影响呢？她犯的错误是打入十八层地狱都无法原谅的。

可是，我对张姨充满了同情。人有七情六欲是难免的，张姨也许在这方面做了错误的选择，但她为这错误已经付出了生命的代价，为什么那些短信、报纸、网站及生活在她周围的人，在她死后还丝毫不放过她。我不敢说在现实生活中只有张姨有婚外情，那些短信写手、记者、网页制作者及一切批评、指责张姨的人，都是一些“君子坦荡荡”的人？都是一些从来都严于律己的人？但有一点我可以肯定，他们都是以己律人的人。

我看到了些什么，整个社会缺少爱。

没有人不爱自己的父母、兄弟姐妹，单是这些，只能算是狭义的爱。就如同做一件好事不难一样，真正爱一个人也不难，难的是爱每一个人。爱熟识的人，家人，老师，同学，同事，亲戚朋友；爱不熟识的人，驻守边防的战士，各个工作领域默默奉献的工作者，农民工，农民，下岗工人；爱中国人，也爱外国人；爱有成就的人，也爱没有成就的人；爱那些灾区的灾民，处境危险的矿工；也爱因家庭变故而产生的社会流浪青年，丧失工作能力的人，街头乞讨者；爱那些不幸染上艾滋病的人，因犯罪而走向监狱的人……在爱的领域，没有人可以被判处死刑。

仁慈宽厚的地母啊！愿你安抚张姨的亡魂！

写此文时，刘宁尚在河北徐水综合高中读高一。

这是他的一篇随笔，没有任何功利目的的一篇随笔。用自己的文字记录见闻感受，表达自己对社会、对人生的思考。而这才应该是写作真正的意义。

与此类似，读高三的袁许健同学，即使高考在即，仍然思考着“制度”与“教育”的问题，夜不成寐，奋笔疾书。

随笔两则

袁许健

（一）关于制度

制度想要完善，就需要有责任的公民这个漏斗。那么要怎么做呢？我认为，作为公民首先要了解真相，不畏浮云遮望眼，这是最基本的，另外要保持一颗同情心，不因见多了就麻木自己，这样才有行动的感情基础。最后也是最重要的，履行作为一个公民应尽的责任和义务，做到勿以善小而不为，用舆论压力来制约行为，净化环境。

其实，这样做不仅是为别人，更是在为自己考虑。有时我会想，人活在世上，总要有些价值，是挣大钱吗？这太庸俗。是为了开阔自己的眼界、丰富自己的认知水平吗？这价值和意义只是个人的而已。只有真正拿起智慧的武器，去思考，去战斗，这样才能不虚此生。这样，当灾难降临在我们同胞身上时，我们才不会因为无助而彷徨。

（二）敬畏生命

毒奶粉、假疫苗……孩子成了一些人用来挣钱的牺牲品。如此不敬畏生命，又怎会有发自内心的怜悯和同情呢？

创立了敬畏生命伦理学的施韦泽曾说："敬畏生命的伦理否认高级和低级的、富有价值和缺少价值的生命之间的区分。"

生命是享受一切的基础，生命是一个极其重要的话题，可是很奇怪，从小到大，老师很少教育我们要敬畏生命，这么一个重要的课题，为什么不该成为教育的内容呢？想想现在教的，真是本末倒置，没用的知识被大量灌输，可是真正影响人价值观的理念却被忽略了。

这样的教育，能让人学会敬畏生命、感恩生活吗？

第三单元

弹奏这隽永与活泼——我这样开展实践活动

※　※　※

素质教育的核心是培养创造力，但培养创造力并没有千篇一律、一成不变的具体方案或措施，它只要求教育者具有这样的理念：提供一个环境，营造一种氛围，允许拥有不同观点、不同意见、不同答案，鼓励独立思考和批判性思维，鼓励创造性，让受教育者的创造力得到最大限度的发挥。

——黄全愈《家庭教育在美国》

※　※　※

引子：余波荡漾

昨天晚上晚自习的情景，现在坐在电脑前的我想起来，依然嘴角微微翘起，颊上曳一抹笑意……

上课的预备铃还没响，我就抱起那沉重的袋子，吭哧吭哧地奔向教室。袋子里是30本《中国青年》、5个笔记本、3罐空气清新剂，还有晚上的亲情阅读材料。

破门而入，教室里一片惊呼，咕咚一声把沉甸甸的东西放在讲台上，我故作夸张顺势做了一个垂头累死状，学生全都哈哈笑起来。“你们也不派个人去接我，成心想把我累死啊！这个世界上什么东西最沉？书啊！哎呀，累死我了！”在学生的笑声中，我一边嗔怪着一边做了做伸展运动，说实话，胳膊真的有些疼了！

“好了！”整理完表情，我高声说，“下面我们要颁奖了！”教室里马上安静，学生喜滋滋地看着我。“首先，我想我还是把比赛的详细结果公布一下吧，公布前12名……”哄——学生都乐了，因为一共就12组。

紧接着就有两种声音起来，有主张公布的，有竭力反对的。“呵呵，逗你一下，别紧张哦，我来把前6名的成绩说一下吧，7到12名的宿舍，如果想确切了解自己的分数，可以拨打热线查询。”在笑声中，成绩公布完毕。

“下面，我谈谈奖品的设计，两位主持人辛苦风光有功，获奖宿舍长英明领导有功，各奖励精美实用笔记本一个，上有本人签名，获奖宿舍成员每人奖励《中国青年》杂志一本，共5期，每个宿舍我平均分配，都是5期全包括，便于大家传阅，而且每本都是新的！再有，三个获奖宿舍的集体奖，是3罐空气清新剂。需要特别注意的是，这个黄颜色的是柠檬香型的，味道比较浓，送给男生——此乃雪中送炭也！（一个获奖的男生宿舍长赶紧说：‘我们宿舍味不大！’学生笑得更开心了。我笑着说，‘那好，你们哪个宿舍味大，可以跟他要！’）这个绿颜色的是绿茶苹果香型的，气味淡雅，送给女生——是为锦上添花也！”等笑声渐落，我很真诚地说：“礼轻心意在，衷心希望我们一起走过的日子，欢乐永远在！”

各宿舍长和主持人在掌声中走到前台，我和他们双手递接，一份份奖品发了下去。

于是，获奖者开始接受大家的“祝贺”：

第一名是220男生宿舍。他们朗诵的诗歌是《蜀道难》、《登高》和《石头城》，他们整编了诗剧，剧情为：李白、杜甫和刘禹锡三人聚在一起，带领一个名叫“小强”的仆人，跋山涉水，穿越蜀道，访寻石头城。一路上，插科打诨，登高作诗，剧情曲折丰富。音响好，道具真，演出惟妙惟肖，令人捧腹。宿舍长苏云峰并不居功，站在讲台上，哆嗦了会儿，说：“还是让我们的编剧李攀谈谈吧，李攀，上！”李攀上来了，满脸羞涩，手脚不知往哪搁，全没了扮演“小强”主人时的飞扬跋扈，冲着大家乐几乐，说：“我编这个戏，就是为了让大家快乐，大家快乐了，过个好年，我就满意了。还是让‘小强’来吧。‘小强’，上！”“小强”是诗剧中最活跃、最多才多艺，也是最让大家喜爱的一个，他应声而上，竟然也羞赧无比，眼睛不知往哪看，最后锁定目标为语文老师，乃至光对着我一个人说话了:“我还是给大家唱个歌吧。唱什么？你们想听什么,随便点。”好家伙，口气大得不得了，不过据说他是什么歌都会唱。最终高雪点了任贤齐的歌,他说“那就唱他最新专集里的《小狼狗》吧！”一语落,掌声起。啊呀，原来第一句就是“有一个美丽的妞”，可怜的我，被紧张的“小强”锁定，只好客串了一回“美丽的妞”……

随后，作为第二名的219男生宿舍中的“杜甫”也上台了，他因为披着棉大衣现场挥毫题写《旅夜书怀》而获得头彩。但是此时台上的他，却向宿舍长高钊频频请示，也紧张得不知道说什么好！最后救场的是同宿舍中人高马大的孙哥，上来说:“我不表演节目了，我说一件让我很感动的事情吧，很难忘。我们宿舍在排练时，被班主任抓住了，赵康和付勇还被罚站了，但是这依然没有打击我们的热情。”

接下来是第三名，132女生宿舍，宿舍长王倩站起来说:“让我们的主要策划人耿莹倩说说吧。”耿莹倩看来是身经百战，不慌不忙上台来，先表达了一下惋惜之意，原来她们宿舍本来也想编一个情景剧的，大有时无英雄之感慨啊！然后，满含深情地为大家唱了一支她自己写的歌。大家屏息侧耳，大概心里都在感叹:人才啊！

在文科班，就格外热闹红火，可谓精彩纷呈了。

且不说张旭和师胜群两位同桌，一个在台上左顾右盼挥洒自如，一个一本正经地唱两句《打靶归来》，是怎样让大家笑逐颜开；也不说周静雅落落大方地一站，清脆婉转的一首歌，是怎样让大家意犹未尽；更不说课代表张昭和他的亲密搭档朱丹莉的默契合作，演绎了赛过原唱的美丽《水晶》，是怎样让大家大饱耳目之福。单说说这个人:

“大家好！我是杨雪春！”只见杨雪春大步迈上讲台。先鞠躬,再微笑，然后开始了精彩的演讲:

“我们315宿舍能获得这个奖项，我感到很高兴，也很荣幸，还很自豪！”

“首先，我们要感谢主办方——我们可爱的、美丽的——我说的是心地，漂亮的——这回是面容，博学的史老师。出资又出力举办这次朗诵会。给了我们这次展示自己才华、释放自己个性的机会，让我们在这么枯燥无味的学习中得到快乐，让我们在巨大的压力中重现我们本该有的青春激情，让我们用娱乐的方式学习到了永生难忘的知识，让我们知道只要努力谁都潜能无限，让我们在潜移默化中加深了与舍友、同学之间的友情，让我们在本不该有的这一年里留下了永不磨灭的记忆！再次感谢史老师！”

“这次能够获奖是我们315宿舍共同努力的结果。我们在深夜秉烛商谈朗诵计划，各成员积极献策；我们在中午冒着被抓住的危险将排练进行到底，但很不幸的是，我们被班主任抓了个正着，但这丝毫不会阻止我们争得奖品的前进步伐，当着他的面，我们诚恳认错，但当他走远了，我们会齐声高呼‘让暴风雨来得更猛烈些吧！’我们就是凭着这股‘明知山有虎，偏向虎山行’和‘在战争中学习战争’的精神，再加上我们10兄弟齐心协力，最后终于不负众望，如愿以偿地断掉了第三名这块金。”

“还要谢谢我们的爸爸妈妈，把我们生得这么可爱，这么聪明，给了我们这张主旋律的脸，让我们有资本、有能力在众强之中脱颖而出。还要谢谢各位评委的厚爱，经过这次比赛，我深刻认识到，各宿舍长都有一双能够识别英雄的慧眼，能在千里马中挑出万里马来。”

“最后要感谢的是，一直以来支持我们、关心我们315宿舍的各位同学，在以后的日子里，我们不会骄傲自满，谁想看杂志，我们会大方地借给他！我们还要再接再厉，和咱们班全体兄弟姐妹，齐心协力，断掉06年高考这块24K金！”

这个杨雪春，不但宿舍长当得有声色，歌唱得好，演讲起来竟然也这么好，笑声和掌声中，志得意满的他骄傲地回到了座位上。

终于，我可以重新“占领”讲台了：

“话接杨雪春，其实我也遭遇过你们班主任，他问我‘听说要搞活动？……’我满面春风很热情地对他说：‘是啊！周日上午，在阶梯教室，诗歌朗诵比赛，你来给我们做特约评委吧！’结果他说：‘我看看，有时间我就去……’这样回答，你们觉得怎么样？”

“好！艺术啊，老师！”

“与人沟通，要学会化解矛盾，笑容送出去必定能反弹嘛！”

欢笑过后，余波荡漾，教室里，浸润着馨香……

《余波荡漾》所记录的，是2006年元旦，我带高中复读班时结合诗歌部分的复习所开展的“迎新年，传统文化生活会”活动。

活动由三个板块构成：第一板块是“古诗词朗诵表演赛”，每组朗诵三首古诗词，要求古诗词从课文必背篇目中抽选，赛前三天抽签决定，三首古诗词必须有前、中、后的串词，而且要以鉴赏点评的方式、以诗词语言出之，而且不论三首诗词本身有无联系，都要想办法把它们联系起来（可从内容、形式、风格、感情、手法、情节等角度去联系），设置具体评分标准，现场由评委打分；第二板块是“对对子挑战赛”，每组提前准备两个上联，内容不限，比如过年、高考、生活、情感、其他知识等均可，现场出上联，限时2分钟对出下联，一组出对，各组抢对，根据对出对子的工稳情况及多少来加分；第三板块是“猜谜游戏附加赛”，采取轮向方式，第一组出谜第二组猜，依次类推，每组出谜语3条，每条限时1分钟，猜不出要表演节目，否则扣5分，最后把各组剩余未猜出的谜语设竞猜题，为加分项目，各组抢答，答错倒扣分。

这个实践活动，只是我们所开展过的实践活动中的其中一种。那么，如何开展实践活动呢？开展这种实践活动应该遵循什么样的组织原则呢？

开展实践活动的“三结合原则”

一、随机性与操作性相结合

生活中无处没有语文，教师应该打破小语文的狭隘意识，树立大语文观念，学生的语文学习“场”是十分广大的，只要在生活中做个有心人，可谓“世事洞明皆学问，人情练达即文章”。教师应该抓住生活，利用语文无处不在的特点，激发学生兴趣，随时随地将语文实践活动开展起来，而不仅仅局限在课堂几十分钟内。但是，这只是开展语文活动的第一步，学生有了主动性，可以随机、有意识地参与到活动中来了，此时，实践活动的操作性就显得尤为重要了。这个操作过程包括两方面：教师的精心组织与宏观指导、学生的密切配合与具体操作。这两方面必须结合起来，才能使语文实践活动扎实有效地开展起来。开展活动时，教师不能只简单分配任务，在如何组织、如何最大程度地调动学生积极性上，必须多动脑筋，使学生能够在比较科学的规划下，既有自觉自愿的热情，又有一定的组织和程序保障。

比如结合小说教学，我组织学生自编自导自演课本剧，一般提前一周给学生布置排练任务，以宿舍为单位，把学生分成几个小组，按照剧情把小说分成几场，每个宿舍依据抽签的结果接受表演任务。为了便于组织，任命语文科代表为总策划，各宿舍长为每场的具体策划，并且召集这些组织者进行“分场小组讨论”，明确每场的编导演出均由他们具体负责，要求民主集中，各取所长，务必发挥每个学生的特长；和他们共同讨论具体的组织办法、时间安排（即如何充分利用课余时间），确定宿舍间的竞争评比标准和优秀演员的评选方法。一周内的具体编导排练过程，全由学生根据自己的时间自主安排，就餐时、熄灯前、课间十分钟、来去教室的路上等边角时间都充分利用，随时随地见缝插针。

“凡事预则立，不预则废”，重视操作性可以使过程严密有序，从而保障每次活动的实效，完成既定的教学目标。在实践过程中，每个学生所遇到的难题，都可以在共同探讨中获得解决，学生逐步认识到了共同协作、反复探讨的重要性，体验到了在探求过程中不断进步的乐趣。而鉴于高中生紧张有序的学习生活，他们不可能有相对独立的大段时间来完成每次实践活动，随机性与操作性相结合就成了解决这一问题的最佳途径，重视点滴积累，充分利用学生的课余时间，寓教寓学于他们的主动之中，学生有兴趣、有热情，在课余时间探讨实践课题，他们不但不觉得累，反倒觉得是对学习生活的一种调节。如此，化难为易，化整为零，趣在其中，乐在其中。

二、趣味性与竞赛性相结合

严峻的高考带来了难以减轻的繁重的课业负担，但是，中学生对于新鲜事物的强烈好奇心是不会泯灭的。求知的欲望，猎奇的心理，所有学生都有，关键在于教师如何将之激发出来，使之焕发活力，闪耀光芒。语文实践活动课从课型上一改以往课堂教学的单一沉闷，加以有序的操作、空间的开放，确实能够极大地调动学生热情，激发学生兴趣。在实践过程中，学生可以体会到许多乐趣，也可以叫做“快乐语文”了。然而，我们的学生必须面对高考，岂能耽于一时之乐？激发兴趣为的是提高效率，因此，开展语文实践活动，我始终将趣味性与竞赛性结合起来，每次实践活动，既是学生共同探讨体验钻研乐趣的过程，更是他们评比较量竞相提高的过程。

兴趣，激发了热情；竞赛，提高了质量。

实践活动课深受学生欢迎，但是也不乏抱着凑热闹、看热闹心理而参与其中的学生，为了保证实践活动的实效，我抓住学生集体荣誉感极强的共同心理，每次都会分组进行，制定评比方案，以强化他们的竞争意识。这种竞赛方式使参与到活动中来的每个学生所考虑的不再是个人表现，而是团队荣誉，学生之间相互激励、共同协作就自然而然了。比如，我们以宿舍为单位开展“文言文背诵表演赛”时，各宿舍为了取得优异成绩，利用边角时间共同背诵，认真帮助背诵能力较弱的同学。每次实践活动课的最后环节都是民主评优，而且举行比较隆重的颁奖仪式，由获得团体和个人优胜奖的代表回答大家的问题，谈自己的成功经验。偶尔还设一些有纪念意义的小奖品，比如“文言文背诵表演赛”团体奖一等奖就是一盆金灿灿的九月菊，别具新意。

为了极大地调动学生的积极性，更为了培养他们团结协作、公平竞争的优秀品质，每次评比，我们都不假手他人，由学生与教师自评互评、民主公议。比如，表演课本剧要评出最佳编导、最佳演员、最佳组织奖，根据剧情确定名额后，一般分小组发放选票，各组公议推选，然后投票选举，公布结果；辩论赛先从学生里推选出代表，和教师共同组成评审团，最后商讨评价胜负；以宿舍为单位的评比活动，如诗歌朗诵、成语大比拼等，均以各宿舍长为评委，按照师生共同制定的评分标准，依据比赛程序和规则，分项现场打分，评出等级。如此评议出的结果，每次都十分公正，吻合现场情况，符合大众共同认识。学生是十分可爱的，有大家的信任，老师的支持，他们自觉肩荷道义，不会徇私敷衍，一律认真负责，力求公平公正。

他山之石，可以攻玉。为了使竞赛方式更加灵活，评价标准更具新意，我还经常借鉴电视中综艺节目的新颖形式。比如，针对高考中正确使用成语这一专项，我要求学生积累成语，依据随机操作的原则，首先每人每日积累两个成语，每节课轮流讲析；然后讲析成语例题；最后进行“成语大比拼”，检验成语积累效果，此活动由四部分组成：“一气呵成”（成语接龙），“出口成章”（用成语命题，口头作文），“心领神会”（表演猜谜），“八仙过海，各显其能”（自编、自导、自演成语故事小品）。各部分各有评分标准，前三部分均限时完成，富有挑战性。尤其是“心领神会”部分，由两个环节构成：一是投影谜面猜谜；二是一个学生看成语进行描述、表演（但不能说出相同的字），另一个学生根据提示猜成语，多多益善，限时3分钟。在其他实践活动中，我们还借鉴过原“幸运52”栏目中的“IQ无限”、“挑战主持人”大赛中的限定主题用词说话等。

实践证明，新鲜动感的趣味性竞赛方式，一旦引入课堂，学生的热情、潜能就能得到更大的激发。语文课不再是沉闷古板的课，而是富有创意、激动人心、着意开发潜力的课，学生不再是学习的被动接受者，语文实践活动不仅可以让他们体验探索与成功的乐趣，而且能够使他们在公平开放的竞技中增长才干、健全心智。

三、开放性与序列性相结合

活跃思维，挖掘潜力，开发想象力，激发创造欲，从而提高学生各方面的语文能力，这应当是开展语文实践活动的目的。如何充分发挥学生的主观能动性，使每个人的个性、才华都能够得到开发、展现，使每个人的能力都可以得到不同程度的提高？开放性与序列性相结合，是达到这一目的的根本保障。

在开展语文实践活动的过程中，教师应尽量少附加各种条条框框。限制越多，自由越少，空间越小。即使为了保证操作性而提出一些必要的要求，也必须留有足够的开放空间，保障学生能够自由创造。教学中，教师必须以学生为教育的主体，而不是把他们当做知识的受体和载体。实践活动的每个环节，都要极力体现学生的主体地位。教师必须树立这种观念：学生自己是学习实践的主人，他们自己可以决定方式方法，自己可以探讨解决所遇到的问题，自己可以确定最终达到的目标，自己可以评价衡量自己的成绩效果。同时，教师也必须帮助学生树立这种自主学习的观念：每次实践活动，无论何种形式，无论规模大小，从初始策划、实际操作到最后的效果评价，学生都应该是自己的主人。

比如，我组织学生编演课本剧《项链》，为了便于学生的随机性研究和高效性操作，结合班级情况和小说人物，我将小说分成了四幕（这样可以按宿舍男女生配伍为四组)：借项链（情节极少)，丢项链（情节简单)，十年还债（原文是概述)，得知真相以后（原文戛然而止)。这四幕的划分具有挑战性，空白很多，每一幕有限而又无限，因为文字上越简略，学生发挥创造的空间越大。男女生抽签分组后，我只提了四个要求：准备时间一周；每幕演出时间20分钟，需分成若干场；每幕的编导演职人员分配、场景布置、道具准备全部自行安排解决；学生必须各尽其才、各司其职，全员齐上阵，一个不能少。严格要求，不是限制，而是激励。操作过程的主动权都在学生手里，没有封闭，只有开放。演出果然十分成功，虽然老师没有分析，但学生对人物性格的把握相当到位，对于细节的处理也恰如其分，每一幕补白情节都曲折生动，每一场场景道具都别出心裁。比如"借项链"一幕，学生设计了"女友拜访"、"戏院归来"等情节；"丢项链"一幕，仅舞会上一场就添加了"部长致辞"、"旁人议论"等细节；"十年还债"一幕中有蒙太奇剪接手法的运用，两景切换，外加旁白，还精心设计了讨债的武打场面；而"得知真相以后"一幕所续演的情节波澜起伏，以玛蒂尔德因贪恋虚荣而情场被骗最终发疯致死结局，演员表演惟妙惟肖，催人泪下，不但完成了人物性格的进一步塑造，还深化了小说主题。

有开放，才有创造。每一次实践活动应当力求给学生创造最为自由的开放空间。这就好比放风筝，线拉得越紧，风筝越飞不高；反之，风筝不仅可以在天空自由翱翔，还可以做出精彩的动作，让你为之赞叹。当然，凡事有度，如果风筝没有了悬系在手的那根线，最终也只有跌落尘埃。因此，微观上的开放性，给了学生自由驰骋的天地，激发了学生的创造欲望；而宏观上的序列性则是保障达到最终目的的那根线。这根线必须牢牢地掌握在放飞风筝的教师手中。有序列，才有实效。在整个语文教学中，开展实践活动决不能撒开手脚随心所欲，只有目标明确，循序渐进，保持科学的序列性，才能使实践活动真正开展得有条不紊，有声有色，有实际效果。

开展实践活动的最终目的，是通过活跃思维激发创造，使学生多方面的语文能力在实践中得到提高。能力是有层次的，提高是渐进的，如果不遵循由易到难、由浅入深的规律，极有可能因为目标难以达到、效果不够理想而打击了学生的积极性，从而滋生出畏葸不前的自卑和怯懦心理。学生的热情需要保护，能力的培养与提高需要一步一个台阶地稳步上升，追求一蹴而就只能揠苗助长，妄想一劳永逸只会得不偿失。因此，既强调微观上的开放性，又把握宏观上的序列性，才会使实践活动真正体现活力，切实发挥效力。

比如，对于每个学年将要开展几次实践活动，分别采用什么形式，我在制订教学计划时，就做了安排。每次的实践活动都不是孤立的，它是整个教学过程的一部分，更是整个实践活动课型中的一个有机体。像组织学生编演课本剧，就有四个步骤：第一步，学习编剧，让学生把情节比较完整的小说改编成剧本，然后观看相应的电影，评价表演与改编的得失，和名家的改编比较，取长补短。第二步，改编课本剧，培养编导演的骨干力量，“让一部分人先发展起来”，为今后大规模开展活动创造条件。第三步，编演大型的多幕剧（如《项链》、《茶馆》、《勾践灭吴》之类），以少数带动多数，学生互帮互学，共同进步，树立团队精神，培养沟通交际能力。第四步，抛开依托，无所凭借，学生自己取材、选材、组材，个性塑造，才艺展现，完全独立创作，真正原创原版，是个人才华与团体智慧的创造结晶。其他类型的实践活动课也同样要有序列，有的甚至要打持久战，比如演讲与辩论课型：第一步，从高一时就采用课前三分钟轮流说话的形式，要求学生提前准备，演讲时必须脱稿，这是为了锻炼学生的心理素质。第二步，抽签即兴演讲，给定题目，两分钟时间准备，三分钟演说，为的是锻炼学生敏锐捕捉信息、迅速组织语言的能力。在这两个常规步骤进行的同时，就课堂教学中有争议、有意义的问题，经常性地设计讨论课，或即席讨论，或分组讨论后再推选代表陈述观点和理由，并进行汇报型辩论（如讨论《荷塘月色》的感情，《药》

的主题等)。到了高二第二学期，就可以水到渠成进行第三步，组织比较大型的辩论赛，即使是一场辩论赛，按照合理的步骤来组织，也是事半功倍的。

语文实践活动，可以分成多种课型，有适用于小说戏剧的课本剧编演课型，有适用于议论文、记叙文的讨论辩论课型，也有适用于诗歌散文的朗诵评赏课型，等等。但无论采取何种形式，横向要放得开，给学生自由发挥的余地，以“开创造之花，结创造之果，繁殖创造之森林”(陶行知语)；纵向要成序列，使学生的能力培养循序渐进，稳扎稳打，步步为营。

综上所述，树立社会化、生活化的大语文观念，增强学生是主体、教师是主导的革新意识，遵循“三结合”的原则，开展实践活动，推行语文实验课，我们的高中语文课堂，不仅可以变得更丰富生动、美丽精彩，还可以培养学生的团队精神和沟通交际能力。如此，可以自然渗透研究性学习的理念，在应试教育与素质教育之间，找到一个契合点。学生从中得到的益处，也许不仅仅是语文能力的增强、高考成绩的提高，更是他们具备了可以适应社会的团结协作的良好心态和适应竞争的积极探索的精神风貌。

自“三结合原则”明确之后，再开展语文实践活动，就有了比较规范的操作流程，但是，倘使从那之后，所有的实践活动都是一个模样，实践活动课的魅力无疑会大打折扣，实践活动课的活力无疑会日渐低迷，实践活动课的生命力也将无法延续。

正是本着“多创新，少重复”，“多改变，少踏步”的精神，在面对每一次语文实践活动课的时候，我都在原有经验的基础上，力图更加完善，在现有的学情社情下，努力因地制宜，让每一次实践活动都成为不可复制的唯一。包括它的成功，也包括它的遗憾。也正因为如此，一次又一次的实践活动课，在一届又一届的学生生活中，留下了不可磨灭的回忆，成为了他们青春征程上隽永而活泼的足迹。

文学大师专题研究

一、专题研究的由来：一点必须的“题外话”

1999 年，我来到了一所新建学校——河北徐水综合高中任教，从高一开始，带两个班语文，任语文教研组组长。新学校，新起点，新长征路上，我开始了系统性的语文教学改革。

结合过去的经验教训，经过深思熟虑，我确定了语文组教改十六字方针：“激发兴趣、活跃思维，加深素养、提高能力。”同时，确立了大语文观念，使语文生活化和社会化，决定采取语文实验课这种实践活动的方式，将语文的人文性、思想性和工具性结合起来，激活课堂，逐步推进改革。

在开展实验课的过程中，我和同事们齐心协力，“打开教室的大门”（佐藤学语）互相交流，我以我的两个班为试点，每一轮实践活动，由我先进行说课、示范，其他教师先观摩后研讨，改进之后，就向全年级铺开。值得高兴的是，我们的每一轮尝试都比较成功，计划周密、组织有序，学生积极主动，效果十分明显。以2002 年我校语文高考成绩为例，我校总平均成绩是104.76 分，在保定市排名文科第二、理科第三。而我班的平均分是111.31 分，其中120 分以上的就有5 人。

就这样，通过实践和总结，我撰写了论文《开展实践活动　让语文活起来》，提出了“高中语文实践活动课三结合原则”。

原来计划三年为一轮，一轮下来形成模式，总结推广交流。但新课程标准的颁布，犹如一阵春雷划破早春的寂静。新课程标准对于课程的最新诠释使我认识到，时代变迁，教材改易，学生换代，自己也在变化，我必须与时俱进。

于是，我将语文实验室计划进一步向纵深方向发展，同时注重拓宽它的外延。2002 年，我再次接手高三，这届学生使用新教材，这届学生高考要提前，这届学生以前我没教过，学情、考情和人情构成了一个极其复杂的课程。高三是很容易消散热情、磨蚀激情、淡化感情的一年，三轮复习是非常典型的工业化流水生产线的方式，如何将新课标的先进理念落实到我这个新高三的教学实践中来？我苦苦思索了一个多月，结合自己的实践经验，逐步廓清了思路，终于，“专题式研究性学习”的雏形构建了起来。

以前的实验课给学生提供了实践参与的机会，对于语文的工具性较为侧重，是教师引导学生去做，使之发现生活离不开语文；现在的专题式研究实验课，则是让学生从实践者进一步成为研究者，侧重的是语文的人文性、思想性与审美特点，将阅读与写作、观察与思考结合起来，其间仍旧离不开应用，但是教师引导的不止是学生的行为，还包括他们的思维方式、分析判断方法、探索精神、研究意识以及研究方法。在这一运作过程中，我不再局限于校内课程，而是将社会、家庭、网络等这些校外课程也充分利用起来，甚至对于校外课程的重视、开发利用程度胜过于校内课程。

我更加自觉地把教学的着眼点放在了培养人上。

二、专题研究的过程：一次认真的“研究性”学习

朱光潜的《谈白居易和辛弃疾的词四首》，鲁迅的《阿 Q 正传》，李白、杜甫和白居易的诗歌单元，司马迁的《屈原列传》……在教学这些课文的过程中，我还逐一浏览了高一高二的新教材。经过反复思考酝酿，11 月份，我们开始了“八位文学大师的专题研究”。

这八位文学大师分别是：屈原、司马迁、李白、杜甫、白居易、苏轼、辛弃疾和鲁迅。

确定八位文学大师，是因为当时每个班八个宿舍，以宿舍为单位分组，开展活动便于小组内协作，让宿舍长作负责人，组织起来省力，交流起来省时，而且对于每个宿舍而言，每次活动也是增进彼此感情、加深彼此了解的机会。

确定这八位文学大师，则与整个语文教材有着密切的关联，他们都是教材中的重要作家，而且他们入选教材的作品基本上都是要求背诵的，每个人也都是学生耳熟能详的。

但是，真的开展研究，远不是几篇课文就能解决的。虽然对于每位文学大师，教师在授课时都会讲述他们的生平、思想和作品等，但也是仅述其大略而已。所以，这个研究性学习就需要一个过程。在具体组织时，我把它分为三个阶段：准备阶段、研究交流阶段和总结阶段。

准备阶段

（1）确定研究对象，介绍研究方法，各班课代表负责协调各组选题，一组一个，互不重复，抽签初定，协商确定（抽签是为了公平，协商是为了自愿）。两天完成，课代表将结果汇报给我。

（2）利用一节课时间，在电子教室里，我带领学生分别浏览了与这八位文学大师有关的几个网站，尤其是将搜索的方式演示给学生，一方面用直观的形式吸引、刺激他们，另一方面则是给他们提供网络这扇开放、自由、广阔的窗口。

（3）各组刍议，自行确定选题，每个学生确定自己准备从哪个角度对该大师进行研究，与组长沟通。

（4）与学校图书馆联系，带领两个班共16位组长，利用自由活动时间，去图书馆里选书，每位组长尽自己所能，有针对性地为本组同学挑选图书，所借图书，一律记在我的名下。

研究交流阶段

（1）阅读。首先，读教材，要求学生把教材上所涉及的该大师的作品汇聚起来，梳理、阅读、再认识；其次，读课外书，要求学生把组长借回去的图书交换阅读，认真摘记；再次，读资料，我从网上下载八位文学大师不同方面、不同类型有代表性的资料和研究文章印发给学生，要求他们仔细阅读比较；最后，读网络，给学生推荐相关优秀网站，要求他们利用放假回家的机会，上网搜索浏览，将自己所研究选题的有关内容下载阅读，获取更多信息。

（2）探究分析。首先，召开专题负责人阶段研究调度会，确定专题研究流程方式、论文的写作要求、评议方式和交流方法。其次，本组学生之间互通有无，交相辩驳，形成自己的见解后，捉笔成文，不少于1500字。写作中，凡是引用的材料都要注明来源。

（3）评价交流。本组学生彼此阅读所撰研究论文，每人读完一篇论文后，都要署名评论，写出自己最真实的感受，评价其优缺点；作者本人在阅览了大家的评价之后，要写出自评。

（4）评选推荐。要求每组把本组的研究成果汇总起来，每篇文章由作者本人写一个综述，推选一名代表，将本组10篇论文连缀在一起，构成一个研究成果汇报材料，在成果交流会上作汇报，大家共享。每组还要推选1—2篇优秀论文，在汇报会上重点展示，由作者本人宣读。

整个过程用两到三周时间。

总结阶段

召开汇报交流会，评选出优秀研究组，印发专题精粹总结，并将学生的优秀论文上传到相关网站，如“教育在线”语文沙龙论坛。

三、专题研究的成果：一顿丰盛的“文化晚餐”

1. 小组专题研究成果汇报之杜甫篇

/2003 届高三九班　239 女生宿舍

穿越时空隧道，让我们梦回唐朝，在浩荡的大海中捧出一朵晶莹的浪花，在浩渺的星空中找到一颗闪亮的明星，在历史的长河中追随我们伟大的“诗圣”，是他用雄浑的笔调写下了诗史，是他用不羁的才华抨击了社会，是他用一颗仁爱之心写下人民疾苦，留下了不朽的文章！

对杜甫的研究，我们主要从他的生平经历、他的爱国爱民思想，以及他善良的本性写起。一粒沙里，一个世界，一朵野花，一座天堂。对他的诗句分析也使我们有了不小的收获，然而时代在成就伟大的“诗圣”的同时，也必然暴露他的病态，因此，我们也对杜甫的一些不好的方面进行了批判。

从生平写起，刘金珠写下了《穷途末路下的杜甫》简介其生平，写下了杜甫饱经风霜的一生——政治的失意，路途的坎坷，成就了一位伟大的“诗圣”。同时，文中还写下了杜甫的鸿鹄大志，写下了他艰苦的生活。

路途是坎坷的，然而这并不能改变杜甫的性格，他依然是那样善良，那样爱民。杨亚俊写了《杜甫——天下百姓的一支笔》，通过一些具体事例突出了杜甫善良的性格，他为百姓奉献出了自己的一生，每当自己处于危难之时，他想到的不是自己，而是普天下百姓的安危；每当自己身处安宁之中，他想到的不是自己，而是普天下百姓的长久。他用自己的一生在中国史上记下了新的一页，他的高尚品质将会永远被我们所景仰。

贾辉燕写下了《杜甫的爱民之心》，通过对《茅屋为秋风所破歌》的分析，写出了杜甫一颗纯真的心。文中指出，“杜甫走进了平凡的世界，才使他重获生活的信念，发现生命的真谛，虽衣衫褴褛，但看到这么多的百姓，即使悲观也不会绝望，杜甫在人民中发现了美的闪光点，所以他爱民，所以他为人民而生，没有了人民，他的生活也失去了本质的意义。”

是什么精神使杜甫如此爱国爱民，而又如此善良？是因为理想，因为有坚贞的理想，杜甫才不会惧怕途中狂风会将船帆撕碎，恶浪会将桅杆打断，这就是圣人之所以为圣的原因吧！张春霞的《圣人之所以为圣》写出了杜甫坚贞的理想和执著的信念。

从诗歌角度分析，王艳丽的《诗界明珠——杜甫》，就不同时期的杜甫的诗进行了细致入微的分析，概括了其作品的风格，从诗中看人，把杜甫忧国忧民的思想展现出来，对其爱国思想阐述了自己的观点，文章深入杜甫的时代和其个人经历，分析了杜甫不同诗歌的特色。

郭丹的《从〈春望〉中点评杜甫》对这首脍炙人口的诗作进行了深刻的分析，诗中对国破家亡发出了感慨，缠绵着愁思的字字句句都流露着对杜甫忧国忧民之情的体悟，情就是诗，诗就是情，心与国相系，这正是杜甫。

纵然杜甫有像游侠少年一样“捐躯赴国难，视死忽如归”的抱负，纵然他有“会当凌绝顶，一览众山小”的壮志，然而却没有人在意他，他只有失意地独自吟唱；他只能做一只孤鹰，独自飞翔，却无法找到自己的方向；他只能做一匹不能见到伯乐的千里马，不知该奔向何方。面对如此窘境中的杜甫，怎能不让我们感慨万千？王海凤写出了《可怜的杜甫》，表达了对杜甫深深的同情，文章从旁观者的角度客观地谈了杜甫的方方面面，作者认为，“虽然我们没有权利指责古人的行为，但我们可以用自己的思想评价他。”文中尖锐地指出，“朝廷中日日笙歌的人早已被这些丝竹声震破了耳膜，于是杜甫拿起笔，写下了君对民的笔笔血债！”

尹丹的《官场上的杜甫》阐明了杜甫不适合做官的原因。杜甫秉直的性格使他在官场中不但不能为官，更不能实现他的“致君尧舜上，再使风俗淳”的政治理想。杜甫有成为一名好官的才华,但他的“一意孤行”让他只能做一个忧国忧民的小官。

丁伟则提出了她独到的见解，杜甫是否真的爱国呢？他是不是在虚伪的面具下、在忧国忧民的掩饰下，只为自己能施展抱负、青史留名而努力呢？因此她写下了《杜甫气节真亦假》。

杜甫走了，带着他未竟的理想，带着他忠君的热忱和爱民的情结，这也给我们留下了深深的思索。因此，于春艳同学写下了《拾起珍珠般的记忆》，表达了对千里马终不能遇伯乐的感慨，以及对杜甫深深的理解和同情。写了他不羁的少年、困顿的中年和潦倒的晚年，写出了杜甫的孤独与失落。

杜甫像一本厚厚的书，耐人寻味；杜甫像一首长长的歌，发人深思；杜甫像一杯苦涩的酒，尝透生活的滋味，杜甫将珍珠般的记忆洒向人间，放射出夺目的光彩，就让这珍珠般的记忆永远激励后人吧！

2. 个人专题研究论文汇报之李白篇

/ 徐水综合高中 2003 届高三十班　杨蕾

英雄总是诞生于风云变幻的年代，天才则要生存在能容忍天才的环境。中国历史发展到唐朝，便到了天才辈出的时代。尤其是诗界，各派诗人灿若繁星，而且个个才华横溢，恰似满园争妍斗艳的牡丹。在这雍容华贵的背景之下，一朵白莲傲然绽放，摇曳其中，这，便是李白。

在中国，这几乎是个妇孺皆知的名字。李白的喜爱群体遍布社会的各个角落，从孩子到老人，从贵族到农夫，甚至连目不识丁的人也知道有个大诗人叫李白。

然而，李白流芳百世，仅仅是依靠他诗歌上的成就吗？至少对我而言，更多是源于李白的人格魅力——狂放，孤傲，永远昂扬着自信。这是大多数人无法企及的，因此也最让人无法抗拒。或许可以用一句很流行的话说——李白够另类。

这得从李白为官（假如翰林学士可以称为官职）说起。

在唐朝，文学与仕途联姻。文人们个个胸怀壮志，抱着“兼济天下”

的理想欣然踏上入朝为官的道路。然而将理想设计得过于完美是不幸的，因为现实总是残缺的，而政治又是残酷的，尤其是对文人而言。他们不仅手无缚鸡之力，心理也极其脆弱。在黑暗的政治面前，他们有的不愿“随其流而扬其波，餔其糟而啜其醴”，干脆回归书斋，独善其身；更多的则唯唯喏喏，缩手缩脚，随之堕落。

倘若可以将李白列为做官的文人之一，他确实是个另类。在权势面前，他没有放弃自己的抱负，更没有屈服。李白高昂着头颅，用睿智的眼光将一切看透，然后将自己高贵的品质点燃，用烈焰将奸险小人烧得惊慌失措。他鄙视权贵，所以最不把高力士之流放在眼里；他痛惜玄宗皇帝对杨贵妃过分宠爱无心治国，甚至在贺知章面前将杨玉环骂做“妖妇”。高力士们对李白极为不满，暗地里说他“有恃无恐”。李白所恃何物？是横溢的才华和满腔的爱国热忱。正是这两样东西，让小人们嫉妒得发狂，恨不得将其撕碎，再踩在脚下践踏、蹂躏。因此，我们也就不难理解为什么文人往往壮志难酬了。可李白太执著了，即使被所有的人排挤，他也不肯放弃。他一次一次上书玄宗皇帝，却一点一点地被疏远。李白最浪漫，最多情，他对政治抱有最天真的幻想，因此他受的伤最深，也最痛。

供奉翰林确实算不上李白的政治生涯，因为在这几年间，玄宗只是让李白作些诗赋，用来粉饰太平，或者让贵妃欢心。李白对此深感遗憾不快，但依然用心作出一篇篇文采飞扬的佳作。他知道，诗歌是不可以敷衍的。在不得志时依然保持本色，坚持自己的人生态度，又是李白的另类之处。对于文学，李白讲求尽善尽美，在某种意义上来说，李白是一个唯美主义者。让我们欣赏一下他为贵妃而作的《清平调》吧：

云想衣裳花想容，春风拂槛露华浓。
若非群玉山头见，会向瑶台月下逢。

一枝红艳露凝香，云雨巫山枉断肠。
借问汉宫谁得似，可怜飞燕倚新妆。

名花倾国两相欢，常得君王带笑看。

解释春风无限恨，沉香亭北倚栏杆。

然而，正是这三首词让庸人们寻瑕索垢，使倾国倾城的杨玉环大怒。因为美在庸人眼中是可怕的，这些庸人，包括奴才，也包括奴才的主人。他们深怕李白的美会让他们更显得丑陋不堪。仅凭他们的平庸才智是无法将美扼杀的，于是干脆用美来扼杀美的创造者。小人们虽在背地里勾心斗角，但出于共同的险恶用心，却对李白群起而攻之。这又是一个多大的讽刺！

在这样污浊的环境下，李白决定放弃了，恰当一些该说是摒弃。然而这决非向小人们投降，而是更加有力的还击："安能摧眉折腰事权贵，使我不得开心颜！"你们一群小人阿谀谄媚吧，我岂能"以皓皓之白而蒙世俗之温蠖乎"！

李白决定为美的理想而生活后，对世间的一切污浊愤然弃之，于是回归为一个纯粹的文人。而单就文人来讲，李白也算是另类。

大凡文人，特别是在中国古代，总难免染上迂腐之气。而李白一派仙风道骨，如出水清莲一般保持着最纯真的性情，接到入朝的诏书，他没有像别人一样虽内心狂喜却故作矜持，而是"仰天大笑出门去"。被赐金放还后，他也没把这当成伤痕而常常掩藏。李白要让世人看清楚，大唐连他这样一个有才华的人都弃之不用，已经愚昧到了何种地步！据说，每逢佳节，李白总会穿上皇帝赐的宫锦袍，狂饮长歌。试问，有几个人如李白一样，拿着伤疤当酒窝，即使满心落寞却笑得一脸高贵！

李白就像一个孤独的麦田守望者，他以自己的方式守护着自己的心田——骄傲，甚至固执。让我们感谢李白这种另类性格吧，正是因为他的守望，使中国文学史多了一片净土，这片纤尘不染的田园是文人纯洁精神萌芽的沃土。于是，让我们后人懂得了文学的另一个名字，叫做高贵。

同学点评：

"另类"，一个当今时髦的名词，用在一千多年前的太白身上，竟如此恰到好处，李太白，一个当之无愧的“另类”。

李太白之狂，古往今来，独一无二。

在王侯将相前，他嗤之以鼻；在奸佞小人前，他伟岸如山。上不阿谀谄媚，下不随波逐流，如此与众不同！然而，在小人当道的世道中，是容不下与众不同的。你不餔糟啜醴，要你何用？

美与丑，水火不容，在丑恶肆虐的社会中，你的唯美，不是往枪口上撞吗？而李白就是李白，明知你恶美，偏要举着唯美的大旗冲向冒着硝烟的炮口！即使被炸得粉身碎骨，依然高吟“安能摧眉折腰事权贵，使我不得开心颜。”

既然另类就另类到底吧。李白还是一个另类的文人。有官做，仰天大笑；丢了官，谈笑依旧，完全没有文人“应有”的矜持与内涵，这个彻头彻尾的“叛徒”。

在作者笔下，一个傲岸、倔强、可爱的形象跃然纸上。

本文作者以一种全新的观点、一种独特的眼光审视着这位重量级的大人物，她与他，做了精神的交游，心灵的相会。她，是他的代言人。

文章在结构安排、选词造句上都下了一番功夫，将人物形象展现得栩栩如生，也使我们对李太白——这个具有传奇色彩的人物，有了一个全新的认识。

（徐水综合高中2003届高三十班　李晓雪）

在世俗中不与人同流合污是一种另类；摒弃权贵是一种另类；虽不满统治者的所做所为，但做起文章来仍一丝不苟是一种另类；执著于自己的追求，不因任何人任何事而放弃是一种另类；不沾染其他文人的迂腐之气，保持自己的清纯是一种另类；得不故作矜持，失亦要透彻表白更是一种另类。作者这篇《另类李太白》读来实有清凉爽口之快感。将另类贯穿于全文，提示了文章的中心，亦鲜明地表达了作者的观点。

人生在世更多的是不如意，没有谁会一路顺风地走过。但是，真正的勇士，敢于直面惨淡的人生，他会将忧伤抚平，任它一路坎坷。作者极力赞扬的就是这种崇高品质。

纵使李白有千种愁绪，万般不满，他仍按自己的方向，走自己的人生之路。作者将这样高贵的李白描绘于纸上，亦有千万个喜欢出于嘴角。

作者将李白说成是一个孤独的“麦田守望者”，肯定他在中国文学史上的重要地位，影响至今。

作者笔下的李白，“独上高楼，望尽天涯路”，将人生的意义在此升华。

（徐水综合高中2003届高三十班　耿莹倩）

李白就是一朵“出淤泥而不染，濯清莲而不妖”的白莲花。作者透彻地分析了这朵高贵而又孤傲的白莲，不管世俗如何评价、看待他，他仍不为所动。尽管自己纯真的心伤痕累累，尽管自己的浪漫情怀被打得粉碎，他仍能够笑看人生，仍能够不被世俗激怒。李白的美更衬托出小人的平庸，更显得他们丑陋不堪，作者把小人们的丑态表现得淋漓尽致。在我们心中，他仍如一朵出水清莲般保持着最纯真的性情。我想李白自号“青莲居士”的原因正在于此吧。

李白是唯美主义者，但现实往往是残酷的，我想这就是历史的局限吧，但李白能在这种浑浊的环境中保持自己的完美，不得不令我们由衷地佩服。

（徐水综合高中2003届高三十班　马志娟）

作者自评：

李白是最伟大的浪漫主义诗人，在我眼中，他是美的化身，观李白一生，胸怀赤诚，却因天真而无法立足于官场，最终寂然逝去。这是悲剧的一生，然而对于李白，怎能用悲剧来形容？因为太爱李白。

随着对李白逐步的理解，我越来越觉得李白身上的闪光点太多、太亮，他的才华、他的人格、他的品质、他的作品，都散发着让我无法抗拒的魅力，而最让我欣赏的，是他不为世人所染、狂放孤傲的性格。

李白永远都保持着一种别人无法比拟的品质，他从不刻意张扬个性，但他的与众不同更为他增添了几分高贵，“无意苦争春，一任群芳妒”之于李白，再恰当不过了。

因此，我用“另类”二字形容李白，写出了自己对他一些不成熟的看法。议论分析也不够深刻，但确实是用心而作，对于唯美的李太白，我不能敷衍。

“清水出芙蓉，天然去雕饰”，不论别人怎样评说，李白依然是李白，纯净如水，高洁如莲，永远真实的李白。

“文学大师专题研究”成果汇报，是凝结了全体学生的个人心血和集体智慧的硕果。在这个专题研究过程中，我不敢贪功。倘使我有什么做得好的地方，那就是在发动之初，激发了学生阅读的兴趣和探究的欲望；在研究之中，调动了学生合作的积极性和独立思考的信心；在交流汇报的时候，给了他们一个舞台，给了全体学生体会团结互助的温暖的机会，也给了每一个学生登台展示自己的机会。

活动是以集合的方式展开的，团队的力量不可忽视。但是，在整个活动过程中，从专题发起到成果交流，历时将近两个月，这期间，每一个个人的成长，是最重要的一个环节。之所以安排研究成果汇报综述这个过程，之所以在成果汇报的过程中要每组的全体成员都登台，之所以在汇报到那个人的成果时要给以他热烈的掌声，要他对大家鞠躬致谢，之所以在每一篇论文后面都要有全组的点评，之所以在全组的点评之后还要求有作者本人的自评……所有这些，都是立足于对个体的重视基础上的决定。

不错，台上站立十几分钟，赢得掌声几分钟，一个鞠躬几秒钟，一个点评几十字，这些都是微不足道的一点一滴，但正是这一点一滴中的成就感和相互之间的交流共享，让每一个个人发现了自己不同于其他人的那微妙而美妙的差异。正是那差异，使彼此学习成为了需要，使每一个自我成为了必须。

慕仙思圣古韵心声

一、活动缘起：一场“情感与理性”的交锋

“慕仙思圣古韵心声”，这个综合实践活动课的设计，源起于高中语文人教版第五册诗歌单元。这次实践活动课的设计，立足于我对于第五册的整体教学思路。

与新课标相呼应的新教材已经推广使用了一轮，2003年的语文高考也发生了较大变革，考查运用、能力、思想的倾向十分明显，然而高考试题的变革，却让广大师生手足莫措、无以应对，甚而呼告不已、吁声连连。比如我，在2003年6月7日，在我得知部分高考试题之后，一时情感无可遏抑，连夜写了三千余字的声讨檄文《出考题，还是玩游戏？——质疑2003年高考语文命题组》，当晚第一时间发在各大网络论坛上，引起了广泛而强烈的反响。之后，互联网上对于那年高考语文命题的批判也是铺天盖地。但是，当我冷静下来，以理智来疏导自己的思绪时，发现：原来不是高考不适应新教材、不适应新课标，而是我们的教学无视教材编排的序列、无视课标的目的要求，从而滞后于时代，被动于高考，如果说，许多学生在这次考试中不适应甚至失利了，那么责任应归咎于我们这些一线教师！

分析2003年高考，对学生影响最大的就是作文，思辨意识的淡薄、剖析能力的欠缺、对现实生活的冷漠，使文章只有堆砌的材料辞藻，而没有厚重的思想、真实的情感与独到的认识，得分低很普遍，得分低也很正常。许多人曾批评当年的高考作文不是在考写作而是在考哲学，其实，写作不是技巧，应是一种表达思想情感的生活方式，如果失掉了思想、淡漠了情感、缺失了个性，那么写作的价值和意义何在？难道仅仅是为了应对考试？而事实证明，这样的作文，连高考也是不能应对的！中国

并非是一个没有哲学的国度，哲学也并非是一个玄妙无聊的幌子，正如庄子所言，无用之用，乃为大用。人生天地之间，我们怎么能够蒙昧机械地过活呢？痛定思痛，应当反省，这个作文恰恰击中了我们中学语文教学的软肋！（关于写作教学，在本书第二单元已有专题阐述，此处不再多言）

需要补充一句，2003 年我校高考语文成绩排名保定市第一，我的反省不是因为现实碰壁，完全是出于自己灵魂精神的自省自察之内需。

仔细研读人教版第五册语文教材，我逐渐有了自己对于教材的认识和理解，有了总体规划：先从诗歌单元入手，品读李白、杜甫的诗歌和人生，把握他们的艺术风格、个性情感以及生活遭际之间的内在联系，触其思想，识其哀乐，知其追求与梦想、所得与所失，从品读中逐渐发现儒家思想对他们的深刻影响。

在此基础上进入文言文单元的学习，这个单元均选自《孟子》，将此单元文章与以前所学的《孟子》和《论语》中的篇章结合起来，对于孔孟之道便会有一个总体的认识与小结；然后将本单元的附录文章与第一单元的“孔孟”连起来学习，同中求异，从时代的流变来分析孔孟之别和儒家思想是如何成为中国封建时代的主导政治思想、哲学思想的；而后再学习《庄子：在我们无路可走的时候》，来看一看另一种与儒学同时产生且两峰并峙又常有抵牾的哲学思想，并分析其对于中国人（尤其是文人）的深远影响。

至此，就可以引领学生认识到，一个人的人生观、世界观对于一个人的人生是多么的重要了。人生、世界，是古往今来永远追问的话题，而探讨人生、探索世界，便是哲学，于是就来学习《人生的境界》、《人是什么》这两篇哲学随笔，共同探究一下人生的哲学。而在对于冯友兰先生的《人生境界》的“人生哲学”探究过程中，将会触及到人性的问题，因为中国的哲学深刻地影响了中国人对于人性的认识，冯友兰的四种人生境界的划分就深受其影响。

再联系历史和现实，可以认识到，由于中国哲学对于人性的片面认识，而导致了人性的扭曲和伪化，对此进行一番初探之后，再来学习鲁迅的《阿Q正传》，对于国民之劣根性来做一番针对性极强的研究探讨、反思剖析，至此，关于哲学中“人”的探究，或可涟漪涌荡，一触连发了。

其中，每个部分对于读本上相关的文章都要相应安排阅读、评议和探讨，外国文学单元的《变形记》和《等待戈多》，作为中外对照来研究阅读，第二单元的文艺评论放到诗歌鉴赏专题训练里阅读学习，时间所限，这两部分不再列为重点。

这样安排是基于我对教材内在联系的个人认识，也是从学生认识问题的一般规律和他们理解能力的实际情况出发的。从李杜到孔孟，从孔孟到老庄，从孔孟老庄到冯友兰、赵鑫珊，再从鲁迅到卡夫卡……如此从个别到一般，从现象到本质；从流到源，从浅入深；从古及今，从中到外，逐步探究，循序渐进，层层剥笋，倒啖甘蔗，学生或许可以拾级而上，豁然开朗乃至登堂入室了。

每一部分的教学安排大致如此：首先，师生共同研读课文，学生必须能够提出自己的问题，问题汇总后共同解疑；其次，学生要阅读大量的文章（除读本外，教师还要补充阅读材料，推荐阅读书目），对于读本文章，教师分类推荐，学生根据个人兴趣阅读；第三，每部分的研究都要以实践活动的方式进行，通过集体探讨、独立分析、互相交流、个人总结四个环节，使学生深入开掘自身，逐步提升思想，领悟通幽之美。

在这样的整体规划下，2003年8月，我们开展了“慕仙思圣古韵心声”的综合实践活动。

二、活动安排：一次“一举三得”的活动

诗歌单元教学将要结束时，我开始思考如何把对于诗歌的领悟与品评、朗读与背诵结合起来让学生悟深吃透又记牢。最后决定举行一次诗歌朗诵表演赛——将李白、杜甫的9首诗归成两类：《蜀道难》、《将进酒》、

《行路难二首》、《兵车行》比较长，作为朗诵篇目，对于每篇，在诵读前后，学生都要结合诗歌本身写出鉴赏性评语来开篇和结尾；《客至》、《咏怀古迹》、《登岳阳楼》、《阁夜》均是律诗，篇幅短小，背诵基本没有难度，便作为编写诗剧的蓝本，要求学生依据诗歌的写作背景、思想感情、历史典故、细节描写等编写出演出时间不少于10分钟、人物不少于10人的诗剧。两项全部由小组抽签确定篇目，以宿舍为单位划分活动小组。

在几年前，开展文言文课堂教改的时候，我曾经举办过一次类似的活动："文言文背诵表演赛"，形式新颖，效果很好。这次活动，形式虽然相仿，但在目的要求和具体操作上，都更上了一个台阶，超越了过去的模式。

1. 活动目的

第一个目的是提高学生的审美能力。要想做到声情并茂的朗诵、生动形象地再现这两点，学生就必须对每首诗的音韵声调与情感思想之间的内在联系认真分析、全面把握、潜心琢磨、反复推敲。其间，需要鉴赏，需要创造，需要大家共同切磋，需要不断玩味体悟，谈论分析，探幽寻微。

第二个目的是提高学生的研究能力。不言而喻，若想完成上述两项任务，绝对离不开认真仔细的研究探讨。此次活动要求学生主要研究两个方面：一是语言文字而至于诗歌、剧本文学的研究。于此，必须体会语言文字与情感思想、朗读与表达的内在联系，在诗剧创作中，还必须考虑人物语言的诗意、古意和个性化。二是李白、杜甫（尤其是杜甫）的思想、性格、人生和其所处时代的研究，唯有"知人论世"，才能让"什么人说什么话"，才能到"什么山上唱什么歌"，而研究这一方面时，学生将会因触摸到李杜的思想感情的脉搏而心灵上有所开悟，进而进行深入的思索几乎是肯定的。

第三个目的是提高学生的实践能力。之所以采取以宿舍为单位分组法，就是为了便于学生在实践过程中的合作探究、广泛交流、及时沟通。

每个组的组长就是宿舍长，组长要负责组织调度、分配任务、解决分歧、向老师反馈信息、提出建议和要求等。每个宿舍一般10个人，活动要求面向全体，各取所长，各尽其才，一个都不能少，每个学生都发挥自己的特长。无论是朗诵的分工细化（比如服装、队形、配乐等），还是剧本的编、导、演、评、改，全部由各小组自己协调解决，教师决不干预，决不代办。应该说，哪个组最能精诚合作，最能发挥每个成员的特长，最能群策群力、深入研究并且推陈出新，便最轻松、最快乐、最出色、最成功。

2. 活动方针

活动的精神依然是我的教改“十六字方针”：激发兴趣、活跃思维，加深素养、提高能力。

语文课堂教学改革的首要任务是改变以往沉闷死板、陈旧教条的固定教学模式，精心设计课型，灵活运用教法，引导学生感受语文丰富的美感，体味语文无穷的魅力，从而激发学生学习语文的积极性、主动性，变“要我学”为“我要学”，使学生在美的氛围中轻松愉悦、自觉主动地学习，学得进去，学得更好。这就是所谓的“激发兴趣”。

“水之积也不厚，则其负大舟也无力”，“风之积也不厚，则其负大翼也无力”。评价一个人语文水平的高低，常用“素养”二字。什么是素养？我认为，素养，首先是知识的积累，其次是能力的具备。“九层之台，起于垒土；合抱之木，生于毫末”，丰富的语文知识绝非空中楼阁；“读书破万卷，下笔如有神”，优秀的语文能力也非一蹴而就。“腹有诗书气自华”，“梅花香自苦寒来”，语文素养必须通过不断汲取知识的甘霖、科学有序地培养锻炼，从而日益深化加强。博学，笃思，钻研，求索。不只为提高学生的语文水平，更为了使之受益终生——领悟之源顿开，纯熟之功弥深，气质之本益固，是之谓“加深素养”。

“活跃思维”，是语文课堂教学改革的关键。通过设计课堂教学、设计问题情境、改进教学方法、开展实践活动等多种努力，教师要把学生的思维激活，倡导学生独立思考、合作探究，超越突破，具备聚合思维，提倡发散思维、求异思维和逆向思维。面对语文学习和社会生活，鼓励学生不胶柱鼓瑟，不人云亦云，敢于标新立异，敢于独抒己见，敢想，敢问，敢做，敢创。

能力的培养与提高，是语文课堂教学改革的最终目的。语文课必须从单一的知识传授型转变为以知识传授为基础、以能力培养为中心、以能力提高为目的的综合课型，才能够培养出活泼泼的、具有创造力的、可以持续发展并不断更新的人。语文能力的高低，对于一个人综合素质能力水平的高低起着至关重要的作用，将教学的重点放在能力的提高上，不但适应高考制度的改革，而且合乎社会的需求与发展。

多年来，我的语文课，都是遵循着这“十六字方针”开展教学的。

此次实践活动，依然遵循实践活动“三结合原则”，即：随机性与操作性相结合，趣味性与竞赛性相结合，开放性与序列性相结合。

3. 活动时间安排

诗歌课堂教学结束后，布置活动任务，整个活动从布置到演出结束，历时一周。占用三课时：利用一个早自习做最后排练，利用两节作文课做最后表演。学生背诵与编写诗剧的时间安排在语文早读课和语文晚自习课上，其他的排演、修改等活动，则由学生抽出自己的课余时间具体安排。比如饭桌上、来去教室的路上、午休前后、晚就寝熄灯前、课外活动时和课间等这些边角余料的间隙。

由于诗剧难度较大，诗剧的比赛篇目在布置任务时由抽签决定，而背诵篇目则是在正式比赛前一天最后抽签确定，目的是让学生将四组长诗全部鉴赏品读一番。

4. 评比方式与奖励措施

每组学生要完成两项任务——诗歌朗诵和诗剧表演，为了评比打分的可比性强、可信度高，我将这两个任务分成了活动的两个板块。首先进行朗诵表演比赛，然后进行诗剧表演比赛。

我担任主持，各宿舍长担任评委，一人一个评分本，全部前排就坐，每位评委不给本组打分（因为他也要上场）。最后的名次由评委决定。

每班8组，两次比赛分数之和为每组总分，团体奖取前三名奖励，奖品均是我和我的女儿蒋筱寒（当时五岁半）共同栽培的吊兰一盆（吊兰乃是从我自己植养的大吊兰上选栽），同时对获得第一名的宿舍每个成员各奖励我订阅的《语文周报》一份。除了团体奖，还设有个人奖，即优秀才艺奖，由各宿舍成员投票推选，每宿舍限推三人，凭票筛选，最后每班各评出10名优秀才艺奖，每人奖励颁发由我个人出资购买并亲笔题字留念的笔记本一个。

获奖结果于活动结束的第二天汇总出来，在语文课上举行隆重的颁奖仪式并召开“记者招待会”，请获奖的团体和个人谈创作体会和获奖感受，其间，师生可以采访提问，也可以要求获奖者表演节目。

另外，本次活动，全程拍照，照片由各组在背面写上情境交代后（即演出场次、剧情和演出人员）由我统一保管。

三、活动成果展示：一幕幕精彩的诗剧表演

诗剧名称

咏怀古迹

编剧

2004届高三一班　107女生宿舍

演员列表

杜甫：郭颖饰　王昭君：蔡欢饰　汉元帝：唐娟饰　毛延寿：杨维饰

白妃：白苗饰　贾妃：贾士学饰　侍女：陈艳丽饰　单于：赵丹饰

随从：刘丽饰　小二：祖超饰

第一幕　后花园赏景

（汉元帝边走边吟诗，毛延寿持扇紧跟其后）

汉元帝：人闲桂花落，夜静春山空，小荷才露尖尖角，早有蜻蜓立上头。

毛延寿：（作揖、奉承）好诗好诗，真所谓前无古人，后无来者呀！

汉元帝：爱卿，朕知你才高八斗，不如你也就这满园景色吟诗一首，如何？（拿扇）

毛延寿：（四处看、低头、猛抬头摘一花）一片两片三四片，五片六片七八片，九片十片十一片……

汉元帝：停！（皱眉）这是什么诗？

毛延寿：飞入丛中都不见！

汉元帝：嗯，听来倒还有些诗意。

（毛延寿得意）

汉元帝：可有花有酒，无美人呀！（叹气）

毛延寿：皇上此言差矣！（作揖）后宫佳丽三千，怎说无美人呢？

汉元帝：这佳丽三千，朕不知如何挑选呀！（摇扇）

毛延寿：（摸头，思一会儿）嗯，臣倒有一计。（笑）

汉元帝：（急切地）说来听听。

毛延寿：（急上前一步，拿过皇帝的扇，谄媚地扇风）臣可为您一一画来，恭候您宠幸。

汉元帝：嗯！好主意，这事就交于爱卿去办吧！

毛延寿：臣遵旨！

(杜甫上，忧虑地，见汉元帝与毛延寿正在赏景，疾步低首而来)

杜甫：(恭敬地) 微臣参见皇上！皇上，蜀州如今大旱，颗粒无收，民不聊生，(毛延寿厌烦地看他一眼，走到汉元帝另一边，汉元帝也对杜甫不屑一顾) 州县飞书求告，皇上您当立即下旨，开仓赈民，以解百姓于倒悬啊！

毛延寿：(快步转身) 哎，我说你个杜拾遗，小小一个拾遗，不在你唐明皇那里供奉着，你又跑到这里聒噪什么？打扰了圣上的雅兴，你居心何在？(转头，扶汉元帝袍袖，谄媚地) 陛下，您慢一点，当心脚下……

杜甫：(愤怒地，激动地) 毛大人此言差矣！百姓饥寒，我怎么能够视而不见？穷年忧黎元，叹息肠内热！身为人臣，你怎能诱引万岁终日宴游无度，流连花丛美色之中，身为人臣，你非但不为黎民百姓忧虑分毫，还不为皇上的龙体着想！你呀，你就是个……

毛延寿：杜大人你大胆！皇上他老人家日理万机，为国忧劳，你胆敢如此诬蔑圣上！你！……

汉元帝：够了够了，不要吵了，摆驾回宫！(愤然离去，毛得意洋洋随后)

杜甫：(大喊) 皇上！皇上！皇…… (叹气) 生灵涂炭无缘解，老夫不知欲何往，足茧心慌转愁急！(无奈而下)

第二幕　宫中作画

(毛延寿坐在桌前，作画)

"传白妃！"

白妃：(手挽一帕，刁蛮地) 天生丽质难自弃，今朝选在君王侧，今日后，我定会让他六宫粉黛无颜色，哼！(跺脚，甩帕而入) 我说毛大人呀！(柔气) 这事就拜托你了。(说着递上几块银两)

毛延寿：(顿时眉开眼笑，赶忙掂钱) 好说好说，我办事您放心，请坐。(白妃走过去坐下)

毛延寿：(作画，一会儿后) 好，您先回寝宫吧！

"传贾妃！"

(贾妃刁横、傲气地上)

贾妃：古来圣贤皆寂寞，唯有画者留其名。毛先生，(毛不屑地看她一眼，又低头不理）现在就有一个机会摆在你面前，你是聪明人，该知道怎么办吧！况且我表哥是镇西大将军，(毛延寿一惊）这你是知道的。

毛延寿：知道知道，当然知道，贾妃貌美如仙，恐怕臣才疏学浅，玷污了您的尊容。请坐。

(贾妃翘腿而坐)

毛延寿：(作画后，奉承地）好，贾妃先回寝宫静候佳音吧！(贾妃走，毛延寿拿起画笔、钱)

毛延寿：画中自有颜如玉，画中自有黄金屋，只有一王昭君未到矣。

"传王昭君！"

(王昭君温柔而稳重地上)

王昭君：参见毛大人，现在可以作画了吗？

毛延寿：(一愣，看王昭君一眼，又看了看银子）看来你是不懂规矩呀！罢了罢了，开始作画。(厌烦地）你先回去吧。

(王昭君雍容优雅地施礼，走。毛起身)

毛延寿：我就纳闷了，同样生活在一起的美眉们，做人的差别怎么就这么大呢！

第三幕 单于晋见

报：匈奴单于到。

汉元帝：宣。

匈奴单于：参见皇上，此次来京，我带来了大漠的珍奇异宝进献皇上。(犹豫地……)

匈奴单于：此次来京还有一原因，匈奴想求得一阏氏，愿皇上恩准。

汉元帝：既然想结秦晋之好，缔君子之盟，此乃利国利民之大事。你们远道而来，不如先去休息。

匈奴单于：谢皇上。（退下）

毛延寿：（跑来）恭喜皇上，后宫佳丽三千，尽在其中。（捧上画）

汉元帝：（翻画、满意地）不错不错，王昭君，好名字，唉，可惜徒有虚名呀！（随后扔出去）

毛延寿：（赶紧捡起，撕）皇上。

汉元帝：（愣了一会儿）嗯，过来。（向毛摆摆手，满脸坏气）

毛延寿：（凑过来，皇上窃语，毛突笑）皇上英明。

汉元帝：那这事儿就交给你去办！

毛延寿：臣遵旨。（下）

第四幕　妃子议事

（后花园中，白妃、贾妃边下棋边谈）

白妃：听说来了匈奴单于，要在宫中选一阏氏，不知这事儿落在谁头上。

贾妃：（傲慢地）反正不是我，我表哥可是镇西大将军。

白妃：那我可就听天由命啦！

贾妃：况且大漠的天气……（正在这时，王昭君上）

王昭君：（走过来）两位姐姐，在谈论什么？

贾妃：宫中来了一单于，要选一阏氏……

白妃：好了，姐姐，咱们到那边走走吧！（下）

王昭君：（叹）恨东君多雨多风，盼王孙无影无踪。柳添新样绿，花减旧时红。尽在不言中。既然宫中无我容身之地，不如归去。

王昭君侍女：小姐可要三思呀！

“皇上有旨，传王昭君进殿！”

王昭君：（惊异）我？！

王昭君侍女：小姐快去准备准备吧！

第五幕　昭君出塞

（宫殿上，文武百官、匈奴单于整齐立于大殿）

“传王昭君进殿!”

王昭君:(低头，慢步) 臣妾参见皇上。

汉元帝:朕知你知书达理,就将你配于匈奴单于,你还有何要求?(轻视地)

王昭君:臣妾不敢。

汉元帝:抬起头来讲话。

王昭君:是。(慢慢抬头)

(众臣惊愕，瞪眼张口，似停止呼吸)

匈奴单于:(惊喜) 谢主龙恩!

汉元帝:(大怒，转而抑怒) 你们下去准备吧!(匈奴单于、王昭君走)

汉元帝:(拍案，瞪着毛延寿) 曾经有一个绝代佳人摆在朕面前，(毛延寿向后躲) 朕没有珍惜，直到她走了，朕才追悔莫及。(走下，冲着毛延寿) 毛延寿呀毛延寿，你……(愤怒) 推出去斩!!

毛延寿:(急切地) 皇上，臣冤哪!(转向杜甫) 杜大人，您是给求个情呀!(哀求)

杜甫:(厌烦地) 哎呀，尔等之辈。

毛延寿:(踉跄而下) 正叹他人命不长，哪知自己归来丧。

杜甫:皇上，明妃一去，可她的家人……

汉元帝:(不耐烦) 好了，哪壶不开提哪壶，你也随他们去吧。

杜甫:皇上，去哪里?

汉元帝:(迟疑一下) 既然你这么惦念她的家人，去蜀州吧!

杜甫:(惊) 蜀州? 唉，蜀道之难，难于上青天。

(路途中)

王昭君:碧云天，黄花地，山映斜阳，芳草无情，更在斜阳外，想环珮月夜归来，化作此花幽独。(悲伤地)

王昭君侍女:小姐既然出来了，就要想开点。(谈话间，匈奴单于随从急忙赶过来)

随从：娘娘，下臣接驾来迟，单于先回国，派我一路护送娘娘。

王昭君侍女：你们大漠天气不好，连人办事也这么拖拖拉拉的。（抱怨）

随从：姑娘此言差矣！（冤枉地）我们大漠人人豪爽，我们有大漠孤烟、长河落日……

王昭君侍女：（赶紧）我们有二十四桥明月……

王昭君：好了，不要吵了，你们看那不是杜拾遗吗？

（走下场去）

（一起上场）

王昭君：多谢杜大人还能想到我的家人，却想不到连累你……

杜甫：哎，哪里话，你我实属同命相连之人。（同行）

（路旁有一旅店）

小二：（肩搭一麻布）小时候，我的愿望是当一名科学家；（自豪地昂头）长大了，我当了一名店小二。（沮丧地低头抹桌子）其实，科学家和店小二都是为人民服务的，所以说，科学家和店小二都是一样的。（开始擦桌搬凳）

（旅店门口）

小二：四位客官，不如到里边边吃边聊，本店为庆祝开业大吉，特此五折优惠。

王昭君侍女：小姐！一路上你也累了，不如到里边休息一下。

随从：是啊！前面还有好长的路要走呢！

杜甫：我虽然囊中羞涩，一贫如洗，但“何当重见日，以酒慰离愁！”今日我做东，就此别过。

王昭君：恭敬不如从命。

小二：好嘞！四位客官里边请。（上酒）客官，您的酒菜，请慢用。（退下）

（王昭君、杜甫邻位而坐）

王昭君：（举壶倒酒）劝君更进一杯酒，西出阳关无故人。（举杯）

杜甫：只为浮云能蔽日，（倒酒）与尔同销万古愁。（一饮而尽）（忧愁地倒酒）你我同离了九重宫阙，来到这八方宇宙，世间闲事挂心头，唯酒可忘忧。

（举杯）

王昭君：非是臣妾常恋酒，看古今荣辱，叹兴亡成败。（一饮而尽）

杜甫：志士仁人常怨嗟，古来材大难为用。（哀伤地）

王昭君：（劝诫）莫愁前路无知己，天下谁人不识君。（一饮而尽）

随从：娘娘，天色已晚，我们也该上路了。

（王昭君、杜甫二人起身）

王昭君：天下没有不散的筵席，杜大人，此次一别，今生难再相见。

杜甫：正所谓"海内存知己，天涯若比邻"，你我皆腹中可贮一万书，决不低头在草莽。

王昭君：请君珍重。

（王昭君、杜甫二人就此分离，音乐响起、朗诵）

咏怀古迹

群山万壑赴荆门，生长明妃尚有村。

一去紫台连朔漠，独留青冢向黄昏。

画图省识春风面，环珮空归月夜魂。

千载琵琶作胡语，分明怨恨曲中论。

附：学生随笔回放

给你们

2004届高三八班　王雪（《客至》剧崔明府扮演者）

写在前面的话：两年来，我们生活在一起，但我了解你们太少了。直到两年后的今天，"慕仙思圣古韵心声"把全新的你们展现在我的面前，让我为之一震。

当第一次接到“创作诗剧”这样的新鲜任务时，我们都有点不知所措。我们可以拥有一个“庞大的剧组”了吗？先不必兴奋，剧本还没有，演员还没到位，剧中情节连个苗头都没有。

幸亏时间不算短，足足一个星期的准备时间。接下来便是整个宿舍的人聚在一起商量剧本，那热火朝天的争论不必细提，搞得好几天中午没睡觉。好不容易把剧本写出来了，只有等到排练时再修改了。没想到有了剧本，排练却更加辛苦。动作、神情、时间的掌握、剧情的衔接等都要做到全面考虑。这样又搞得好几个中午没吃饭。真叫辛苦！

看别的宿舍，也都紧锣密鼓地在进行各自的创作。一到大课间，班里几乎是“人去教室空”，全找地方排练去了。我们也凑在一起继续研讨，生怕被别的宿舍落下。

那风风火火的盛况暂且不提，单说周日下午的“慕仙思圣古韵心声”比赛。我们每个人既是演员又是观众。第一次欣赏着没有大牌导演，没有大牌明星，但有真实的表演。在有节奏的击掌声中，比赛拉开了帷幕，只听男生的朗诵铿锵有力，气势雄浑，女生也别出心裁，把诗歌的鉴赏与朗诵交融在一起。我们仿佛听到了遥远时代的声音，李白奔放豪迈，不拘流俗；杜甫沉郁顿挫，心装百姓疾苦。我们品读着诗人的梦想，我们体会着时局的动荡。李白手中的一坛烈酒浇散了万古的哀愁，杜甫的一声长叹包含着多少痛苦与无奈！

更为精彩的诗剧开始了。同学们绘声绘色的表演让人赞叹。他们每个人都把自己融入了诗人生活的时代，逼真地表达了他们的喜怒哀乐。其中给人印象最深的还是男生表演的《客至》和《咏怀古迹》。

《客至》中最精彩的是卢亮甩的那一手马鞭。那真叫绝！听说他是自学的，这岂不更令人叹服？“崔明府”骑一匹骏马飞驰而来，将盼望与杜甫相见的心情表现得淋漓尽致。而我扮演的崔明府划船唱着山歌而来，真是形成极大反差。哪有这么温柔的崔明府？在男生表演的《客至》中，用纸折的飞机来表示“群鸥”，这一只只“海鸥”飞得恰到好处，还真有点romantic呢！而我们的“海鸥”却由四位美女扮演，嘴里还哼着忧伤的歌。我觉得这一点并不比他们差！

男声表演的《咏怀古迹》绝对搞笑。堂堂的大美女王昭君竟由一个男生扮演。但他们的那股认真劲儿却博得了所有人的掌声。古装表演加流行歌曲真是绝配。扮演王昭君的冯志强实在不容易，作为一个宿舍长的他，却扮演了最让男生为难的王昭君。他在台上极为认真，仿效女子给皇帝请安的动作更是赢来了全场叫好，不管是起哄也好，真的赞叹也好，我敢说没有一个人说他演得不好。而女生表演的《咏怀古迹》则更加逼真。十名美女全部靓妆上阵，使人眼前一亮。恰到好处的配乐和人物的一举一动进行得井井有条，将当年昭君出塞的故事演绎得生动逼真。

我要感谢这场盛会，它让我重新认识了和我朝夕相处的同学们。王刚、张栋哲、祁广伟、冯志强、倩涛等这些对我来说很陌生的人，把他们自己介绍给了我。我感觉整个校园都充满着我们年轻的气息。拥有年轻真好！

表演后的第三天，成绩揭晓。我们宿舍竟获得了第一名。所有成员都不敢相信自己的耳朵，直到老师公布比赛结果并发奖，我们才如梦初醒，真是个意外惊喜。我想这次获得第一名很可能是出场顺序的优势。我并不认为越到最后才越精彩，我们的优势在于“先声夺人”。不管怎样，宿舍内新成员的第一次合作便来了个“开门红”，真是可喜可贺。另外获奖的个人还有“催马扬鞭”的“崔明府”卢亮，“重色思倾国”的“汉元帝”商孟超，“美女落雁”“王昭君”冯志强等。我也抓了个奖尾巴。我想大家肯定是比较赞赏我念的那几句诗了，真是太给面子了，多谢！

这次比赛还有很多背后工作人员或是配角没有获奖，但他们一点儿也不比获奖的人差。他们是最出色的。如果让他们来演这些主角，他们也会演得非常好，非常出色！

每个人都有闪光的一面，我为我拥有这样一群年轻、朝气蓬勃的朋友而自豪！

学生的剧本，至今我依然完好地保存着，虽然所有剧本内容，我早就整理出来，储存在电脑里了。因为这些剧本，每一个文字连缀起来的，都是他们一个个的闪光的智慧和亲密的友谊。如蔡欢同学所言，没有一个剧本是独立创作的，甚至直到演出之前，他们还在对剧本进行推敲。但是，没有一个角色不是学生自己精心演绎的，如王雪所说，哪怕是一个多么微小的角色，他们也要用上最大的热情去表现。

为什么要全员齐上阵，为什么说一个都不能少？因为，所有的你我加在一起，才成为了我们。而我们，缺少了任何一个人，都将不再完整。高三一班的李泽兴，腿伤不便，我曾建议让他只做观众不要上台朗诵和表演，但是，他说他一定要参加，他们宿舍的兄弟们说他们会把他照顾好，他们绝不会把他丢下！难忘记，朗诵的时候，李泽兴第一次扔掉了双拐，一左一右是他宿舍的弟兄，他们紧紧地包围着他，支撑着他，而他，则激情澎湃地开始了领诵……

合作共生，亲密无间，你中有我，我中有你。而每一个自我，又在集合中，熠熠生彩，夺目般灿烂。演出后的评选，无论是最佳集体奖还是最佳个人才艺奖，群众的眼睛都是雪亮的，没有沧海遗珠之恨，没有怀才不遇之慨，所有的，只是发自内心的祝贺和感谢。正如学生许翠在随笔《遗憾也美丽》中所言：

当然，遗憾也会有的。这次的失败给我们更多的思考：思考原因，思考成功的必需，思考差距的源头……其实，这点小小的遗憾相对于我们追求过程中的欢乐和失败后的理性思索也不过九牛一毛了。遗憾包含着苦痛，遗憾也孕育着美丽。因为浸润了泪水与哀愁，这美丽便多了几分动人的魅力。

想想，能在遗憾的淡淡缭绕中，打开心扉，与灵魂促膝相谈，抛开表面的得与失、成与败，挖掘隐藏幕后的真谛：团结就是成功的契机。于夜色中，与舍友倾心感悟这真谛所蕴含的无限深意，让团结的丝线在无形中将我们牢系，不也是一份令人回味无穷的收获吗？

美好的瞬间，真挚的情感，诚恳的反思，纯洁的心灵，感谢他们，让我再一次领略到做一个教师有多么的幸福！

“阿Q精神”辩论赛

一、这一个辩论赛前的准备

《阿Q正传》一文的学习，是一个浩大的课程。

（1）学生自读课文，提问题。每个学生都提出了很多问题，有的学生甚至写了满满两大页四十几个问题。是为“走近文本，以疑激趣”。

（2）师生共同研读课文，解答对于课文基本内容理解一类的问题。（比如，阿Q的身份地位、性格特点、命运曲线、精神胜利法等），而对于涉及意义主题等深层次的问题，只把问题亮出来，暂且悬疑，不做深入探讨。是为“走进文本，排障激疑”。

（3）师生共同梳理主要问题，合并同类项之后，得出以下六大问题：

①你怎样看待阿Q的“革命理想”？（阿Q的“革命理想”可以概括成几个方面？）

②你认为阿Q向往“革命”正常吗？阿Q对待“革命”的态度转瞬即变的“根本原因”是什么？

③城里的老爷们和未庄的上流人物与“阿Q们”在面对“革命”时有哪些相同和不同的表现？分别说明了什么？

④“革命”的结果，对于阿Q而言，是被推上了断头台，对于老爷们呢？对于民众们呢？小说的最后一章何以命名为“大团圆”呢？

⑤在最后三章里，又有哪些地方体现了阿Q的“精神胜利法”？

⑥时隔将近一个世纪了，你还能在生活中（包括你我）找到“阿Q”吗？你认为生活中有点阿Q精神怎么样？

针对这六个问题，要求学生以宿舍为单位，集中交流探讨，形成自己的认识后，写出“阿 Q”研究小论文。然后，将小论文提交教师，教师按照男女组别分发，将男女生的论文互换，让男女生去彼此评判学习，对于每篇论文，每组每个人都要署名点评。之所以采取男女分组，因为通过对小论文的汇总，我发现对于这个问题的探究，性别上的差异造成的认识上的差异比较明显。最后，每组提交一份“关于阿 Q 论文的批改报告”，要求每组所有成员根据自己对所批改小组的全部论文批改阅读所掌握的情况，署名总评，并将本组共议最优秀论文和最不认真论文评议出来，合订成册，提交教师。

(4) 师生共享优秀论文，在各组推选基础上，经过教师二次阅读，筛选优秀的论文批改报告和优秀论文，由小组长和论文作者分别为大家宣读。

因为各自观点仍有不同，所以，着手准备“现实生活中要不要有一点阿 Q 精神胜利法”的辩论赛。由各宿舍长统计本组正反方名单，报告给课代表。由课代表最后确定正反方成员。

(5) 正反方分组及组织自由辩论。利用两个晨读，首先以宿舍为单位，安排小组内正反方的互相交锋辩论。然后，以全班为单位，正反方分别和议，确定4名主辩手以及双方各自10名智囊团成员，确定一、二、三、四辩手分工，在正式比赛时智囊团陪同所在一方上场，可带纸笔书籍，可根据辩论进展情况，随时为辩手提供锦囊妙计，但不许发言。名单确定后，由课代表汇报给教师。接下来，一周时间，正反双方按照辩论赛规则准备辩论赛。

(6) 召开辩论赛。课代表为主席，辩论赛由课代表全面主持，我担任点评主席，听课教师作为评判团。

二、这一番辩论赛前的研究

这个辩论赛，当时是作为学校教改观摩课而上的。

但是，我和学生绝不是为了上观摩课才准备这个辩论赛的，授课思路缘起，参见《一场“情感与理性”的交锋》部分内容。

因此，学生在准备辩论赛的过程中，研究文本，分析辩题，走得更远，思考得更深刻。

阿Q的眼泪

刘 娜

阿Q真的没有眼泪吗？我无法回答，但当我们一次又一次地审视鲁迅笔下这个欺软怕硬、自轻自贱，靠精神胜利法得以存活下来的阿Q时，我想落泪的应该是我们，我们仿佛从那个身穿破夹袄、头长癞头疮的阿Q身上，看到了自己的影子，而愈发感到不安与可怕。

阿Q去革命是一个最不可能的可能。鲁迅就是让这样一个狭隘保守、因循守旧、自欺欺人的阿Q当了未庄的革命先驱。“参加革命”，阿Q并没有把它想成一件极其困难而长远的事。一句简单的“我已经投降革命了”就成了阿Q的革命宣言。阿Q只是一个普通的农民、帮佣，况且生活在封闭的农村中，所以阿Q并未真正领会到“革命”是什么、意味着什么。在他的革命畅想曲中，他只想拥有他所想拥有的，杀死他所想杀死的。这种想法与在孙中山领导下的辛亥革命的目的相比则是荒谬的，甚至是不可思议的，但却是完全真实的。这只是一个生长在农村、思想封闭、历来被人欺负的一个农民的最普通的想法，我们不能奢望阿Q有多么崇高、多么伟大的革命理想，阿Q没有读过书，即使读过书的“假洋鬼子”也没有明白革命是什么，仅是借着革命的幌子，把静修庵给革了，可见对于革命的看法，是那一时期的那些人所共有的。谁也无法拔着自己的头发离开地球，假洋鬼子不能，阿Q也不能。

阿Q死了，但他的死却未给未庄留下什么，只是一些谈资罢了。没有人再给他们讲条凳与长凳的区别，也没有人再说煎鱼时是放葱叶还是葱丝。或许，静修庵的小尼姑会过得安稳些，吴妈也没有了那烦恼的清白之说，人们把阿Q淡忘了，阿Q给这世上并没有留下什么，甚至一滴眼泪都没有。如果人们会想起阿Q的好的话，那么阿Q则可算一名勤劳的农民了，舂米他也干，撑船他也干，可见阿Q并不是好吃懒做不干活的人，他还是靠自己的一双手艰难支撑着生活。可是在未庄，会有人这样想起他吗，在他死了之后？

阿Q死了，这是故事的结尾。但至今我仍未明白鲁迅为什么称之为“大团圆”？仿佛思想上明白，却又感到糊涂。“团圆”二字在中国历史则是千金难换。杜甫的“家书抵万金”渴望亲人之团圆；“但愿人长久，千里共婵娟”、“遍插茱萸少一人”希望兄弟能团圆；“妆楼颙望，误几回天际识归舟”则是盼望情人能团圆。而阿Q却是如此“团圆”！

对于阿Q，我只有同情与叹息，他的性格与某种恶习只是那个社会所造成的。阿Q只是那个时代千百万中的一个代表，我们不能，也没有理由，把这千百万的责备只压在他一个人身上。至今我们仍然能透过那破夹袄，看到一些纯朴与美好。阿Q是不幸的，因为他生活在那不幸的年代。但当这一切都已过去，而我们是否又在成为新的阿Q呢？

正因为流着血，才想去拿刀

范文博

革命之于阿Q

分析一个人，既要看其生活的文化与社会背景，又要看其言谈举止。同样的方法也适用于阿Q。

身处闭塞状态下的未庄最底层的阿Q，受着来自八方的压迫、辱骂，或者是最高境界的轻视——忘却。这从阿Q名字的由来也可略见一斑。阿Q被打过，被笑过，故而将其定义为被统治的人。

曾经了解过暴君统治下的臣民，大抵比暴君更暴；暴君的暴政，时常还不能厌足暴君统治下的臣民的欲望。暴君的臣民只愿暴政暴在他人的头上，甚而向往自己去施行暴政，也许是血洗屈辱，但更多是为了跻身统治者之列而兴奋，拿着“残酷”做娱乐，拿“他人的苦”做赏玩，很安慰。

这也便是阿Q带伤的手却为什么还要去碰刀的原因。

所以从这个角度讲，阿Q向往革命是正常的。尽管作为新生事物的“革命”令因循守旧的阿Q很是厌恶，但毕竟“革命”能让欺辱自己的那一帮人心惊胆寒，而阿Q的幸福莫过于此。这或许算阿Q革命态度转瞬即变的一个主要原因。

再有，不要忘了阿Q的身份——被压迫之人。被压迫之人是很向往翻身成为压迫者的，像赵太爷打自己一样去打赵太爷，享受像赵太爷一般的权力、地位，拥有未庄所有人的敬畏，以及之后的钱财、女人。这一切理想，都只在于参不参加革命，或说投不投降革命，你能要求满腹心思的阿Q不革命吗?

所以，综合该人物之经历，透视阿Q之心理：

革命之于阿Q是翻身的跳板；

革命之于阿Q是报仇雪恨的大刀；

革命之于阿Q是将自己变成狼，将别人变成羊的捷径。

革命的种种

如果将所出现的人物分类：老爷们、上流人士和阿Q之类。这里或许有两种不同的革命。

未庄的老爷们虽不像阿Q那么天真，却也十分畏惧，进而有些盲从。虽然不敢进城，害怕辫子被剪，但一方面又不约而同地盘起了辫子，甚而赵秀才和假洋鬼子情投意合地一起去静修庵革龙牌……

所以，在他们的脑子里，革命就是改变，由于不知这改变对己是好是坏，而不知所措。但是马上就找到了对策。

相比之下，阿Q显得实在天真。要么投向革命，不准革命之后，马上痛恨革命，不去革命。

但对革命认识的狭隘与盲从，在他们身上却如出一辙。

对于阿Q，革命的结果是被推上了断头台，而对于老爷们无非是想以杀阿Q来儆百，进而将自己革命的赤诚表现出来。有的要求示众，维护革命的尊严，有的却要求追赃，维护自身的利益。

至于民众，也不过是一出没有尽兴的戏罢了，所以就连“过了二十年又是一个……”这句阿Q无师自通的话，也没有在他们心中留下些什么！

与革命团圆

阿Q曾有过这样一段经历，在山脚下遇见一只饿狼，不近不远地跟定他，要吃他的肉。他那时吓得几乎要死，幸而手里有一柄砍柴刀，才仗这壮了胆，支持到未庄；可是他永远记得那狼的眼睛，又凶又怯，闪闪的像两道鬼火，似乎远远地来穿透了他的皮肉……

阿Q被杀了，另一层意义上阿Q被吃了，被那只饿狼。尽管自己有“精神胜利法”这把柴刀，但毕竟身处一个满是饿狼的世界，阿Q的死是必然的，就像狼群中的羊，所以阿Q的死是与命运团圆。

尽管对于杀头，阿Q精神胜利了，天地之间，人大约本来有时也未免要被杀头的，而心中泰然。

尽管阿Q曾经用尽平生力气去画好那个圆圈，没有画圆，便又去精神胜利，孙子才画得很圆，而心中释然。

一切都没有阻止阿Q的死去，像那个圆圈一样，阿Q最终以并不圆满的团圆结束了自己的命运。

精神胜利法之我见

阿Q精神胜利法，任何时代都不过时，总会有人去效仿阿Q。我总是认为阿Q的时代造就了阿Q这个人。但一个世纪后的今天，有没有“阿Q”呢？“有”，在我们每一个人的心中都有一个阿Q，他会原谅自己的一切，而达到超然，有时他化悲痛为力量，而有时他麻木妥协。具体怎样，因人而异。

三、这一个严谨的辩论赛规则

流程（由主席执行）

(1) 开场白。

(2) 介绍主席团成员。

(3) 正反方队员入场。

(4) 介绍正反两队及其所持立场。

(5) 介绍正反两队队员。

(6) 介绍评委及现场点评主席。

(7) 比赛开始。

(8) 评判团交评分表。

(9) 点评主席评析赛事。

(10) 宣布比赛结果。

(11) 辩论赛结束。

程序

(1) 陈词阶段：正、反方一辩发言。

(2) 盘问阶段：反方四辩提问—正方四辩回答、提问—反方三辩回答、提问—正方三辩回答、提问—反方二辩回答、提问—正方二辩回答、提问—反方一辩回答、提问—正方一辩回答、提问—反方四辩回答。

(3) 自由辩论阶段：由正方首先发言，然后反方发言，正反方依次轮流发言。

(4) 总结陈词阶段：首先由反方四辩总结陈词，然后由正方四辩总结陈词。

规则

(1) 时间：全场总计用时40 分钟。

①陈词阶段用时4分钟：正、反方一辩各发言2分钟，破题、对辩题双方立场利弊分析。

②盘问阶段用时10分钟：提问用时不多于30秒，回答用时不多于60秒；每方累计用时5分钟。

③自由辩论阶段用时10分钟：每方用时5分钟。

④总结陈词阶段用时6分钟：每方用时3分钟。

（2）提交材料时间、内容：在比赛开始前，各队应向主席团提交800字左右的文字材料（一式3份），材料内容包括本方对立场的分析理解，主要论点、论据，对对方立论的分析等有关辩论的战略、战术。

（3）盘问规则：

①每方队员的发言应包括回答与提问两部分。回答应简洁，提问应明了（每次提问只限一个问题）。

②对方提出问题时，被问一方必须回答，不得回避，也不得反驳。

（4）自由辩论规则：

①自由辩论发言必须在两方之间交替进行，首先由正方一名队员发言，然后由反方一名队员发言，双方轮流，直到时间用完为止。

②各方耗时累计计算，当一方发言结束，即开始计算另一方用时。

③在总时间内，各方队员的发言次序、次数和用时不限。

④如果一方的时间已经用完，另一方可以放弃发言，也可以轮流发言，直到时间用完为止。放弃发言不影响打分。

⑤在辩论的过程中，各方不得宣读事先准备的稿件或展示事先准备的图表，但可以出示所引用的书籍或报刊的摘要，各队智囊团成员可以随时为队员提供笔头建议，但不得发言。

⑥在比赛过程中，辩手不得离开座位，不得打扰对方或本方辩手发言。

（5）评判规则：

①本场比赛由主席团、评审团、教师团组成评判团。

②团体和个人分别计分。团体满分为100分，包括审题20分，论证20分，辩驳20分，配合20分，辩风20分；个人满分为50分。凡在审题、论证、辩驳、配合、辩风项目中，不符合评判要求和违反规则的，均酌情扣分。

(6) 团体部分评判标准依据：

①审题：对所持立场能否从逻辑、理论、事实等方面进行多层次、多角度的理解，论据是否充足，推理关系是否明晰，对本方的难点是否有有效的处理方法。

②论证：论证是否有说服力，论据是否充分，推理过程是否合乎逻辑，事实引用是否恰当。

③辩驳：提问能否抓住对方要害，问题是否简单明了。在规定时间内没有提出问题或提问不清者，应适当给予扣分。是否正面回答对方的问题，能否给人以有理有据的感觉，不回答或不正面回答问题者相应扣分。

④配合：是否有团队精神，是否相互支持，论辩衔接是否流畅，自由辩论时发言是否错落有致。问答是否形成一个有机整体，能够给对方以有力的打击。

⑤语言：是否流畅、用词得当、语调抑扬顿挫、语速适中，是否尊重对方辩友、尊重评委、尊重观众，表演是否得当、落落大方、有幽默感。

(7) 个人部分评判标准依据：由评委根据每位辩手在整场比赛中的表现给出印象分，具体参考以下标准。

①论：陈词是否流畅，说理是否透彻，逻辑性是否强，引用事例是否得当。

②辩：提问是否合适，回答是否中肯，反驳是否有力、有理，反应是否机敏，用语是否得体。

③台风与辩风：是否稳健，是否有风度，是否足够尊重对方辩手，是否能够给对方以有力的打击。

④辩手个人得分只作为评选最佳辩手的依据。

(8) 胜负判定标准：

①将三组评委按团体5个项目打出的分数合计，为该方单项得分。

②5个单项分的总和为该方总计得分。

③总计得分高的一方获胜。

④如果两方得分相同，由评委另行投票决定胜负。

(9) 点评标准：

①由点评主席做现场点评，但不作为评分参考。

②现场点评内容包括：概括比赛态势的发展轨迹；评析参赛双方整体表现；对辩手个人进行点评；就辩题发表个人学术见解；其他。

附：随笔回放

这一次别开生面的辩论会

康　飞

开辩论会？我们能辩论起来吗？

听到史老师说要开一个主题为“现实生活中我们要不要有一点儿阿Q精神”的辩论会，我真的是满肚狐疑。想想电视中辩手们沉着稳定的风度、敏捷的思维、犀利的语言，我真的不敢想象我们的辩论会会有多么精彩。

然而，我的担心是多余的。

当反方四辩以“真的猛士敢于直面惨淡的人生，敢于正视淋漓的鲜血”，请问“正方辩友你是想做猛士还是懦夫”揭开这场辩论赛的序幕时，我便料定，这必定会是一场激烈的辩论赛。

虽然我是正方，而且还是正方智囊团的一员。但我不得不承认，反方比我们准备得更充分，提问也比我们更有针对性。

“阿Q精神能推动社会的进步吗？”巧借澳门东亚大学与南京大学的辩题“儒家思想是‘亚洲四小龙’经济快速成长的主要推动因素”，对正方又是当头一棒。当安璇坚决而又肯定地回答了这个问题之后，我感觉到安璇的回答太唐突，或许她应该委婉一点去回答，或指出我们所需的阿Q精神是其中的一部分。但当我们真的委婉地去回答时，对方辩友却以“请对方辩友直接回答我们的问题”，逼得我们无言以对。

反方的咄咄逼人，使我们只有招架之功，却无反攻之力。于是辩论会上出现了这样一个场面：我方尽力去解释，维护自己的观点；而反方呢，只是从我方的言语中找出“错误”来批判它，让我方不能自圆其说。当郭颖说“‘盲目乐观’去掉‘盲目’便是‘乐观’”时，反方李丽立即说：“你是好人，去掉‘好’而只说你是‘人’，涵义还一样吗？”对于我方提出的“阿Q精神具有历史性”的观点，则被郑保军的一句“任何腐朽事物的消亡都需要一个历史过程”给驳倒了。

当辩论会正在激烈进行时，“李主席”打断了我们，原来时间到了。我想在场的每一个人都不希望它结束。但时间有限，借着统计评分的时间，语文老师又做了一个精彩的总结：大家风度、儒家风范、温文尔雅……将每个辩手都点评了一遍。结果宣布，我方输了，我们输得心服口服，反方确实比我们表现得更出色，但我的观点，我想至少到现在还没有改变。

不管怎样，我们这场虽不成熟却很激烈的辩论赛结束了。我们与辩论进行了第一次亲密接触，真希望还有第二次、第三次……

“现实生活中，要不要有一点儿阿Q精神”呢？面对这个辩题，每个人的回答可能都不尽相同。所以，也难怪学生虽然输了辩论赛，却依然不输观点。然而，想当初，辩论赛结束之后，学生也很关心地问过我的看法。我对他们说：“在现实生活中，我是坚决反对阿Q精神的，自欺欺人，讳疾忌医，麻木健忘，凡此种种，我都反对。我主张面对，主张清醒，主张反思，主张直面苦难，勇于承担！”

我一再强调实践活动对每一个个体的重要性，是因为我们的实践活动是非常注重合作、提倡分享的。班级之中划分小组，每组都有共同任务需要大家一起完成，每次活动都是如此。无论是“文学大师专题研究”，还是“慕仙思圣古韵心声”诗剧的编写排演，无论是诗歌的串联分析，还是辩论赛的准备，都不是一个人能够完成的，所有个人的才华智慧，都必须立足于合作探究的基础之上。

注重合作，提倡分享；尊重差异，发挥个性。这之间决不是截然对立的，而是彼此相依，息息相关。

2007年9月，我从河北省保定市一所重点高中，跋涉千里，到了江苏省张家港一所民办学校工作，一届孩子从高一带到高三。这三年中，也开过一些实践活动课，比如中秋节诗歌朗诵比赛、电影研讨等。但是，鉴于学生、学校以及教材、高考模式等各方面都发生了巨大变化，更重要的是，我在课堂教学方面的探索也意欲突破过去，在我个人，实践活动课方面，已经相当成熟了，便不再作为自己的课堂重点研究与实践对象。

我的课堂教学，除了继续坚持“十六字方针”（激发兴趣，活跃思维，加深素养，提高能力）、贯彻“一少四多”（少做一些题、多读一些书、多写一些文章、多思考一些问题、多锻炼一些能力）、秉承“三个结合”（阅读、鉴赏、写作）和“一个原点”（教育、生活、人本身）外，转向了文本案例研讨、电影课教学和网络平台开发。三年中，在这三个方面，都取得了新的进展，开拓了自己语文课堂的教学新领域，达到了新的境界。

2010年8月，我踏上了苏州工业园区星海实验中学这块土地。

新高中，新高一，新同事，新学生，一切都是新的。

于是，在星海这个朝气蓬勃、欣欣向荣的学校里，我又上路了。

我确立了自己的语文课堂教学设计原则（理性、人性和主体性），阅读、写作、鉴赏三结合，致力于语文实践活动、网络影视开发、文本案例研讨、专题探究分析……对于我的语文课堂，我越来越有底气和信心。

以生为本，立足现实，怀揣理想，因地制宜。

我开始着手整合自己的语文课堂，以语文实践活动课为活动轴，以阅读、写作、鉴赏为轴心，以网络影视开发、文本案例研讨和专题探究分析为辐射线，将我的语文课堂旋转成一个丰富厚实而又开放自由、充满力量的粒子场，不断吸纳融合，不断更新创造，向着明亮、温暖与开阔，优美地前进，欢快地生长。于是有了这个“高一报社”。

“高一报社”创社启动课

一、创社总动员

由教师在课上做创社总动员：

上学期大家已写了半年随笔和摘评，每个人都写了不少，也读了不少，通过半年的共同学习生活，大家也都互相了解了很多。

这个学期后，高一学段即将随之结束，大家就要分班了，有的同学会离开，新的同学会进来，师生之间会有一个重组，大家就不能继续再在一起学习、生活了。

所以，在这最后的四个月中，我们要一起做点事情：总结一下高一这一年我们一起读书写字的生活，留下点属于我们自己的终生美好的记忆，这将成为每个人永久珍藏的礼物，以此纪念我们一起走过的这一年。

二、创社方案

(1) 分社办报：班里28人，每7人结为一社，分成四社；分别在3、4、5、6四个月各出一期报纸。

(2) 每社确定各社的社名、社徽、社长和社员。每期报纸每月20号之前出样，交教师初审，月底出版。

(3) 报纸分四个板块：第一版要有社徽，同时，要对本社所属7位成员分别进行素描，要求每位成员都要写，可以写自己也可以写别人，写完后，把稿子汇总在一起交责任编辑整理成一个报道，作为头版人物群像报道；第二版是读书交流板块，是本社7位成员的读书展示板块，可以展示7位成员最喜欢的书、最喜欢的段落、最精彩的读书点评，以及读书感想；第三版和第四版是影评和随笔选编板块，要求同第二版，可以展示本社成员在写作与观影方面的收获；第四版另开辟一个栏目，选登一月内国际、国内、校内、班内的新闻大事、要事的回顾摘要。

（4）社长统筹负责。每版有专人负责，同时要有专人负责美术编辑与校对。

三、具体操作过程

（1）全班学生投票选出四个社长，当场选举，当场揭晓。

（2）学生自愿报名参加某个报社，报名人员不够的报社，由该社社长自己出马劝人入社，有争议的问题由学生自己协调。

（3）每社由社长组织、全社成员共同参与协商确定社名、社徽、几个板块的具体负责人等。

（4）四个社抽签决定该社负责哪个月份的报纸。

（5）如果所负责月份报纸内容丰富，可以申请出版增刊和特刊。

星海的学生不住宿，开发网络平台，开展实践活动，有得天独厚的条件。星海的校长沈坚先生，富有情怀，学养丰厚，追求卓越，支持教师在课程开发上大有作为。只要你有心、有力、有能，尽可以各显其能。

报社启动课之后，学生分别成立了自己的报社并设计了社徽：“十五月”、“冰菊”、“羞社”、“他的国”、“暖色调”、“目送年华”、“JIAN社”、“月明”。

报社创立之后，办报纸，研讨电影，探究文本……所有这些学生可以合作分享的项目，都有了共同协作竞技的平台。

之前阅读、写作、探究的种种活动都由此绾合在一起。同时，这种活动的组合方式，不同于之前组织活动时的按宿舍分组（学生无权选择参与小组)，而是采用选举、报名、说服的方式，自愿组合，民主、公开、透明、自由。

关于课堂上的探究研讨，随笔摘评中的交流共享，在前面相关单元中都有所涉及。

在此，我仅举他们自制的一份报纸，请您跟我一起看看这些90后的学生，他们的聪灵个性，他们的睿智深刻，他们的才品风华……

附：

学生报社所出版报纸《他的国》。

他的国

HIS KINGDOM

Introduction 编辑：陈诺 A1

C

陈诺

号插座，为社长兼主编兼各职也，以下介绍皆为这只创作，欢迎夸奖。

爱晚起，爱美食，爱荣泰，爱妹纸，爱唱歌，爱蹭吃蹭喝。
偶尔微装，偶尔微腐，偶尔微八卦，偶尔微爱起哄，偶尔微无聊。
以上。

Z

周心愉

号老板娘，XY（懂的）。

毛微棕，美！！体育微强，美！！文笔飞扬，美！！唱伤感歌，美！！
与本主编联手做的板报期期美艳不可方物！！
因其发型定期亮点又被称为“外星人姐姐”、“新同学”！！

W

魏明仪

号英语之神。

高中军训第一天就看见此神在看英语原著，顿时被惊悚。
此神在这学期由英语帝进化成各种帝啊，实在是太膜拜了。
此神爱唱京剧。
此神写字说话无比霸气。
此神……

Q

赵秋成

号秋秋，蛆。

主编很努力地回忆此人一年来是否有掉过年级前15，貌似没有啊 0 0。
秋秋很白很白。秋秋很幽默，很可爱。秋秋很木头。
秋秋反应慢的时候可以让人疯掉。
秋秋基本上没有科目是低于班级前十的。
秋秋这次数学又是年级第一（注意是“又”!!）。
让秋秋这种生物的存在是上帝的失误。
秋秋很重口，喜欢午夜风暴荷氏薄荷糖。
秋秋在电话里很能聊而且他不习惯先说再见。
综上：秋秋是个无比美好的不可多得的孩子啊！

Introduction 编辑：陈诺 **A2**

X

号“修”。

这只这次期末 370 啊有木有啊有木有!!
这只是个理科和信技大 BUG 有木有啊有木有!!
这只是个痴情男啊（这是唯一优点了么 0.0）!
这只是个破坏狂啊曾经把许多虫子粉笔文具牙膏花露水放入主编的杯具啊有木有啊有木有!!
……其实吧，这只还是有那么一点点聪明 一点点搞笑 一点点专一 有时候会让人有那么一点点感动。

徐优

Y

号企鹅。

爱画漫画 爱连载漫画 爱凡客 爱网购
总是在各种女生堆混 文笔很美很细腻很像女生
从来不用草稿纸 因此作业空白总是被狗爬字填满 0 0

主编独家透露：小学的严晗留辫子的!!! ←_←

严晗

F

号法克文。

热爱 PSP。热爱日文。
经常会一惊一乍吓你一跳。
经常会很二很二地做个“V”手势。
有些天然呆。

范楷文

Who has seen the wind?
Neither I nor you.
But when the leaves hang trembling,
The wind is passing through.

Who has seen the wind?
Neither you nor I.
But when the trees bow down their heads.
The wind is passing by.

Comics 编辑：周心愉 **B1**

1.

栗色的小兔子想要睡觉了，它紧紧地抓住大兔子的长耳朵，要大兔子好好听。它说：“猜猜我有多爱你？”“噢，我大概猜不出来。”栗色的大兔子说。“有这么多。”它伸开双臂，拼命往两边张。栗色的大兔子的手臂更长，它说：“可是，我爱你有这么多。”嗯，是很多，栗色的小兔子想。

2.

“我爱你，有我够到的那么高。” 栗色的小兔子举起胳膊说。“我爱你，也有我够到的那么高。”大兔子也举起胳膊说。这太高了，栗色的小兔子想，我真希望我也有那样的胳膊。

3.

然后，栗色的小兔子朝下倒立，把脚往树干上伸。它说：“我爱你，一直到我的脚趾够到的地方。”“我爱你，一直到你的脚趾够到的地方。”栗色的大兔子说，它把栗色的小兔子高高地抛到了它的头顶上。

4.

栗色的小兔子大叫：“我爱你，从这条小路延伸到河那边。”“我爱你，过了那条河，再翻过那座山。” 栗色的大兔子说。这实在太远了，栗色的小兔子想。它太困了，实在想不出什么来了。于是，它抬头朝高高的灌木丛上望去，一直望到一大片黑夜。没有什么东西能比天空更远了。“我爱你，一直到月亮那么高。”它说，然后闭上了眼睛。“噢，这真远，”栗色的大兔子说，“这非常远、非常远。”

栗色的大兔子把栗色的小兔子轻轻地放到了树叶铺成的床上，低下头来，亲亲它，祝它晚安。然后，它躺在小兔子的身边，小声地微笑着说：“我爱你，到月亮那么高，再——绕回来。”

Abstract 编辑：赵秋成 **B2**

【摘录】老海棠树已然枝枯叶落。落叶被阵阵秋风吹开，堆积到四周的台阶下，就像不久前屏息颤栗的人群。

我的良心仍不敢醒。但那孱弱的良心，昏然地能够看见奶奶独自走在乡间小路上的样子。还能看见：苍茫的天幕下走着的小恒，前面不远，是小恒妈踽踽而行的背影。或者还能看见：小恒紧走几步，追上母亲，母亲一如既往搂住他弱小且瑟缩的肩膀，荒风落日，旷野无声。

——史铁生《小恒》

【感悟】全文看完再看这几段，顿感无尽的悲凉。屏息颤栗，人人自危，为的是什么，“良心，其实什么都明白。不过，明白，未必就能阻止人性的罪恶”，那个疯狂的年代，平淡的幸福都无法维持，莫须有的罪名成千上万。小恒，活泼稚气的小恒，却“满面泪痕，走到他妈跟前，接过红卫兵的皮带：‘啪！啪啪！……’”那是以一种怎样的心态去接过我不知道，我只知道那个追在“我”身后的小恒已经死了，永远不会回来了。也许许多年后的某个夏天会有一个陌生的男人站在老海棠树下，神色漠然，深邃的眼眸看不出悲喜。他愣愣地站在台阶上看着院子中央，一如多少年前的夏日。此时，必定有一只蝴蝶在院中飞舞，蝉歌如潮。（陈诺）

【摘录】自发顶至辫梢，一路四颗珍珠，下面有金坠脚。湘云一面编着，一面说道：“这珠子只三颗了，这一颗不是的。我记得是一样的。怎么少了一颗？”宝玉道：“丢了一颗。”湘云道：“必定是外头去掉下来的，不防被人拣了去，倒便宜他。”黛玉在旁盥手，冷笑道：“也不知是真丢了，也不知是给了人镶什么戴去了！”宝玉不答。

——摘自《红楼梦》第二十一回

【感悟】从书一开头到这里，总觉得林黛玉的性格有些怪。她时常对宝玉“冷笑”，宝玉一做错什么，她就取笑。即使宝玉没做错什么事，黛玉也总要奚落他。这是黛玉怕宝玉学坏了或者冷落了她吗？还是单纯地开玩笑？黛玉为何总是在宝玉去见宝钗等女孩子之后觉得不悦，她不允许宝玉接触别的异性？她也容不得别人说她一句坏话，或生气或哭，这种性格不是很怪异吗？她似乎总是很悲观，凡事都往坏处想，常常落泪。（秋秋）

【教师评语】（霞姐你太强大了!!! 亮点!!!!!!!）

呵，等有个女孩子这么对你，你要好好珍惜哦：）

（小编笑而不语…….）

小编忍不住注：秋秋你木有好好珍惜啊!! 悲哉!!

【摘录】对我而言，开端，是一个北京的一个普通的四合院。我站在炕上，扶着窗台，透过玻璃看它。屋里有些昏暗，窗台阳光明媚。近处是一排绿油油的榆树矮墙，越过榆树矮墙远处有两棵大枣树，枣树枯黑的枝条镶嵌进蓝天，枣树下是四周静静的窗廊。——与世界的最初的相见就是这样，简单，但印象深刻。复杂的世界尚在远方，或者，它就蹲在那安恬的时间四周窃笑，看一个幼稚的生命慢慢睁开眼睛，萌生着欲望。

——史铁生《轻轻地走与轻轻地来》

【感悟】无疑对于史铁生的一生来说，占大多数的便是痛苦、迷茫与无助，可在他内心深处，那对世界的最初印象是那么美好，无论之后命运如何，都未曾改变。记得杰克·伦敦在《热爱生命》中描写的那个淘金者在最后神志不清的时候，念的也只是加利福尼亚的阳光与家园，往往，支持人们与生活不断斗争的动力不是人们所苦苦追寻的金子，恰恰只是那几个幸福的记忆片段，单单想着就能令人嘴角上扬的细节，温暖一辈子也已足够。想起韩寒的《杯中窥人》中描写的人性，随着道林纸一点点浸润直至堕入杯底，慢慢却又可触地浸染社会，直至最后堕入深谷。能始终纯净的人几乎不存在，即使有也只能发出“举世皆浊我独清，众人皆醉我独醒”的喟叹了，而在如今的社会恐怕早已无处可觅了吧。

Essay 编辑：陈诺 C1

沉夜

严晗

夜 沉了
他 欲睡而不能
沉沉的身子 快要坠地
听
水滴在哪里轻吟
一点点地叩击 孤冷的弦音
听
电视机在哪里搅动
浑浊了夜 围起的涟漪
皱眉 这牵前带后的夜
看 野猫步伐里的倦怠
无力沙哑的嘶吼中
幽绿的双眼 一点点地 消融在黑暗
看 无尽的前方
车轮席卷了大地
蹭得黑夜的玻璃 吱吱作响
看 悉悉索索的光眼 闭目
唯独路灯 不怀好意
撑开夜的眼皮 让他饱受倦息
无奈的倦息
脑海中那滔滔的波浪
一时翻腾了 一时又似抽空了
夜 沉了
睡吧
沉沉地
睡吧

虎丘的梦(节选)

严晗

白兰花的香气是那样经久不散，在那样一个大花园中，享受人生中最美好的花季，不也幸福至极吗？我真羡慕外婆啊！能闻幽香到作呕，那绝对是人生的亮点而非污点啊。无奈，白兰也逃不了枯萎。八岁时的那捧，先是绿色小花托的皱缩，然后如玉的花瓣开始蜷曲，泛黄，从花瓣的尖角开始，最后变成通体的焦黄，脆化，一捏就断成了几节。可还有那香，隐隐约约地浮动，肉身陨灭，可魂灵却不愿散开。外婆的青春悄悄溜走了。幸而不幸，她在花季中到了大花园里，又在花季中离开了大花园。外婆走了，同样的是一声号召，风尘仆仆来的少女们，又风尘仆仆地离去。什么也没留下，除了那香。什么也没带走，除了那香。她和老朋友就在仓皇中没见上分别的一面，在仓皇中，奔向各自的人海，淹没了。

饭桌上，笑声依旧。外婆一遍又一遍地重复，好巧啊，真的好巧啊，你一点也没变。你也是。她们的笑依旧。没变吗？外婆的脸变黑了，也皱了。我看着她装上第一颗假牙，看见染发剂盖不住她的白发，挂着盐水的她靠着椅背昏睡，深夜的孤灯里，她放任手中的针线恣意地来回。什么都没变吗？在她们的眼中，什么都没变吗？那香，还记得。那漆黑，还记得。那恐惧，还记得。那隐隐作痛，还记得。

饭后，荡在虎丘山后的小街上，外婆对一切还是那么熟悉。即便从前阴森的老宅已经盖上了全新的房子，那些地主人家，各个都开起了婚纱店，从几家到几十家，这里是小有名气的婚纱一条街，新人们携手，流连徘徊于粉白青紫、斑斓绚丽的绫罗绸缎里，如梦如幻。时至今日，茶花大队的人民们，即便不种花了，不摘花了，还保有了浪漫的情调啊，那是他们的天性，他们悠远的梦，即使是残酷的地主，他们也有纯真的心灵啊，谁不是呢？软软的纱织出了梦幻，再没什么，苦与难了。

外婆和老朋友携手，漫步这小小的街市，将目光随意投向两旁的橱窗，难道在欣赏婚纱？恐怕不是，时光在失焦的目光里伸展，那，漫山的花圃，有形的浓香正在四溢，青春的身影正在跳跃，那浮动的光影，萦绕的梦幻，她们的花季，真香。

中国好人

（节选）

赵秋成

——电影《三峡好人》观后感

相比于生存的环境，更令人心寒的是情感的脆弱。似乎感情已经混乱了，烟酒茶糖成了情感的寄托。开头结尾，一群男人吞云吐雾；特产的家乡酒被拒收；见不到丈夫的人，只有去喝他留下的茶；出发前分发的糖是寄托了希望吧，回来的却是被埋在砖下的冰冷的尸体。希望“好人一生平安”，但事实是这个社会“浪奔浪流”。“这个时代已经不适合我们了，因为我们太怀旧了”，那这个时代又是个怎样的时代？怀旧好啊，怀旧就会想起有中华民族的传统美德、中华民族古典的美，而不会眼看千年古物被水淹没，执意建起一座世界第一的大坝……唉，这就是中国人啊……

在我看来，《三峡好人》反映的是中国当代内地人民的生活，多么希望这是在怀旧——但它不是。飞跃天空的飞碟，突然飞起的破旧建筑，打着PSP的京剧人物塑像，这些荒诞的景象也许是在暗示着什么吧。最后在危楼之间走钢丝的人，又传来一阵悲怆的歌声，又是在诉说着什么呢？这需要我们中国人好好去体会。

Essay

编辑：陈诺　　C2

爱与信仰

陈诺

早在很小时便看过，而至今每看一遍依然会有泪水充盈。不同的年龄段所被感动的细节有所不同。

小时候，看着那夜色朦胧中繁星闪烁的天空下，Rose 和 Jack 在冰冷海水上，面临的是生离死别，却没有海誓山盟。Jack 要 Rose 好好活下去，结婚生子，然后安详地老去。直到救生艇将手电筒的光亮照到他们时，Rose 才发现 Jack 早已冰冷，她深深地看着 Jack，掰开紧紧握住她的手，带着无尽的留恋，看着他静静沉入海底，那海水深蓝的底色给他打了一个很美的轮廓，也让年幼的我不禁泪流满面。那时的我为他们惋惜，因为他们没有童话般完美的结局，有情人没有终成眷属，甚至幼小的心灵还责怪 Rose 怎么可以嫁人。

再大些看，却为了那对在激流翻滚上紧紧相拥的老夫妇而朦胧双眼。他们可以那样坦然地面对死神的降临，或许他们的一生没有 Jack 和 Rose 那样的轰轰烈烈，或许他们平时并不和睦，但面对死神，他们无悔地相拥，或许有过害怕，有过迟疑，但只要有相握的力度和彼此的温存，便无所畏惧。再看 Rose 和 Jack，他们的生活背景不同，性格各异，他们爱情的爆发很突然，可真的要相守一生却很难。所以，即使他们都没有死，结局也未必完满，情感也不会纯粹，“执子之手，与子偕老”也很难实现。那我倒宁愿 Jack在说出那句“我此生最幸福的事，就是买了这张船票”后微笑着闭上双眼，永远鲜活地存于 Rose 的心底。

而现在看《泰坦尼克》，却被那群在水淹上甲板时依然心照不宣地演奏的乐师所感动，被那个为乘客们做着虔诚的祈祷的神父所折服，为大副将“绅士”的钱摔在他脸上的不屑与威严所惊叹……大是大非面前，总能分辨出人的崇高与龌龊。他们的所作所为无一不说明他们对自己人格与生命的忠诚与敬畏，而他们的敬畏来自于信仰。

记得米兰·昆德拉在《不朽》中说“如果杀人不犯法，那么会有许多人冲上大街扫射”，人性中的自私与残忍是固有的，只有信仰才可以约束人的言行，人必须要有所敬畏，无所畏惧的人是可怖的、不可想象的。

只是我在想，在这个倡导无神论的中国，在这个信仰严重缺失的国度，我们还剩下什么？

今天我幸免于火灾

魏明仪

今天我幸免于火灾
遥望远处已成一片的火海；
我是隔岸观火的人中的一个，
不时瞥一眼染成焰色的云彩。

今天我幸免于火灾，
遥望远处已被灼焦的草艾；
张扬的火焰快乐地跳跃，
我即使有泪也已被烤干。

上天若爱这眩目的色彩，
火焰便会越发地张扬。
海水若厌这炽人的温度，
那这火焰便会快乐地朝我奔来

今天我幸免于火灾，
遥望远处已成一片的火海；
我是隔岸观火的人中的一个，
却不知何时身后也一片火海。

何人又在对岸张望？
我为他们祈祷。

然而，
谁又为我祈祷？

我的一样

范楷文

当我看到这个题目“你生命中最宝贵的东西是什么？”时，我转向了柜子里的照片，答案一下子就出现了——家人。除此之外，我想不出什么别的了。在我看了这篇文章后，我才发现原来可以选的还有很多，空气，水，阳光……但我却先想到了家人。我想起了我的爸爸，小学接送我的时候怕雨披后面太短遮不住我而常常反着穿。我想起了我的妈妈，为了多一些时间和我在一起便放弃了升为总经理的机会。我想起了我的爷爷，为了我随口说出的一样东西而特地买回来给我。我想起了我的奶奶，在暑假里和我一起做作业，教我知识。我想起了我的外公，在听到我在学校里没人接就立刻骑上车赶到学校。就连我家里的老太太，在我中考完后也要问问我考上了什么学校，次次在我出门前都会提醒我东西有没有带全……

如果世界上失去了阳光，水，空气，现在的科技可以把他们再造，但是如果失去了家人便再也找不回来了，家人和家人之间的爱是唯一的。我只选择家人。他们是我生命中最宝贵的东西。我要做的便是让他们高兴，不能让他们为我而伤心。他们在我身上寄托了很多希望，我也会尽我最大的努力去做到。

家人对我的愿望便是我最大的愿望。

News 编辑：魏明仪 **D1**

关键词：郭美美

新浪微博上一个名叫“郭美美 Baby”的网友颇受关注，因为这个自称“住大别墅，开玛莎拉蒂”的20岁女孩，其认证身份居然是“中国红十字会商业总经理”，由此而引发部分网友对中国红十字会的非议。最新消息：北京警方称，郭美美与中国红十字总会无直接关联！记者7日从北京市公安局东城分局了解到，警方接受报案后，经依法开展工作，现查明，郭美美及其母与中国红十字总会无直接关联。

徒手抱接女孩，自己的手臂瞬间被巨大的冲击力撞成粉碎性骨折的女士吴菊萍，让很多人心生感动。

有网友用公式估算出，吴菊萍接到小女孩的一瞬间，手臂承受的负担相当于接住一个335.4公斤的物体。医生的专业分析更让人吃惊，“如果孩子偏差一点点，落在她脖子上，她可能高位截瘫；落在头上，就可能当场死亡。”

所有的赞美都不为过。恰如网友的感慨：“从物理学上讲几乎是不可能的，但爱的世界没有力学。那一瞬间，一个平凡的女人学会了乾坤大挪移，完成了一个奇迹。”

爱的世界里没有力学。同样，爱的世界里也没有“数学”——划算不划算的加减乘除，得与失的斤斤计较。

关键词：最美妈妈

美国航天飞机“亮相”太空已有整整30年历史，它见证了人类探索太空的历程。正如美国航天局(NASA)局长博尔登在一次新闻发布会中所说，“我们将会想念这个神奇的空中飞行器”。美国约翰逊航天中心发言人凯利·亨佛利斯在接受南都记者采访时表示，航天飞机的最大功绩是，它助人类跨出了太空作业的第一步，证明人类可以在太空工作、生活，将来甚至可以移居其他星球。

北京地铁电梯事故发生，是由于为省钱使用非重载电梯？昨日，北京一媒体官方微博称，据中国电梯协会副秘书长张乐祥透露，他对北京地铁电梯伤人并不感到意外。公交枢纽要用重载电梯，但中国的地铁公司为省钱，普遍购买价格只有重载三分之一的商场用电梯，在交通枢纽中使用是致命的。消息传出，引来骂声一片。

关键词：地铁

是意外？

还是必然？

Made by Class 4, His Kingdom.

尾声：来，让我们一起在树下玩儿！

“让孩子独自在树下坐一会儿”，比之于“让孩子跳一跳摘桃子”，确实是个很美丽的意象。但是，独坐一会儿之后，会产生同样美丽的结果吗？我不太乐观。我们的孩子，本来就喜欢独处而绌于交流，喜欢张己之个性而鄙视甚至排斥一切的异己，鼓励他们独坐冥思，结果恐怕是坐而论道、各执一词、人人相轻、互相攻讦。

不是我悲观，是我所见闻的许多让我产生了这样的戚虑。

如果说中国20世纪四五十年代、六七十年代出生的几代人，以顺从、皈依、求同为共性，那么，20世纪八九十年代出生的（也可以延续到2000年以后出生的一代，因为三岁看老嘛）这几代人，则十分明显地以孤独、叛逆、自我为共性。

孤独的造成与他们从小的生存环境有关，家中两代呵护备至，独生子女由娇宠而生霸气，因霸气而必孤独。当每个人在幼年都习惯于自己颐指气使、别人惟命是从之后，这样的一群人处在一起，不会孤独才怪！当然，叛逆并不是数典忘祖，其中个性意识的萌发也是令人惊喜的，无论是衣着打扮还是言语心态，新一代人都体现了他们活泼绚烂的一面。但是，在对潮流的追随和开创中，也多有盲目与肆意，为了显示自己的与众不同，他们在离经叛道的行为上，已经越来越乖张。自我意识的强烈更是他们不同于前人的卓荦之处，且大部分“自我”都已濒于极端，甚至达到了荒谬可笑、难以理喻的境地。比如喜欢朋克（如柯特·科本）的孩子也许会认为所有不喜欢朋克的人（包括长辈）都是伪君子，所有不知道朋克的人（尤其是同龄人）都是呆鸟，可是如果他认为的这两种人中，有些人也想了解朋克或者变得接受并且喜欢朋克，或者只是不经意间在他面前谈论了一次朋克，他则并不欣喜而是感到强烈的愤怒和悲哀："我热爱的东西，你们怎么可以来追逐，来赶时髦？你们懂吗？"同样，对于文学、绘画、体育（如足球、篮球）等，都有很多这样以自我为中心来自我划限的孩子。他们一方面高举"自我"的大旗，悲壮地标榜自己高尚的另类，一方面又以自己的是非好恶为唯一的尺度去衡量，甚至唾弃抵拒所有与自己格格不入的一切人和事，以他们的标准看，所有与自己不同的都是低俗的另类，于是每个人都感到那么特立独行，无人理解，高处不胜寒，与世界方枘圆凿，便愈发刻意保持自己的孤独感，不屑于结交朋友，不试图去接纳别人，至于理解、包容、平等、尊重，只希望人于己如此，而决不会用于自己对他人和世界的评判规则中去。

所以我说，面对这样的孩子，与其让他们独自在树下坐一会儿，不如让他们一起在树下玩儿一会儿！

并不是独坐不能产生智慧，只是独坐中即使有智慧的火花闪烁，恐怕他们也懒于与他人分享此智慧的快乐，反而喜欢独自品尝那种智慧的孤独。像王戎，道旁的李子树下，别的孩子欢呼雀跃，奋臂脱靴，纷纷爬树，摘取李子，以求大快朵颐之际，他却以不符合自己年龄的苍老的心态，冷眼旁观，暗自哂笑：一群傻瓜！道旁多李，怎会甜美？那攀树的热闹活泼，那摘李子的欣喜快乐，那亲口品尝李子的难以形容的诸多感受，他王戎不但不能体验，而且不能欣赏，浸在智慧的孤独中，高傲地在那儿另类着。殊不知，最该烂漫纯真的童年，他如此轻易掷去后，从此，他便再也得不到真正的快乐与痛苦了！

而一起在树下嬉戏玩耍甚至摔交扭打的孩子们呢？首先，因为把自己的快乐给了别人，自己也接受了别人给予的快乐，他们每个人都必将是很快乐的，而且是一种沾着泥土的、冒着汗的、呼吸急促的、脸蛋红扑扑的、十分健康的快乐，在经过了彼此磨合矛盾、逐渐学会了容忍关心后，他们已经成了朋友，对于孩子而言，还有什么比拥有朋友更快乐的呢？闪烁跳跃的阳光透过浓密的树叶筛落在他们的脸上、身上，树叶间斑驳的光色，空气中流动的自然的风息，也无不是快乐而明媚的。但是，你可不要以为他们只是胡闹一通就罢了，在叽叽喳喳的如鸟儿鸣啭的啁啾中，在推推搡搡的如小狗撒欢儿般的打斗中，你会发现，你想要的花儿、草儿、叶儿、果儿……已经全都自自然然、轻轻爽爽地摆在了你的面前，而孩子们并不累，而孩子们并不孤独，而孩子们是那么彼此和睦并快乐着。

我在做梦吗？没有！我讲一个故事吧，它不是发生在孩子中间的，是一群鸟儿的故事。

在20世纪30年代，英国送奶公司送到订户门口的牛奶，没有封口，因此，麻雀和红襟鸟可以很容易地吃到凝固在奶瓶上层的奶油皮。为了防止鸟儿偷吃，牛奶公司后来把奶瓶口用锡箔纸封了起来。没想到，20年后，麻雀都学会了用嘴把奶瓶的锡箔纸啄开，仍能吃到奶油皮，而红襟鸟却一直没有学会任何一种新的方法，自然也就与奶油皮无缘了。

生物学家对这两种鸟儿进行研究后发现，它们的生理结构并没有很大区别，造成进化上的区别的根源，是它们的生活习性。麻雀是群居的鸟儿，常常一起行动，每只麻雀的尝试都可以与伙伴交流，久而久之，它们便共同学到了新的生活本领，而红襟鸟则喜欢独居，沟通仅止于求偶和对侵犯者的驱逐，因此，它们既无法共同进步，也就限制了独自的发展。

怎么样？我们的孩子们，是做在树下独自跳舞的红襟鸟永失奶酪好呢，还是做一群唧唧喳喳你追我赶的小麻雀，在树枝间亲密又快乐地盘旋着不断去追寻新的奶酪好呢？

给孩子们多创造这样的机会吧！

让他们从自我封闭中走出来，让他们手相牵、脸相对、心相连，让他们在合作中体验自我成长的快乐，让他们在创造中感受战胜困难的豪迈，让他们在互相的关心与鼓励下发现一个又一个新鲜美丽的童话！

让我们给他们多创造这样的机会吧：“来，孩子们，我们一起在树下玩儿！”

第四单元

放飞青春的纸鸢——我这样教诗歌

※　※　※

诗，是文学的骄子。

假如说文学是一顶王冠，诗就是王冠上的明珠。

诗，从她诞生的那一刻起，就是宇宙的天籁，文字的珠玑。

诗，又是属于年轻人的，因为青春年少，就是一首诗。

※　※　※

引子：幸福　礼物　永远

你的鼓励，我的决心

商北雁

一双双含笑的眼是你的鼓励，一声声发自内心的呐喊是你的鼓励，而我，只有感动和决心。但我知道，我有的，是一笔财富，无价的财富——她的名字，叫幸福。

当我站在讲台上，强忍着内心的激动，慌慌张张地说出了那通埋藏已久的话语，面对那么多明亮的眼睛，我真的感到了家的温暖。那坐在台下的，是我的兄弟姐妹！谢谢他们的掌声，谢谢他们的微笑，谢谢他们的一切一切……

还记得赛前的一晚，灯前，三人一书，持续到午夜。静静的夜与轻轻的诗相伴。爸爸一遍一遍地提醒，一次一次地范读，让我的心着实地紧缩了一下。那时，妈妈递来一杯热咖啡。第一次听到爸爸真诚年轻的声音，第一次看到妈妈关切的眼神。

那天，爸爸说他会去赛场观看。我盼望着他能来，可他却没来。我上台了，没能看到他，有些失落。然而，我也庆幸他没有看到我的失误，当然也遗憾他没能看到女儿的第一次。

我的同学们，他们的笑脸，恢复了我的记忆，在我即将僵在那里的时候，给了我一丸回忆丹。

愧疚是我的感受，愧疚我以前的一切一切……

我的决心从此坚定。虽与淑女无缘，但愿永远不再粗鲁无礼。我要对那些被我骂过、打过的男同学说一声“抱歉”；我那放在桌边的书，随时欢迎你们的光临，我不会再有怨言；我要成为一个能让大家快乐的人，就像你们给我以温暖……

我始终有一个愿望，希望自己能成为一名作家，当我第一本作品出版的时候，我会在扉页上毫无顾忌地写上：“谨以此书献给我亲爱的朋友。”如果真有那么一天，我想，在那本厚厚的书上，会出现我们每一个人的身影……

2005年特别的礼物

佟 叶

从老师说开始准备朗诵比赛开始，同学们就开始选诗，朗诵……一切都是为了迎接这个特别的日子。这对于我们来说是个新鲜事。对于这个第一次，我有太多太多的感慨。

第一次朗诵比赛，是我们人生中的一个闪光点。从这次比赛中，我学会了许多。刚刚分了班，分了宿舍，于是宿舍里就有好几个不同的派别。有以前宿舍的在一起的，有新同学关系特别好的。总之，这些都是我所不愿看到的。我希望我们可以彼此没有界限，让我们的宿舍真正成为一个温暖的家，让我们把希望和一切都寄托在家里，那该多好！

于是，偶然的这次比赛让我的梦更贴近现实。

看着我们之间的距离一步步拉近，我高兴极了。我们共同商讨朗诵比赛的每个环节：服装、队形、朗诵题目……尽管有好多不同的意见，但却最终达成了一致。我想，这就是进步。

其实，那天朗诵比赛时每个人都十分紧张，我当然也不例外。所以，我才想让全宿舍都上台。我想，这对于我们彼此来说都应该是个依靠。一个人的成功源于有他人的支持，每个人都是他人成功的支柱。所以，我说，朗诵比赛给了宿舍新的活力！

现在，晚上躺在床上，我知道我正在享受着来之不易的身边的幸福。这幸福不同于亲情，是一种别样的友情。

永远记录下这次特殊的比赛，永远收藏好这个特别的礼物：2005 年 1 月 9 日朗诵比赛。

难忘那一天——记高一六班朗诵比赛

李珊珊

第一次

这可能是我们高一六班全体学生以前都未曾接触过的大型活动，朗诵比赛对我来说是想都不敢想的，而在那一天却成了现实。我第一次登上了“舞台”、面对那么多“观众”，心里又激动又紧张。终于上台了，我竟然紧张得把头一句话都忘了，好丢人啊！原本我以为自己心理素质蛮棒的，可到了“战场”才发现，自己竟会那么糗。看来人真是需要锻炼啊！经过这一次，我发现自己长了不少见识，好希望有下一次，我一定会努力锻炼自己。不过，平常也要多多锻炼呀！

感动

我们宿舍的队形、服装是我们宿舍成员统一通过的。我们集体朗诵的题目为“你是哪个人”，其中是乐观者与悲观者的对话，我们规定“乐观者”穿浅衣服，“悲观者”穿黑衣服，而我是“旁白”，所以我要穿一件双色衣服，一半黑，一半浅。正好，语文老师有一件，我特意向她借来（我们都拿她当朋友看待的）。表演那天，为了换老师那件双色袄，我特意穿了一件单衣。双色袄拿来了，可语文老师却只穿着一件单薄的衣服，我穿着那厚厚的袄，感觉好温暖。可再看看语文老师，东跑跑，西跑跑，一会儿拿相机，一会儿拿话筒，她一定冻坏了。我心里好不是滋味。表演完毕，我把袄脱下来给她穿，在我替她穿上时，我的手碰到了她的手，好凉，好凉。我当时心里更不是滋味了，我好想抱住她，让她能感受到温暖。可是，我却把手缩了回来，转身离去，我怕她看到我眼中的泪……

为了这场朗诵比赛，语文老师要付出的一定很多很多。自己的小女儿还在医院，开展这种活动还有其他很多阻力，她要承受很多，为的都是我们！

无数感谢的话语，化做两个字——“感动”。

友谊

记得刚刚分宿舍时，我常怀念以前的舍友，怀念我们在一起快乐的日子，而且常感到与现在宿舍的人说不上话，很陌生。经过这次活动，我感到了团结的力量和友谊的美好。我们共同合作，共同设想队形、服装，共同寻找朗诵题目。原本陌生的人一下子成了伙伴。表演那天，我由于紧张说错了台词，可能因为这，我们宿舍没取得好成绩。下场后我好自责。可听到舍友们一声声真挚的话语：“没事的，那算什么。”“不错，要是我连话都说不出来。”……我真的好感动，好幸福，好骄傲。

难忘那一天，直到永远！

这一组随笔记录的是同一天，2005年1月9日。

那一天，我们班（河北徐水综合高中2007届高一六班）举办了一次大型的诗歌朗诵比赛活动。

这个活动是对刚学完的现代诗歌单元教学成果的一次汇总。

第一次使用人教版高一新教材，第一次开展现代诗歌大单元教学，第一次带着青春年少的学生一起畅游现代诗歌的世界，一起吟咏、一起欣赏、一起品评，还一起创作、一起歌唱。他们说这是“幸福 礼物 永远”，其实，这也是我的“幸福 礼物 永远”。感谢命运，让我们相遇，感谢诗歌，让我们没有了距离，青春岁月里，我们彼此馈赠，以爱、以美、以永远的幸福……

为什么需要诗歌

为什么需要诗歌？

在回答这个问题之前，先来看看2005年我所使用的人教版高中语文第一册教材诗歌单元的编排：

课文内容

毛泽东词二首（《沁园春　长沙》、《采桑子　重阳》）；

中国现代诗三首（《再别康桥》、《死水》、《赞美》）；

中国当代诗三首（《错误》、《致橡树》、《面朝大海，春暖花开》）；

外国诗三首（《致大海》、《篱笆那边》、《我愿意是急流》）；

其他诗歌读背篇章（《雨巷》、《预言》、《窗》、《孤独的收割人》、《豹——在巴黎动物园》）。

读本内容

天地情怀（郭沫若《地球，我的母亲》、闻一多《太阳吟》、艾青《大堰河——我的保姆》、毛泽东《蝶恋花　答李淑一》、柳亚子《孤愤》、鲁迅《自嘲》、郁达夫《乱离杂诗之十一》、田汉《入狱》）；

叩问人生（宗白华《生命的流》、冯至《什么能从我们身上脱落》、戴望舒《寻梦者》、臧克家《烙印》、梁小斌《中国，我的钥匙丢了》、食指《相信未来》、穆旦《停电之后》、舒婷《这也是一切》）；

异域诗抄（雪莱《西风颂》、席勒《欢乐颂》、密茨凯维支《青春颂》、海涅《承着歌声的翅膀》、保尔·福尔《回旋舞》、里尔克《严重的时刻》、卡尔·桑德堡《雾》、阿赫玛托娃《缪斯》、聂鲁达《你的微笑》）。

许多教师看到这个单元如此多的诗歌量，会觉得新教材的编排匪夷所思：诗歌教学，尤其是现代诗歌教学，何必要弄得这么浩大呢？课文里有16首中外诗歌不够，竟然在读本里还安排了三个板块共25首诗。况且，如今现代诗歌赏析已经退出了高考考卷，现代诗歌还有什么必要占用如此多的篇幅，浪费如此宝贵的时间呢？

如果学校教育的目的，仅只是为了那一次飞跃龙门似的高考，那么学不学现代诗歌，确实是无足轻重的。

但是，学校教育的目的真的仅只如此吗？语文教师的功用真的就只是一个考试教练吗？语文教材不过是一个用来积累词句、常识的载体而已吗？三年以后，当学生离开学校之时，真的忍心让他们除了分数，“挥一挥衣袖，不带走一片云彩”吗？

研读这个诗歌单元，我深深为编者的良苦用心所感动！

这是一种怎样的人文情怀啊！

一个人的成长，是不可逆挽的，皮亚杰提出的“天真的丧失”的概念的确有其正确性。如果儿童失去了他的天真无邪，那么他就永远不可能重新回到天真无邪的境界中了。同样，一个孩子如果在纯真时代没有机会纯真，那么这个孩子就很难再获得纯真了。一个人，如果在他应该如诗如歌的青春年少的阶段却没有机会领受诗歌的濡染，那么当他最终长大成人后，再也不可能有机会去成为一个诗人了！

是的，每个人，本质上都是一个诗人，都应该是一个诗人。生活的美好，青春的美丽，甚至忧愁苦难，都有着诗歌的魅力。如果一个人在应该开启诗歌之门的年龄，找不到那把奇妙的钥匙，他就永远丧失了成为诗人的可能！就算他以后再读多少诗歌，甚至再去研究多少诗歌理论，最多也就是能增加自己对于诗歌的鉴赏、领悟能力而已，他却再也不可能自己去用如诗的语言歌咏世界、人生和自然了。

重温一下爱因斯坦应《纽约时报》教育编辑之约在1952年10月5日所发表的《教育声明》中的这段话吧：“用专业知识教育人是不够的。通过专业教育，他可以成为一种有用的机器，但是不能成为一个和谐发展的人。要使学生对价值有所理解并产生强烈的情感，那是最基本的。他必须获得对美和道德上的善的鲜明的辨别力。否则，他——连同他的专业知识——就更像一只受过良好训练的狗，而不像一个和谐发展的人。”

如果教育是一架天平，如果这架天平的两端，分别是高考的分数与人的完整和谐，那么作为教育者，该如何选择？

事实上，教育不仅只是一架天平这么简单，而高考分数的高低与人的是否完整和谐也绝对不是相反相成、相克相生的。把一切违背情理常识的作为都说成是为“应试”所迫，其实是执教者本人为自己开罪的借口。

时隔6年，如今（2011年）的教材，又发生了巨大的变化。

在人教版的16本高中语文选修教材中，不仅有《中国古代诗歌散文欣赏》，更有《中国现代诗歌散文欣赏》和《外国诗歌散文欣赏》两本书，令人耳目一新。

而在苏教版的15本选修教材中，则除了《唐诗宋词选读》之外，还有《现代诗歌选读》，专门辑录了中外现代诗歌，冯至、戴望舒、穆旦、食指、痖弦、洛夫、里尔克、阿赫玛托娃、弗罗斯特、狄金森、博尔赫斯……各派纷呈。

在相应的必修教材和读本中，诗歌的分量也明显加重。

一个曾经盛开诗歌奇葩的国度，在她的母语教学中，终于再次向诗歌发出了深情的召唤，终于留出一片天地，写下了诗行。

现在，再来回答这个问题吧。

为什么需要诗歌？

因为我们从事的是教育工作，因为我们面对的是只长大一次的孩子，因为“人是人的最高本质”（马克思），因为我们的教育，最终的目的应该是培育“一个个和谐发展的人”。

因此，一群有理想主义气质的人，把诗歌作为一场盛筵奉献给了我们。

那么，让我们以教育者的情怀来迎接这一场盛筵吧，在诗歌瑰丽浩瀚的海洋中，将会升腾起灿烂明亮的朝阳。

让我们成为赶海人，让我们托起明天的太阳，让我们一起拥抱文学的骄子——诗歌！

如何走进诗歌

从毛泽东到“新月派”的徐志摩、闻一多，从“现代派”的穆旦到“浪子诗人”郑愁予，从“朦胧派”的舒婷到“先锋派”的海子，从“俄罗斯诗歌的太阳”普希金到“美国现代主义流派”的狄金森，从匈牙利的裴多芬到奥地利的里尔克……如此庞大的诗歌阵容，如此繁多的流派纷呈，学生能接受得了吗？教师能驾驭得自如吗？是不是有狂轰滥炸之嫌呢？是不是有成为食之不化的鸡肋之险呢？

思考这些问题，让我想起了著名特级教师韩军所曾辨析过的两个概念：“举一反三”和“举三反一”。

韩军在他的《“新语文教育”论纲——兼论五四后中国语文教育的三重误区》一文中，有过这样一段论述：“大量的研究、实践表明，语言的学习规律，恰恰是‘举三反一’。‘举多’而‘胜少’，‘举十’才‘反三’。语言的学习，是在‘巨大数量’言语‘例子’的反复撞击、反复刺激下，才点点滴滴‘说出’，成年累月数量无限加大后，才‘奔涌而出’。进一步说，语言学习，不是仅凭一本教材、在一个封闭的教室中、在一个语言教师的‘苦心调教’下、反复把玩几十篇文章所能根本奏效的。因此，数量的巨大，例子的极大丰富，交往范围的扩展，生活接触的广泛，才是形成言语能力的最根本的通衢！”

所以说，教材所编排的诗歌内容，不是太多了，而是还不够多。

但是，从理论上固然可以支撑诗歌内容不多的判定，但在实践上，在有限的教学时间里，尤其是在学生对大量诗歌的基本知识（诸如诗人生平、诗歌流派、时代背景等）盲目接受的前提下，诗歌的课堂教学该如何操作？

如何走进诗歌？这是在认同了“我们需要诗歌”之后，第一个要解决的问题。

仅凭熟稔一个诗人、一首众口传唱的诗作，怎么能够去亲近一个伟大的诗人呢？仅只在辞章形式上去把玩一首诗作，又怎么能够触摸到诗人凝缩在诗行中的丰富深邃的情感呢？走进诗歌，必须先走近一个个诗人；走近诗人，必须先走进每个诗人所处的时代；而走进那一个个历史时代，除了诚挚之外，还需要客观、理性和敬畏。

下面结合不同诗歌的教学个案，就如何走进诗歌略谈一二。

一、连类例比，举三反一

对于学生比较熟识的诗人和把握起来不太困难的时代背景，可以采取连类例比的方法，引导学生在相对比较广阔的背景下，或者纵深挖掘取得立体的认识，或者横向比较获得全面的甄别。以一首诗歌为抓手，打开一扇门，展开视界，拓宽思路，深化思想。

以毛泽东的《沁园春 长沙》为例。

这首词写于1925年深秋。大约是毛泽东离开湖南前往当时革命活动中心广州时所写。从1911年至1925年，毛泽东曾数度在长沙学习、工作和从事革命活动。这期间，国内外发生了许多重大事件，如辛亥革命、第一次世界大战、俄国十月革命、五四运动、中国共产党的成立等，都是影响世界形势的巨大变革。这些国际国内的风云变幻，对于“心事当拿云”的青年毛泽东来讲，其意义自然非同一般。

在课堂教学中，仅联系这些时代知识也足以理解此一首诗作了。

但是，倘使能够把思路再打开一些，连类例比，勾连一下毛泽东在不同时代的其他篇什的话，对本诗更加深刻的解读，乃至对诗人一贯风格精神的把握，都将跨上一个新的台阶。

这样的连类，不需要太多，关键在于切中肯綮。

比如，联系毛泽东于1936年2月创作的同词牌诗作《沁园春　雪》、1949年4月创作的七律《人民解放军占领南京》和1954年夏创作的《浪淘沙　北戴河》。把这三首诗与《沁园春　长沙》放在一条历史的纵深线上连类比较，纵观20世纪20年代、30年代、40年代、50年代，随着岁月的更迭，读者可以清晰地发现一个立体的、不断变化的而又始终在一条轨道上前进着的毛泽东。

不仅如此，在《毛泽东词二首》的课堂教学结束后，我还为学生精选了毛泽东不同时代的其他诗歌共16首（《菩萨蛮　大柏地》、《满江红　和郭沫若同志》、《七绝　屈原》、《杂言诗　八连颂》、《念奴娇　鸟儿问答》、《水调歌头　游泳》等），对时代背景和关键语句加以必要的注解说明，让学生利用晨读等时间自己去吟诵体会，通过三反归一，学生得以重新发现和认识毛泽东。他的精神风貌，他的思想局限，他灵魂深处渐次萌发生长爆裂的那些或可亲可敬、或可叹可赞、或可惜可怜、或可怖可怕的丰富复杂的东西……通过他留下的诗词，跃然纸上。

透过这些不但反映了毛泽东的生平变化，更反射了一个国家风雨变迁的诗词篇章，学生从中意识到，一个诗人的毛泽东与一个政治家的毛泽东其实是密不可分的，并能由此对一些历史和现实问题发出一些深刻的、有价值的探求、思考和质疑的声音。

二、亲之爱之，是以知之

诗人，是有着赤子之心的人。

每个诗人都有其卓尔不群的风采。诗人自己首先就是一首诗：有的壮烈，有的绚烂；有的雄厚，有的浪漫；有的激越飞扬，有的低回哀婉；有的清新刚健，有的韵致缠绵；有的狂飙突进，有的凝练深涵……

触摸一个诗人丰厚的生活，绝不仅仅是为了涉奇猎艳满足一时之兴趣，更不是为了填补空白增添茶余饭后的谈资，当我们和学生一起带着虔敬的赤诚，走进一个个诗人那丰腴感人的生命中的时候，澎湃的心潮，滚烫的泪水，往往在寂静的谛听中，净化了我们的心灵。

怎么能够忘记，当我给学生朗读完《纪念闻一多先生遇难五十六周年》一文时，教室里那阒然无声的感动？怎么能够忘记，当我给学生介绍谢泳先生在《血色闻一多》中所描述的那个青年写诗，中年潜心向学、为国呐喊，却最终为政治所缠绕，成为不屈不挠的民主斗士，最后在昆明被暗杀的悲壮的闻一多时，学生眼中对知识的渴求与企盼？怎么能够忘记，当我们读罢《死水》、《一句话》、《太阳吟》、《发现》后，再读他的《也许》、他的《你莫怨我》、他的《七子之歌》……心中翻滚着的激烈和哀伤？

还有徐志摩，又怎能把他仅仅当做一个风流才子来看待？当你引导学生读罢韩石山的《徐志摩传》、《悲情徐志摩》，当你真正走近诗人的青春热血所浸透的那段岁月，当你明了一个深受英美文化濡染的年轻知识分子带着满怀的激情和梦想回到祖国却一样的是幻灭彷徨的时候，当你听到胡适说“他的人生观真是一种单纯信仰，这其中只有三个字，一个是爱，一个是自由，一个是美。他梦想这三个理想的条件能汇合在一个人生命中，这是他的单纯信仰”的时候，你必然能够从对“三角恋爱”的无聊的痴迷中抬起头来，真正专注地凝视诗人透过诗句抛洒下的一片无奈的热望和零落的梦！

一样的痛苦一样的幻灭，不同的气质不同的性格，在闻一多，是“血色”，是“呕出一颗心来”的“血泪”的“发现”；在徐志摩，则“悲情”，则“沉默是今晚的康桥”！除了亲之爱之，走近诗人，我们还能有什么办法去懂得？

当学生在周末放假前，来跟我借《血色闻一多》、《悲情徐志摩》、《唐诗杂论》、《志摩的诗》等书，来问我网站地址时，我更加确信：在课堂结束的地方，课程才刚刚开始。

对于国外的诗人，尤其需要补上“亲之爱之，以求知之”这一课。

在教学阿赫玛托娃的《祖国土》时，对时代背景、诗人生平，乃至那贯穿一个世纪之久被尘封起来的历史，爬梳剔抉，整合资源，编排讲义，既宏观概要，又具体而微。从汪剑钊长文《俄罗斯“白银时代”诗歌漫谈》中，摘引出“俄罗斯的白银时代”，从汪剑钊《阿赫玛托娃传》一书中，摘引出“阿赫玛托娃与她的安魂曲”，从《阿赫玛托娃诗选》中，摘引出她的诗歌《丢弃国土任敌人蹂躏的人》、《另一只短歌》、《我来到这里……》、《安魂曲题记》等。

阅读完这些讲义，学生对于这位女诗人，这位可以与俄罗斯诗歌的太阳普希金齐名的女诗人，这位被誉为俄罗斯诗歌的月亮的女诗人，这位在她百年冥诞的1989年，联合国教科文组织把这一年定为“阿赫玛托娃年”，以纪念她这位“把人带进一个美好世界”的“诗歌语言的光辉大师”——阿赫玛托娃，便从先前的一无所知，而发自内心地产生了亲近与崇敬之情。

当授课之时，我从那则著名的苏联政治笑话——苏联领导人坐火车旅行。铁轨到了尽头，火车停下。 列宁号召：“立即发动或命令无产者搞义务劳动，修铁路，直通共产主义！”斯大林抽着烟斗，严肃地下令：“给我调100万劳改犯来，修不通铁路，统统枪毙。”赫鲁晓夫敲着桌子喊：“把后面的铁路接到前面去，火车继续开！”勃列日涅夫挥舞着双手说：“坐在座位上自己摇动身体，做出列车还在前进的样子。”最后，戈尔巴乔夫沉思道：“把火车拆了，到有铁轨的地方再拼装起来。”于是苏联解体了——入手，形象地概括出前苏联几个时代的特征，并突出斯大林统治时期“大清洗”的恐怖骇人，然后，选取了“1924年的那场诗歌朗诵会”和“1946年的那个决议”，这两个在阿赫玛托娃的创作生涯中发生了转折作用的事件，切入她创作于1961年的这首《祖国土》的文本研讨。

在了解了诗人的生平遭际和所处时代的血雨腥风之后，引导着学生一遍遍阅读诗句，透过文字，体味意象，品鉴手法，从而体味其中所蕴含的深刻情感。联系她同年为《安魂曲》创作的题记：“不，既不是异国他乡的天底下，/ 也不是在他人的卵翼之下，/ 在我人民蒙受不幸的地方，/ 我与我的人民同在。”再对照艾青写于1938年的那首《我爱这土地》，以及龙应台在《目送》一书中收录的文章《相信与不相信》里那一段文字：“曾经相信过爱国，后来知道‘国’的定义有问题，通常那循循善诱要你爱国的人所定义的‘国’，不一定可爱，不一定值得爱，而且更可能值得推翻。……国也许不可爱，但是土地和人可以爱。”还有托马斯·杰斐逊、陈独秀、胡适三位巨擘关于爱国的那三段至理名言——“异议是爱国的最高形式。”“要问我们应当不应当爱国，先要问国家是什么。……我们爱的是国家为人民谋幸福的国家，不是人民为国家做牺牲的国家。”“现在有人对你们说‘牺牲个人的自由，去求国家的自由！’我对你们说：‘争你们个人的自由，便是为国家争自由！争自己的人格，便是为国家争人格！自由平等的国家不是一群奴才建造得起来的！”还有叙利亚杰出的诗人阿多尼斯的诗选《我的孤独是一座花园》中《灯》（节选）“我的祖国和我身披同一具枷锁，/ 我如何能同祖国分开？ / 我如何能不爱祖国？”“他属于一个国家，/ 却无法在其中居住；/ 他居住在一个国家，/ 却无法归属其中。/ 他的名字是罪过，/ 犹如一颗石子 / 在历史的脸上滚动。”

通过这样的连类例比，几番品味赏析之后，学生便能真正地深刻理解了阿赫玛托娃的《祖国土》。理解了那句“但我们都躺进它怀里，和它化为一体，/ 因此才不拘礼节地称呼它：自己的土地”是怎样地饱含血泪却又坚定不移、坚毅不拔而又痛彻心扉！

以至于课堂结束之际，再先后分别配图播放余光中作词、罗大佑谱曲演唱的《乡愁四韵》和叶佳修作词作曲、张明敏演唱的《我们拥有一个名字叫中国》两首歌时，学生心灵的触动，已经从他们的眼睛和神色中表露无遗。

对于学生而言，越是隔膜的诗人，越是需要教师的强力运作，像狄金森、里尔克、弗罗斯特、博尔赫斯，莫不如此。而即使是国内相距并不遥远的诗人，比如顾城、海子、北岛和食指，因为所处时代的特殊，以及各人际遇性格的强烈个性，也需要教师动脑用心下功夫。

做到这些，需要教师本身具有丰厚的知识储备，更需要教师具备极强的提要、概括整合信息的能力，而最重要的是，教师要有对文化的自觉意识，对历史的高度敬意和对现实的热诚关注。

充沛的情感，理性的自觉，勇毅的担当，这些精神，通过课堂内外对诗人及其作品的阅读赏析，势必潜移默化地影响学生。

2010年9月，我执教苏教版必修一中食指的《相信未来》，在时代背景和诗人身世方面，做足了功夫，韩瀚、北岛、张志新、林昭、遇罗克、王申酉、张中晓……一连串的名字背后，是一个沉重的时代，是一首首代表作，是一曲曲血泪心酸的歌，我还特意将廖亦武主编的《沉沦的圣殿——中国20世纪70年代地下诗歌遗照》一书带到课堂，给学生朗读其中的段落，又结合配套读本中相关的作品，一起仔细研读。

这样的课堂，给学生留下了什么呢?

到2011年4月，高一下学期的期中考试，我们的考场作文是话题“听”。一个名叫魏明仪的孩子，写出了这样一篇考场作文：

我听《四点零八分的北京》

魏明仪

凌晨零点

不知道自己为什么在这个时候醒了。也许是忧心，也许是焦急，也许是无奈，总之是醒了。

夜很深，夜很静，静得可以听见自己的心跳，跳得很快，很响——刚才做了一个噩梦，梦见自己被人塞到火车里，我想逃出去，但是被人拖回去，我大喊大叫，响得都不敢相信自己的耳朵。这时却瞥见妈妈的脸，她在哭，满是皱纹的脸，揉成了一团。她像是在喊什么，于是我仔细地听，我很努力地去听，然而，我却听不到，只看到她的嘴在动。

我怎么可能听到，夜是那么的静啊。

凌晨三点

有人吆喝着进来了，于是一个个都条件反射地起床了，一片窸窸窣窣的声音，却没有一个人说话，一片死一般的寂静，我觉得我的耳朵快承受不了这种真空般的死寂了，然而就是没有人说话。

一个个人脸上都清楚，他们的命运。

凌晨三点半

北京的早晨是如此之静啊！没有鸟出巢，没有风吹柳树，没有人说话。

我听到有人在抽泣了，好像小鸟在啾啼。渐渐地，一群人在抽泣了，非常节制的喘息，擤鼻子，我也想哭，但我哭不出来。

走着走着，突然听到一声轻柔的召唤，如此亲切，我有多少时候没有听到这一声召唤了！日里夜里都盼着这一声召唤，我常在心里听到，常听到它在脑中盘旋，它常让我怀想，让我落泪。回头一看，果真是你，妈妈！

凌晨四点

已经难以用言语表述我听到的声音了。不知道哪里涌来了那么多母亲。我听到了抽泣，听到了哽咽，也有号啕大哭，还有哭着嚷出的，难以辨别的话语。还有那可恶的吆喝声！我们被塞上火车了。一声雄伟的汽笛长鸣。

我瞥见你的脸，妈妈。妈妈，你说什么，我听不见。

哭声震得火车厢动了起来。

四点零八分的火车准时开走了。

当读到这篇考场作文时，我为我的学生而激动，为写下《四点零八分》的诗人食指而欣慰，也为自己在半年前的诗歌教学中，播下的这颗已经燃烧的火种而跳跃激情。

三、探微揣摩，味其甘旨

如果说一个诗人是一座丰碑，那么他的每一首诗，就是那碑刻上的一行行文字。我们需要一行一行阅读，才能读懂这一座丰碑的意义。

如果说一个诗人是一座花园，那么他的每一首诗，就是那花园里一朵朵鲜艳的花，我们需要一朵一朵欣赏，仔细谛听花语的芬芳，才能领略这一座花园的魅力。

因此，对于具体的一篇诗作，探微揣摩而味其甘旨则尤为重要。

怎么探微？谁来揣摩？还是举个例子吧，因为“一朵具体的花胜过一千种描述它的真理。”

“哪位同学来给大家读一下《错误》？按照你自己对诗歌的理解，用你的音高音低抑扬徐疾来给大家诠释一下这首小诗？”我笑盈盈地站在讲台上，等待着学生的毛遂自荐。

第一个读的是个女生。

“可能第一个读还是有点着急，整首诗的节奏把握得有些快，但是颇有些韵味了。还有谁来读一读？”

第二个读的还是女生，语速放慢了，调子却又有些平淡。

“你自己说说，感觉读得怎么样？”

“我好像情绪没调动起来，刚才心里想的那感觉没读出来。”她有些遗憾地回答。

“呵呵，这样的时候我也有过，客观上说，是紧张，主观上说，还是把握得不够深刻。对不对？你再好好揣摩揣摩，再读的时候，一定会更有感觉。”

一男生起来读，他将“我打江南走过/那等在季节里的容颜如莲花的开落”两句读得缥缈幽徊，而“东风不来”、“柳絮不飞”、“跫音不响”、“春帷不揭”四句，他都采用了压低声音并拉长语调的方式，读得沉缓而忧伤，与之相对的是两句“你的心”，节奏时疾时缓，扣人心弦。最后两句着力更加饱满，“我达达的马蹄是美丽的错误”给人一种压抑的强悍的感觉，而“我不是归人，是个过客……”则深婉低喟余音杳缭。

他读完后，学生都禁不住唏嘘起来。

我也赞许地冲他微笑点头，问他：“你说说，你为什么把‘我打江南走过’中‘打’这个三声字，读成‘达’呢？”

“我觉得，诗人之所以用‘打’而不用‘从’、‘在’等字，就是因为‘打’的字音与‘达达’的马蹄声相近，这样读起来，有悠扬的感觉，更有依依不舍的情意。”他毫不犹豫，立马回答。

“呵呵，这么说，郑愁予如果听见你这么读，一定要感慨深得我心喽！”

我这样说，他竟然连连点头称是，大家一起笑了起来。

“说真的啊，我也不知道郑愁予会不会这么认为，不过，我个人倒是很同意你这么读，因为我也觉得这么读，感觉更好，像你说的，悠扬和不舍，都能表现出来，而且和‘达达’的马蹄相合。当然了，这只是我们俩的认识，如果别的同学坚持读三声，我也不反对啊。好，经过这三个同学的反复诵读，我们对这首小诗有了更深入的感悟。下面，我给你们5分钟时间，首先，借鉴刚才三个同学的诵读，按照你自己的体会，把这首诗再读两遍。然后，从头到尾把这首小诗一字一句品一品，看看哪些字句你最喜欢、最欣赏、最有感觉，再看看是否有些字句你觉得不够好或者觉得费解，圈点勾画。5分钟后，我们交流。”

教室里，先是声波四起，抑扬顿挫的《错误》以各种不同的声调美丽婉转起来。继而慢慢归于宁静，只有沙沙的笔尖触碰书页的声响。

5分钟过去了。

“下面，我再给大家2分钟的时间，先把你们各自的疑问跟同桌和前后桌交换一下，看看能不能在小范围内得到解决。交头接耳，质疑问难，马上开始！”

教室里马上热闹了起来，每次课堂上这两分钟的问题交流时间，对于他们而言，就是分享彼此的时间。

“好，时间到了。下面，我们开始正式揣摩这首《错误》。我们从头来看，有独特感受的和有未解疑问的，一定要抓紧时间说出来，晚了，别人先说了，你就少去一个机会了。”在课堂限时上，我历来严明，时间一到，马上进入下一个步骤。

话音未落，学生就应声而起：“我想说说我对第一小节的理解。我觉得这里有一个意象用得非常棒。”

“我也想说这个呢。”有人在底下懊丧地咕哝着。

“呵呵，注意听啊，你也想说，但是她说出来未必跟你完全一样。一会儿你还可以补充。你接着说。”

“就是这个‘那等在季节里的容颜如莲花的开落’，我觉得这句写得太美了！用‘莲花’这个意象来形容女子，再恰当不过了。比如我们在学徐志摩的诗的时候，老师补充过《沙扬娜拉》，也是用莲花来比喻女子的。‘最是那一低头的温柔，像一朵水莲花不胜凉风的娇羞。’都很美！”

“很好，你品出了莲花这个意象的美，并且还联系了刚刚读过的《沙扬娜拉》。能够学以致用，非常好！不过，我想问你一个问题：徐志摩在《沙扬娜拉》里的莲花，和郑愁予在《错误》里的莲花，这两朵莲花，你觉得一样吗？”

“不一样。”

“怎么不一样，你能说说吗？”

“嗯……”

“这样，我们把机会让给别的同学好吗？你看他早就着急了！”我笑着示意这个学生坐下，冲跃跃欲试的那个男生点了一下头。

“我也认为不一样！《沙扬娜拉》里的女子不是忧伤的，是典雅高洁而且带着点羞涩的。‘濯清涟而不妖’，这个日本女郎就像莲花一样，亭亭玉立，她低头道别的那一瞬间，就像那粉红色的莲花在微风吹拂中一样，是那么娇美，又有些害羞，让人看了就是与众不同，回头率绝对百分之百！（众大笑）而在《错误》中，莲花代表的是一个思念情郎归来的女子，她很专一、纯洁、坚贞，只在等待着自己心中的那个人。她是感伤的，甚至有些悲凉。”

“你刚才把《沙扬娜拉》的诗意描绘得很形象，但是你说《错误》里的莲花体现了女子的专一、纯洁和坚贞，我倒要问问你，这是你凭空想出来的吗？”

小伙子赶紧冲我摇头，“不是不是，是我看出来的，从诗里看出来的！”

“哦，既然如此，你能不能具体地说说，这专一、纯洁和坚贞你是从哪看出来的？把证据拿出来，让我们信服你。”

“第二句说‘那等在季节里的容颜如莲花的开落’。你们看看，这里的‘等在季节里的容颜’就是说，这个女子她等待她的情郎，不是一时半刻了，等过了季节的变幻啊！还有，说是‘容颜如莲花的开落’，开了，落了，什么意思？就是说时间太漫长了！岁月无情地改变着她的容颜，越来越憔悴，她却不后悔，依然执著地等待着。也许，她会永远这样等待下去，直到容颜变老，青丝变成白发，直到她将要死去的那一天依然不忘向远处眺望着……所以说，这《错误》里的莲花，是表现了她的专一与坚贞。”

“那纯洁呢？”不知道是不是故意和他斗嘴，后边一个男生大声问。

“等一个人，等了一年又一年，都‘为伊消得人憔悴’了，这么专一，这么坚贞，还不纯洁吗？”小伙子干脆扭转头反唇相讥。学生都笑了起来。

“呵呵。就是就是，这还用问。”在笑声中，我开始了追问，“‘那等在季节里的容颜如莲花的开落’，他说是表现了时间的变幻使容颜凋残，体现了女子执著的等待，坚贞的情怀。其他同学，还有没有补充的？”

“我觉得还有一层意思。”一个女生站起来，“将自己的情妇描绘成莲花的开落，也就意味着希望的重生与破灭，这样也与《错误》最后两节相呼应。当然，这样也是突出了她的纯洁和坚贞。不过，我觉得莲花的盛开与衰败，固然与人的容颜的美丽与憔悴有关系，但是，也可以用来形容在季节的等待中，希望与失望的心情，此消彼长，容颜的光艳与黯淡，就随着心情的改变而变化，正如莲花的开落。”

“好啊，好啊，你们说得不但都很美，而且各有道理。这说明你们不但真的读进去了，而且还跳出来了！同时，同学们整体感知的意识已经建立起来了，无论是读还是品，都能够联系全文来分析，这样站位就高了，体会也就更深入了！继续发扬啊！关于这莲花，肯定还有很多解读，比如刚才我听见有的同学在讨论的时候就提到了《采莲曲》，以莲花喻人，确实不是郑愁予首创，如果同学们对此有兴趣的话，课后可以去搜集一下，把你的观点写在随笔上，我们再交流。下面，我们请同学们继续点评《错误》。”

……

以上，是我们学习郑愁予的《错误》这首诗时的课堂小片段。

探微揣摩的主人，自然是学生。探微揣摩的方法，如下：

第一，“读”。用心用情去读，用多种方法去读，朗读、默读、精读、细读、赏读、比较读、反复读。“读”，是打开诗歌大门的第一把钥匙；“读”，是走进诗歌的第一步。不在读上做足功夫，就无法开展深入的教学。磨刀不误砍柴工，必须舍得花时间读。比如教学海子的《面朝大海 春暖花开》，即可以读促思。学生对于此诗的理解不同，读出来也自然不同。由此，则顺水行舟，结合海子的生平思想，切入对诗歌主题的探究，可谓牵一发而动全身。

第二，“品”。要字句咀嚼地品味，更要勾连整体类比其他，要品评其外在的形象特点，更要涵咏其内在的意蕴风神。“品”的过程，是个生与生、师与生多向交流的过程，也是个课堂精彩不断生成的过程，更是一个趣味与质疑、问难与辩驳不断深化升华的过程，这个过程，越是润泽、活跃、丰满，便越是能品出诗歌的三昧。

第三，“引”。“读”与“品”的主体是学生，而“引”的主体则是教师。在探微揣摩的过程中，教师要有问题意识，不能仅满足于做一个旁观者、一个凑热闹的人，随着学生课堂上读与品的不断生成，教师要能够过滤冗余信息，及时抓住有价值的节点，推提转引，激发升华。如何推提转引，全在于教师对文本的宏观把握和对学生的微观洞察，每一个追问，每一次转折，要既能切合课堂的现场变化，又能有机地深入文本。

第四，“准”。诗词之揣摩，最忌讳零碎，鸡零狗碎淹没主体，揣摩就变成了揣和，最后往往肢解了文本，只见树木不见森林，在文字游戏里迷失了方向还洋洋自得。以《错误》为例，在揣摩这首诗时，我们主要抓住了“莲花”、“向晚”、“紧掩”这三个词组和“江南”、“城”、“街道”、“窗”这四个空间来着力探微，从整体三个小节的层序来把握，仅仅一节课，就将意象、情感和主题结构拎了出来。如此，课虽了结而意味犹在。课后再补充温庭筠的《望江南　梳洗罢》、李重元的《忆王孙　萋萋芳草》、欧阳修的《蝶恋花　庭院深深》、朱淑真的《小重山　春愁》等词，以及郑愁予的《情妇》、《偈》、《水手刀》等作品给学生时，其阅读之兴味盎然、其品评之精当入微就丝毫不奇怪了。

四、讽咏神意，摹写创作

先来读几首小诗：

世界，有了火／商北雁

诗人，你听到了吗？
爱你的人在痛声哭泣
他们手里捧着的
是你血淋淋的诗集

诗人，你看到了吗？
二十五年前，一块沉甸甸的牌子
从一座沾满灰尘的碑上掉下来

诗人，你感觉到了吗？
金色的光芒照射在世界的每个角落
颜色，是鲜红的！

诗人啊，他惭愧了！
无声的沉默唤醒了大地
滚滚春雷响彻每一片真诚的土地
那个伟大的名字将永存世人心中——穆旦
伴随着，您伟大的沉默……
您看，世界，又有了火

希望／徐勤才

痛哭吧
悲哀就在眼前
但痛哭之后你不要说放弃
因为放弃了就再没有希望
让我们重新回到自己的岗位，
继续开创我们的天地！

寒梦别／李艳丽

像冬日里的阳光
让你感觉不出是暖还是凉
那傍晚的余霞
也只顾着在细柳间荡漾

就这么
我静静地悄悄地凝视着远方
就这么
我呼吸着沉淀着的几分凄凉

再见吧
夹着泪花的雪花
再见吧
梦着别离的梦乡

让开心永远在身旁，你我共享

海子的回忆——3月26日那天／卢山

3月26日那天
我静静地走在火车道旁边
手中的圣经
我早已翻看了千遍
诗神之子的我
要创出千古绝唱的诗篇
太阳的七步曲
已经是了从前
我将要走出太阳的第八步
我预言
这将是永远！
山海关是龙的来源
我的血也要映在这神圣的天
这条条的铁轨正如登天的天梯
我将顺着它完成我的诗篇
诗中
我预言了我要做的
我要做的是永远
龙将带着我去上天
因为我完成了我的遗愿
是时候了
我将完成我的诗篇
我踏上了铁路
当走到第八步时
我躺在了车轨上
太阳的第八步将是永远的永远
等待着
永远的诗篇！

无题／马朋飞

上帝控制着人间，控制着一切
天命，看似不可违背
面对束缚
逃，是无路的
于是，人们学会了顺从
『生命是我自己的，我要自己支配』一个声音嚷道
人们吃惊地望着他，像看怪物
天命是不可违背的
我偏要抗拒它
也许挣扎毫无意义
但我偏要
也许他会发怒
但我偏要
我要夺回属于我的一切
上帝听到了
发出嘲笑的声音
人啊！你是多么渺小，怎么可能斗过我
我可能斗不过你，但后人会前仆后继

等待／刘月

她是在等待
等待……
倚在窗口望着窗外
手中捧着善等待的金线菊
夜很静风很凉
牛郎织女隔河相望
喜鹊为他们架起了一座桥
她还在继续等待
等待……
等待的心情
像发芽的种子
总是新的

晚霞／赵光义

她，出现了，
蒙着火红的面纱，
在群山间徘徊；
似在等待，
等待我的出现。
可我没有，
因我不想她离开。

盼与等／佟叶

泪要流下来
又止住了
挥挥手
转过头
寒风已把泪吹干
那个背影
星星底下
又出现
门口的古槐知道

永不言败／曾涛

只要你不跪下
你不会比任何人矮
只要你不妥协
你永远不会失败
只要还有生命在
成功终将到来

违背／刘念

她是一枝无刺的玫瑰
她以为会得到赞美
然而事实违背了她的想法
一只无情的手把她折毁
留下了几片血色的花瓣泪

在学习诗歌的过程中，学生人人读诗，人人写诗，创作了大量诗歌，我把它们分三期辑录，共选了120首。以上这10首小诗，就选自其中。

这些诗作，稚拙不掩风神，我每每吟读，每每感叹，青春确实是最宝贵的财富，她是一眼不老的清泉，活泼常在，碧水悠流。

少年的心，就是一张奇妙的琴，只要你肯弹拨，它必然馈赠你天籁之音！

亲之爱之，是以知之。对于穆旦，则尤为如此。

了解了穆旦的生平，了解了他的痛苦的生，悲凉的死；了解了他的"最善于表达中国的知识分子的受折磨而又折磨人的心情"（王佐良语）的诗歌创作，还有他的"最好的诗人的译笔"（王小波语）所翻译的作品；了解了他不为人知的"查良铮原来就是穆旦"的可悲的过去，还有他"作为现代汉语诗歌最杰出的探险者、最有成就的实验者、最深刻复杂的致思者，愈来愈受到众多的人们的关注，他在中国现代诗歌史上的重要地位也渐渐得到确立”（曹元勇语）的现在。

了解了这些，再读穆旦的诗，读他的《赞美》、《诗八章》、《春》、《智慧之歌》、《冬》、《停电以后》等力作，岂能不用心去讽咏体会，岂能不读出真味，读出真情，岂能不情动于衷形诸文字？

这样读诗，读出来的就不仅是韵律之美、语言之风，作者的心魂必然将敲击读者的灵台，诗歌的神旨也必然能够打动读者的心神。

于是，有了商北雁的《世界，有了火》；于是，徐勤才的“痛苦吧，悲哀就在眼前”的句子破空而来，于是，李艳丽在她的《寒梦别》里也吟诵起“我呼吸着沉淀着的几分凄凉”……

还有海子，还有郑愁予，还有狄金森，还有普希金……我们可以从卢山的《海子的回忆》、马朋飞的《无题》中，读出海子诗歌中那种热烈豪迈、勇敢纯粹的品质；我们更能体味出刘月的《等待》和赵光义的《晚霞》里所包含着的类似于郑愁予的《错误》、《情妇》等诗歌的那一股淡淡的浪子的哀愁；而佟叶的小诗《盼与等》和刘念的短章《违背》，其意象的选择，构思的精巧，乃至情感的抒发和哲理的揭示，都能看出对狄金森小诗的学习；至于曾涛的《永不言败》，骨格上有海子的力量，内容与章法上则是受普希金的《假如生活欺骗了你》的影响。

还记得苏轼的《琴诗》吧：“若言琴上有琴声，放在匣中何不鸣？若言声在指头上，何不于君指上听？”如果说美妙的琴声来自于琴本身，那么放在匣子里的时候，琴为什么没有发出美妙的音乐呢？如果说美妙的琴声来自于指尖，那么为什么不能从你的手指上直接听到美妙的音乐呢？再高明的琴师，没有琴，单凭灵巧的手指是奏不出乐章的；而再名贵的琴，没有人去弹奏，也必将默默无闻于琴匣之中。

为了激发学生写诗的欲望，我还调动了我一切可以调动的资源。

我给他们读我女儿蒋筱寒——这个几岁的孩子写的诗。

我更给他们读我自己在少年时候所写的那些稚嫩的诗篇。

记得，那是一个晚自习，我拿着自己那泛黄的日记本，展开那一页页，轻轻地读给他们听——《蓝天 白云》、《小溪和浪花》；《哦！我多想……》、《我是……，我像……》、《我的心》、《我是一个爱做梦的女孩儿》；《泪与歌》、《朋友——人与人之间的关系》、《有人说……》；《时间的断言》、《过去，现在和将来》、《青春·理想·火花》、《向往》……所有的诗句都展露出了一个十三四岁女孩儿的丰富细腻的心灵情感世界。这些稚嫩的诗篇，仿佛是一阵清风，吹进了孩子们善感的心灵。他们聆听着，也感动着，他们思索着，也共鸣着，他们发现，原来老师和他们一样，也曾是少年，也曾有梦幻，也曾天真，也曾烂漫……

是的，少年的心，就是一张奇妙的琴，面对着这样奇妙的琴，我们一定要用心去弹拨啊！每一个杰出的诗人，他们那些脍炙人口的诗作，就好比是一个个跳动的音符；而每一个真实的生命，他那发自心灵的吟哦，也同样能够化做优美的歌！

让我们以课文为基点，画一张神奇的诗歌五线谱，去开启学生内心深处那一张琴盒。就让它们，与学生的心音发生共鸣，只要你肯用心弹拨，它必然馈赠你天籁之音！

醉舞在诗歌的长空

（一）

学生能够读懂诗歌了，学生能够拿起自己的笔来抒写自己的情怀与梦想了，诗歌教学是否可以就此结案了呢？

“能否在别人停步的地方再朝前走一两步，这是创造性教育实践的入口。也许只是那么一小步，你的眼前可能就会出现一个不同于他人的全新的教育世界。”《读写月报 新教育》主编李玉龙先生的这两句话，深得我心。

怎么朝前再走那一两步呢？

在诗歌单元的教学接近尾声的时候，我总是在想这个问题。

声情并茂的朗诵，对学生而言，不再是一件令人害羞、勉为其难的事情，而成了一种展示美和表情达意的方式。学习诗歌以来，课内要求背诵的那些篇目，学生基本上当堂就能背过。晨读课上，学生读得更多的是读本上的诗歌和我配合教学思路所分类补充的那些篇章。学生对课内课外诗歌的鉴赏能力也取得了很大的进步，不但能用流利的语言说出来，还写出了很多优美独到的赏评文章；九十多人，人人写诗，尤其是那些一开始学习诗歌单元时声明不会写诗也不屑写诗的几个男生，不但写了起来，而且写得越来越好。

在这样的条件下，举办一个诗歌朗诵会，是水到渠成的事了。

我所考虑的是，除了诗歌朗诵会外，还可以再做点什么？

学生的几首小诗，引起了我的深思，激发了我的灵感。

长不大的爱情／牙亚萌

我要的以后
就是两个人
坐在一起看星星，每天
深蓝的天空中
那么多的眼睛
全都眯成一道缝

偷偷地看他一眼
好可爱，好可爱
永远长不大的爱情
好美，好美

我要的以后
就是两个人
坐在一起听音乐，每天
闭上眼睛
仿佛生在梦中
美妙的旋律
从他的心飘到我的心

偷偷地看他一眼
好可爱，好可爱
永远依偎着的爱情
好美，好美

缘／刘旭

也许是前世的缘分
使你我在今天相遇
痴情的种子在心中慢慢发芽
你走进了我的心

你那多情的眼神
总让我迷失方向
你那温柔的声音
总在我耳边回旋

你看到了吗
爱情的火焰已经燃烧
那跃动的火焰
就是我那颗炽热的心

我是真的真的很爱你
没有你在我身边
就像鸟儿失去翅膀
想飞却无力

有话对你说／张冲

我有一肚子话想对你说
可见到你又无话可说
拼命对自己说
『不要理她！』
可见到你
却又被你吸引

我一肚子的话
无人可以诉说
也许，将来会有
也许，永远没有

我还是相信缘分
我一肚子的话
希望
还是对你说

爱情是风／马骁

爱情是风
吹来了
带着希望的雨
爱情是雨
落下了
带来轻柔的空气
爱情是空气
在哪里
看不到它
却一刻也不能失去

不再忧虑／杨云飞

总是顽皮
总是嬉戏
总是乐此不疲
我想告诉你
我要寻找快乐的自己

海边徘徊的你
期盼梦儿重新变得清晰
仰视星际的我
不再希望天使的再次坠落

海豚不再哭泣
枫叶下不再有你
蒲公英就可以飞向那遥远的天际
离土的百合也就可以安息

不要再说世界因你而美丽
不要再爱长不大的你
就让你永远地搁浅在过去的过去
就让你快乐地随风而去

放弃——
是最好的爱你
放弃——
是最好的结局
放弃——
就会成为永恒的回忆……

爱的边缘／王燕

分手的时候
天阴阴的
和我们一起难过
一秒钟前牵着的手
还带着你的余热

你转身离去
唱着那首歌
我在回忆中落泪
跟着你轻轻和

缘分的魅力
把我们又拉在一起
真的
我们再也不分离
紧紧相依

纷飞的落叶
化成飞舞的蝴蝶
我闭上眼
心里好甜，好甜

“哪个少女不怀春，哪个少男不钟情？”这是歌德在《少年维特之烦恼》里的名言。我是在初中一年级收到的一个男生写给我的信里第一次读到这句话的。而那时的我们，对于情爱，讳莫如深，尤其是对女孩子而言，有人喜欢你，有人向你表白，给你带来的，不是幸福快乐和自豪的感觉，而是羞耻害怕和惭愧的心理负担。

读着学生这些大胆而真挚的情诗，回想自己学龄时代的痛苦经历，我的心中涌起了复杂难言的感慨。我想起了同学们的窃窃私语、家长的疾言厉色、老师那意味深长的眼神和“我发现你变坏”了的警告……虽然如今已过去20多年，但想起这些，依然有一种芒刺在背的感觉！

“爱情”，一个多么神圣崇高的字眼！“初恋”，一段多么美好纯洁的感情！感谢这些可爱的孩子，他们敢于拿起自己挚真的笔，写下自己对爱情的渴望，写活自己那微妙的情愫，写出自己那动人的憧憬。他们是如此相信我，将自己一颗热烈跳动的心打开来，让我得以谛听他们少年烂漫的心事，让我可以走进他们那瑰色的柔旎和梦幻。

那么，作为他们的师长，更是作为他们所真心信赖的“霞姐”，我应该怎么回应他们呢？

时代并没有进步到学校里能够视恋爱为正常人之天性的地步，名词的进步虽然也有一些，比如有了“男女生交往过密”这样的说法，但是，“早恋”这个词依然是一个普遍而权威的对学生情感问题的定义。同时，学生的“早恋”问题依然被学校、家长、老师们视做洪水猛兽，明令杜绝甚至狠力打击。于是，本来是很正常的事情，却被不正常的思维变成了魔鬼；本来是美好的感情，却被卑污的意识当做了丑陋；本来是健康的心智的发育成长，却被专制的专横压挤成了不健康的病态。

对于一种必然出现的问题，无视它出现的合理性和必然性，而一味地回避乃至压制它，其颟顸无异于掩耳盗铃，其愚蠢有甚于讳疾忌医。更何况，这本来就是人性之中最美好的情愫。试问一个个成年人，在我们青春年少时，是如何度过的呢？难道我们真的忘记了，“我”也曾这样慢慢长大？难道我们一定要让曾经如“我”一样的年轻人，受难再如“我”？

（二）

不可避免的问题，就要大大方方去面对，为什么要把原本光明灿烂的美丽变成不可告人的隐秘？为什么要把本来纯粹洁净的感情，当做必欲除之而后快的毒瘤？为什么不能谈论？为什么不能感谢？为什么不能以虔敬纯洁的心地，让青春的美丽化做人生中最美的一段回忆？美好的东西，就让它作为美好来绽放，就让我们把美好来收藏！

于是，作为他们的“霞姐”，我要跟他们大大方方地“谈情说爱”了。

首先，我把学生所创作的关于爱情的小诗，与写理想谈人生、歌颂亲情母爱的其他诗歌，一视同仁来看待。只要是诗歌本身写得好，就照单收录，放进我们的诗集中去。不加解释，不用批注，就那么坦坦荡荡地放在诗集里。在收录的120首诗歌里,共选录了25首关于爱情的小诗。有的是在倾诉自己朦胧的情愫，有的是在追怀曾经的一段美好，有的是对爱情迷惘的追问，有的是对爱情热情的讴歌，有的则是一种憧憬和渴望，是浪漫的少男少女对美好爱情的梦一般的向往。

我相信，爱总是美的，美的东西总是最能打动人的。我相信，纯洁如水的孩子们，他们透明的心灵里，最能照见澄澈的美好。没有人对这些诗歌过敏、非议，他们用心捧读这些诗句，洁净的诗歌告诉他们：倾听自己的心声吧，爱情是神圣美丽的，爱情决不是罪责。

但是，面对爱情，年轻的心灵该怎么做出选择？

如果以为我是在鼓励他们在人生最美好的年龄里把青春捐付给爱情，那么，我除了报之以淡淡一笑，也不想去解释什么。

为什么？因为接下来，我还有许多事情要做。

我打开百度搜索，输入“爱情”两个字，“用时0.046秒，找到相关网页约5,670,000篇”，爱情，是什么？我不知道年轻如你们是否思索过？……

2004年11月4日星期四

这段话，是接下来的阅读课上，我的两句开题导语。

2004年11月4日，我们上阅读课，我给学生确定的阅读专题是：“关于爱情”。所选阅读材料有四：三封苏霍姆林斯基写给女儿的信（《致女儿的信》、《第四封信》、《第五封信》——选自《爱情的教育》，世敏、寒薇译，教育科学出版社2001年版），卢梭论爱情教育选段（从“一到人觉得他需要一个伴侣的时候，他就不再是一个孤独的人……”至“……爱不仅不是由自然产生的，而且它还限制着自然的欲念的发展；正是由于它，除了被爱的对象以外，这种性别的人对另一种性别的人才满不在乎。”——摘自《爱弥儿》，李平沤译，商务印书馆1978年版）。

这是一节安静的阅读课，学生在整个阅读过程中，沉静而严肃。

通过苏霍姆林斯基对女儿的谆谆之言，通过卢梭的明晰论析，学生明白了：“爱情”到来之后，随之而必须具有的是忠诚和永恒、智慧和勇敢、责任和理性，还有尊重。他们年轻驿动的心，开始了沉稳平缓的跳动。

继之，我们又上了一节别开生面的鉴赏课：流行歌曲鉴赏课。

鉴赏了黄品源的《小薇》、李春波的《小芳》、赵传的《爱要怎么说出口》、周杰伦的《东风破》、刀郎的《2002年的第一场雪》、《情人》和蔡依林的《假面的告白》、张艾嘉的《爱的代价》、赵咏华的《最浪漫的事》等9首不同风格的流行歌曲。

鉴赏歌曲，大家一起边唱边评，争论蜂起。鉴别感情的深厚与浅薄，赏析内容的纯真与俗滥；品词句的雅与俗，评旋律的美与丑；有个人的喜好与憎厌之别，亦有大家的共识之见。在纷纭辩论的过程中，学生明白了“周杰伦”和“刀郎”是可以共存的，他们分别属于不同的欣赏人群，而不同的欣赏人群，根本不必彼此以个人的尺度去菲薄苛求对方。

最后，将这些情歌恋曲与少年懵懂的情愫萌动相比较，才更能认识到最初的美好与纯真，才更能明白，这最初的美好与纯真是多么宝贵又是多么脆弱，因此又是多么应该加倍呵护和珍存。正如黄磊在一首名叫“云烟”的歌中所唱：“切莫走近 / 让它是云烟 / 切莫走近 / 让它是云烟 / 到我的梦里来 / 到你的梦里去 / 我爱过的人 / 爱过我的人 / 让他永远是云烟 / 永远是少年 / 永远永远是梦幻……”

每次面对学生的情感问题，我都会想起鲧禹治水的故事：尧派鲧治水，鲧采用“堵”的办法，偷了天帝的息壤，让这种能不断生长的土壤围堵洪水。而最终，洪水滔天，不可遏止，鲧治水失败。禹继承父志，采用“疏”的办法，历时13年，三过家门而不入，终于治水成功。

情感，真的是一条河，冬去春来的时候，暖意融冰，惊醒了沉睡的酣梦。于是，河水奔波流涌，泥沙俱下且喧哗欢腾，它们快乐地席卷高歌，不疲倦，不悲观，全不知去路的曲折艰险。竖一道闸，拦截不住；堵一道坝，也会决堤而出。最好的办法，是如大禹治水一般，疏浚引导。怎么让情感的河流缓缓流淌呢？

我曾在学生随笔里这样写道：“上帝那里有一架天平，你希望天平的一端是一个怎样圆满的梦，你就怎样努力打造你自己吧，让你自己变得圆满，只有当你拥有了足够的厚重，在天平的另一端，上帝才会给你一个等价的生命！”

2008年3月15日，我看随笔时，一个学生写道：“老师，我失恋了。我知道这事儿对于你们大人来说可能会很可笑，不算什么……”

我旁批道：“这怎么是可笑的小事呢，恋爱是严肃的事情，对于每个人来说，爱情是多么重要啊。一个人的成长之中，怎么会没有这种经历呢？”

又有一个学生也写到自己貌似结束的一场恋爱，字里行间深切缅怀。

我给他写道："爱情让人成熟，无论结果怎样，你的恋爱都是美好的，因为你除了赞美怀恋之外，从无半点诅咒。"

有这样健全而美好的心灵，即使是失恋，即使是求之不得之苦，也是可以成为一道美丽的风景的。

就比如，2010年9月，已经在徐州工程学院读大学的陈甲楠，"因为有个女孩追不到"，处于"美好的折磨"、"甜蜜的忧伤"中，写下一首情诗，他特别给我留言，让我到他博客上去看。经过他的允许，我又把他这首《静夜思》，读给了当时在教的新一届高一学生。

静　夜　思

夜静了，
远处的花儿谢了，
我想在远处的草儿，
更期待来年的风。

夜静了，
天上的星星泣了，
我要拧干这无声的距离，
去拭她的泪。

夜静了，
地上的人儿睡了，
只有蟀儿的喃喃，
在为寂静的琵琶歌唱。

夜静了，
夜静了，
我要用五彩的蜡笔，

装饰别人的梦。

夜寄放我这一样东西，

叫眺望。

（三）

鉴赏完流行歌曲，接下来，在按部就班进行随后的课堂教学的间隙，我们开始为诗歌教学成果汇报做最后的准备。

至此，我们基本完成了这个单元的诗歌学习。是的，这个诗歌的学习过程实在是太丰富了。

120 首诗歌的创作，50 首古诗词的读诵，9 首流行歌曲的鉴赏；毛泽东诗词16 首，爱国诗篇选读10 首，中国新诗选12 首；普希金著名诗歌选读10 首，北岛、舒婷、顾城诗歌精选10 首，先锋派诗歌10 首……

这么丰富的材料之下，蕴含着太多丰富的感受，诗歌朗诵会已势在必行。

但是，怎么举办这个活动？

怎么才能让每个学生都参与其中去做主角而非看客？

怎么才能让每个学生都获得成功的体验而又能感受到合作的力量与温暖？

怎么才能让每个学生在学习诗歌本身方面获益外，还能体验到生活之美？

怎么才能在学生青葱的岁月里留下亮丽的风景和甜美的回忆，让他们终身难忘——就好比谢尔·希尔弗斯坦的“冰冻的梦”：我要把昨天我做的梦 / 拿到冰箱里冷冻 / 到遥远的一天 / 我变成了白发苍苍的老翁 / 我就把这个可爱的美梦 / 拿出来解冻 / 然后把它煮沸 / 坐下来 / 浸暖我冰冷的双足？

循着这些问题，诗歌朗诵会的组织方式应运而生：

92 名学生按照宿舍分组，共分成八组。每组组长为组织者，两位语文课代表是总协调者，我是他们的总顾问。朗诵会采取集体和个人相结合的方式，要求每组自选一首集体朗诵的篇目，自己设计集体朗诵的形式和队列队形以及配乐服装等；每组的每个成员都要自选一首个人朗诵的诗歌，出场的先后顺序由本组内定，要求把本组成员的个人朗诵绾合在一起，最好有一个主题。如果大家所选诗歌难以主题同构，那么也要有一个合情合理的过渡衔接。于是，要求每组选出两名主持人，负责本组诗歌朗诵的主持。八个小组的朗诵先后顺序，由抽签决定，每组先集体朗诵，然后个人朗诵，如此，每组即为大家奉献一场朗诵会。

朗诵篇目，可以是课文、读本、补充诗歌、同学诗歌、自创诗歌，古体诗、现代诗均不限。朗诵会采取竞赛方式，分别评出最佳集体奖3名、最佳朗诵奖10名、最佳主持奖5名。评委分别是各宿舍宿舍长和特约嘉宾老师，整个朗诵会的报幕工作和背景音乐播放等服务工作由两位语文课代表分别负责，我则负责全场的协调和摄影工作。

这种活动课是我的拿手课型，组织起来驾轻就熟，已经形成了自己独特的风格，具备了成熟的组织流程和操作模式，详见第三单元《弹奏这隽永与活泼——我这样开展实践活动》。

尾声：青春如诗如歌，我们自己吟哦

这个朗诵会的效果，本单元前面所引随笔可以做一生动的注脚。

在此，我还想再补充一篇文章，这是事隔三年后，在2007年的春天，已经上了大学的耿靓在她博客上的一段回忆：

记得语文课学诗歌单元的时候，月明提出组织我们开展诗歌比赛，当时班里炸开了锅，现在想来也很兴奋。

还记得在比赛前的那些日子，月明发给我们我们自己写的诗集时忙碌的身影。那么多我们自己写的文字，月明是一点一点给我们排版，然后印成铅字的，很感谢她！

整个活动从布置到最后结束，用的时间我记不清楚了。模糊记得，我在来去教室的路上，午休前后，晚上就寝前，都在背我准备的诗歌。比赛以宿舍为单位，每个宿舍要选出两名主持人。当时我们宿舍是下了很大力气选主持人的，因为谁都是第一次参加这样大型的比赛，都怕自己发挥不好，给宿舍丢脸。还好，王颖和杨柳挺身而出，为我们解了围。之后就是抽签决定出场顺序了。在一天的上午，我们集体来到了阶梯教室，宿舍长抽签决定出场顺序，之后就是彩排，包括站位、队形等。我们宿舍长洁子最光荣，上来就抽到第一个比赛。每个宿舍有7分钟的彩排时间，也就是那个舞台只属于我们宿舍7分钟，结果我们上去还没排好队，时间就过去了！之后，我们挤到台下继续彩排。

第二天下午是两节语文课，我们开始比赛。每个宿舍先是集体朗诵，然后是个人朗诵。台下有评委，是各个宿舍的宿舍长以及特邀嘉宾——老师们。每位评委有一个评分本，宿舍长不给本组打分。我还记得我们宿舍集体朗诵的诗是《乐观者与悲观者说》。当时我们的服装也是分开的，乐观者穿浅色的衣服，悲观者穿深色的衣服。由于第一个上场，我们大家都比较紧张。还记得我和杨柳一组，李珊珊领读时出现了一点小差错，我们僵持在那里，真是险象环生啊！

同学们都很认真地参加了比赛，我还记得彭佳栋他们组朗诵的是《沁园春　雪》；商北雁她们组的队员穿的是鲜艳的红色；赵青流露真情的朗诵；杨柳清脆的主持……还记得在我个人朗诵时，月明还给我照了一张照片，我就觉得自己光顾着笑了，都忘记我朗诵的诗了！最后是评委老师发言，他们还表演了节目！

比赛结束后，在晚上的语文辅导时间，月明给我们举行了颁奖仪式。有团体奖和个人奖，还有主持人奖。我记得奖品是刊物和笔记本。当时月明还给每个得奖的同学写上了祝福的话，来纪念我们的诗歌比赛。她每次公布结果时，班里都先是平静，然后是热烈的掌声，很有奥斯卡颁奖典礼的味道！

还记得获奖的同学给我们表演了节目，彭佳栋还教了我们一招：如果在舞台上紧张，就用手抵住桌子，这样有个依靠，就不紧张了。当时我们听后哈哈大笑，因为他朗诵的时候手一直抵着桌子，我们还以为他这个动作能表现出他的酷，觉得他非但不紧张还带着动作，很佩服他呢。结果……

这样，我们的比赛就算是画上圆满的句号了。嗯，现在想起来还有一阵阵感动呢！月明的勤奋，评委的严肃，同学们的认真，还有一颗颗炽热的心……

2007年7月20日

文中的“月明”就是我，我的网名是“沧海月明”，学生除了喜欢管我叫“霞姐”，还喜欢叫我“月明”。

第五单元

和谐旋律光与影——我这样上电影课

※　※　※

从2007年开始，我将电影教学与语文课堂紧密结合。

看什么？以教材为结合点，有机联系时事，构建主题单元。

怎么看？每个月至少看一部经典故事片，一部纪录短片。

这样做，已经坚持了四年，即使是面临高考，也未中断。

每一次观影前，必然有课堂上的蓄势铺垫、激情引思，观影之后，还有一场思想的交锋，质疑问难，探讨交流，然后形诸文字，彼此融通。一部部影片与文本结合，与现实接轨，与心灵接壤，促进年轻的生命蓬勃生长。

※　※　※

引子：蜕变——回忆我们的电影

不得不说，走出童年的世界，是电影帮我完成了蜕变。

而在这些电影中，我最喜爱的，也是教我如何热爱生命、尊重生命、正视死亡的，就是《入殓师》。

它以悲剧的方式来表现死亡，实则是给我们以最深的沉思来反观生命，该如何活着。影片的开头，小林开车从雾中而来，伴随着他的心里独白：“从东京回到山形的乡下快两个月了，回想起来，每天都过得平淡无奇。”后来影片中又复现了这一段，只是后面多了一句：“我真的能胜任这份工作吗？”看上去似乎只是一个下岗工人对于再就业的迷茫，其实这已经超越了下岗再就业的思索，而是关于生存意义的本质思考。

此外，影片中每一个逝者都有一段故事，有长有短，有显有隐；每一个故事都会给我们以启发，或多或少，或深或浅。但是我想，其中最大的启示是，活着的时候，人们应该互相理解，相互宽容，否则死亡一旦降临，我们就再也没有机会对逝者表达自己的感情了。小林送走的每一个人，与他们的家人，都有一段难以言表的故事，随着死者的逝去，所有的故事与感情都化为眼泪与灰烬。

这一点，更体现在小林自己身上，他和父亲的关系，令小林感到痛苦，理解还是痛恨？一切都在转念之间，乃至于生死。而我感触最深的一句是：“死并不是终结，而是超越，进入下一程。”

确实，向死而生的我们，正在以回忆和幻想间流盼的浮躁姿态活着。

富有战争意味的《太极旗飘扬》使我非常钦佩导演的表现力。

看完电影，我想，我们绝对拍不出《太极旗飘扬》！影片中，李镇泰和家人因突如其来的战争改变了命运，作为生命个体，他们在精神上是反对这场战争的，弟弟镇锡批判哥哥的英勇行为，哥哥为给弟弟复仇不惜杀死长官、投敌叛变，这些真性情的行为塑造中体现出电影作者尊重天赋人权的现代观念。

而在我们的国产片中，反对献身精神的声音一定要打倒，因个人得失而转变阶级立场的人不可能成为英雄——国家需要那些为维护统治者利益而甘愿阉割侠义精神的无名英雄们，所以张艺谋的《英雄》会享受到国家优待。

不如这样说：中国的人民英雄和我们是分隔开的，是遥不可及的。

我觉得很多人似乎偏重了《Wall-E》的环保意义。

而我认为，影片的主线是围绕 Wall-E 的爱情展开的，而伴随着主题的副线才是对环境的思考。虽然导演一直不承认本片有对环保方面的刻意思考，可我们依旧能从影片中看到丝丝端倪。也许用这样一部爱情主题动画来表达对环境的思考，可能有点不太适宜，但是现在看来是无伤大雅的，这样的影片可以阐述爱情，为什么不能让我们反思生存环境？

这样的主题和延长的副线，显然没有冲淡导演着力表达的意思，反而增强了它的故事性。

影片表达的主题其实很简单：当地球上只剩下一个机器人的时候，他的孤独和渴望与外界沟通，而摆脱这种孤独的方式就是用爱，用爱来与另一个个体沟通，用爱来思考……在我看来，用爱的交流和沟通不仅能连接两个机器人的心灵，用爱的行为和思考同样也能沟通我们和地球的关系，也许这就是影片隐含的寓意。

我个人对《鬼子来了》的强大渲染力表示信服，因为毕竟没有中国电影在民族性批判上达到过这个深度，而文学史家说，绝少有作家能像鲁迅那么深刻有力地鞭挞中国人的劣根性。马大山不知道怎么处置手上的鬼子，疯子喝道，“我一手拎一个，活活给他们掐死了”——于是，恰恰是疯子、傻子说出了真理。

我曾经因为虚荣心尝试过音乐，因为我相信那可以改变我们的性格。有人说：“音乐是心情的艺术，它直接针对着心情。”

值得欣赏的是，在《放牛班的春天》这部电影中，音乐得到了最好的诠释。在这部影片中，那个默默无闻的音乐老师用最优美的音乐打动了那些在别人的眼中看来是问题少年的一群孩子，让他们的心灵得到了净化，也同时感染了我们。当孩子们用他们那干净的嗓音唱出动听的和声时，你仔细注视他们的眼神，清澈见底，都是那么圣洁。

其实，生活中有很多简单的快乐，生命中的每一个阶段都有它的美丽：只要你心中有春天。感谢我们的语文老师，她运用电影这个手段，激活了我们内心最深处的情感，让我们拒绝对记忆倒戈。

在充斥着科技和噪音的电影院，如何获得我们在语文课堂里的那些菁华呢？

（尹之杰）

一部杰出的电影，对孩子心灵成长所起的作用，丝毫不亚于一本经典著作（有的电影，甚至超越了原著，比如影片《肖申克的救赎》，就比同名原著更发人深省，足以令人百看不厌）。甚至，对大部分孩子而言，一部杰出的电影，其对精神和心灵的撞击滋养作用，效果更显著，因为它更集中、更鲜明、更迅猛激烈地撞击人的心灵。

尤其是国外经典影片（比如奥斯卡获奖影片），对人性的把握与剖析，对生活的热爱与思考，无论是镜头语言的表现力，还是人文精神的体现，无论是终极关怀，还是现实关注，从编剧到表演，从影像到音乐，无不是精神与视听的盛宴。孩子们浸淫其间，濡染熏陶，品鉴提升之外，精神日益澄明，智性亦被唤醒。

电影让思维更缜密，让思想更成熟

三年，本应匆匆与平常，但是有了她，这三年变得很不平常。其他自不必多说，她放的电影已足以使我从一个“专职”学生成长为一个有感情、有思想的青年。

（陆嘉伟《何时霞光洒满天》）

高中时代身为学生会主席的陆嘉伟，高中三年来，他的思维日益缜密、思想日渐成熟，而他自己则认为，这与他所上的语文课、与我们所看过的那些电影，与在观看那些电影时我的启发、引导，密切相关。

《机器人总动员》是一部动画片，但是对于我来说，也颇要动一番脑筋才能理解它。原因很简单，小时候看的众多动漫在我脑中已形成了一种动画片，只有正义战胜邪恶这唯一主题的观念，久而久之，即便能遇到一部好的动画片，我也只会把关注点放在画面质量而忽视其真正想要表达的内涵，况且，在被动接受的动画剧场中是不会有好的动画片的。在《机器人总动员中》，爱情、责任、信仰、对生活的热爱都得到了最好的诠释，实在想不出对于孩子来说，有什么比看一部这样的电影、听一听她的点拨更有教育意义的。

《浪潮》讲的是一位大学老师模仿纳粹训练方式而进行的一场实验，在实验中，每一个浪潮的成员都形成了很强的集体意识。起初，他们因此而相互帮助共同抵抗生活中的“暴力”，但是后来当他们经过一次又一次的集体行动，一次又一次地感受到集体的“好处”时，他们便丧失了自己的思想。凡是有不服从集体行动的便是另类，凡是有违集体意志的便是敌人。至此，可贵彻底沦为了可怕，以至于浪潮的创始人也无法控制局面，终造成悲剧的发生。原本当我得出“过分的集体意识也很可怕”这一结论时已颇为得意，但是她却说应该联系一下生活。是啊，全班一起排挤没有穿校服的同学，全国一起指责没有坚持出战的刘翔，全社会一起鄙视没有捐款的富翁，这些难道不可怕么？

（陆嘉伟《何时霞光洒满天》）

虽然，我不敢因此而贪功自得，但是，亲眼看着一个孩子一天天变化成长，从一个稚气未脱的毛孩子，长成一个胸怀天下、思想成熟、意志坚定、人格健全饱满的青年人，这确实是令我感到欣慰自豪的。

2009年8月，读高二的陆嘉伟在国旗下讲话，做学生会工作小结，他是这样与三个年级的同学交流的：

回顾半年来的学生会工作，很遗憾地发现，当初我们提出的那个以管理为途径、最终形成一种自觉的校园氛围的计划至今仍未有起色，我们还是在延续以前那种面对错误只等揪了图个痛快而非从根本上解决它的办法。正是这种以暴易暴、得理不饶人的态度使我们在日常生活中会产生摩擦，所以，我们也一直在从学生会的角度寻找症结所在，以改进工作方法和工作态度来解决问题。

但是，请大家想一想，学生会的同学照章办事有什么错呢？意气用事终是解决不了问题的。比如外卖，有很多同学是因为用钱不当导致最后一两天饭卡没钱吃饭才叫的，那我们是不是可以自己想一个计划与学校协商？比如一个星期可以充两次饭卡，比如食堂可以专门准备一张公用饭卡刷了后拿现金支付，比如班级可以专门开办一个“理财银行”。高二年级因为没有高一年级那种统一的白色短袖校服，因此可以穿淡色T恤不正是一个很好的协商的例子么？还有胸卡，我相信可能有一天我们会以一枚便捷小巧的校徽而代之，或者干脆不要带了，但这绝不是你为难检查的同学，或与他吵架可以换来的。冲动是不能解决问题的，解决问题要靠协商。

还有一点，便是我们要时时记得我们的过去，记得我们说过的话，做过的事。高一时我不是学生会的成员，但我常常听到我身边学生会的同学抱怨如今的高三真是“霸权主义”，但是现在有些曾经说过那些话的同学何尝不也成了“强权政治”呢？其实，每个人都曾有过这种想法：我将来当了医生要……我将来当了政府官员要……我将来当了老师要……但是最后能始终坚持自己信念的人是不多的。

2010年5月，在学校举行的高三学生18岁成人仪式上，陆嘉伟做了题为“感恩师长承担责任　把握青春迎接未来”的演讲。在演讲中，他这样呼吁：

当然，要想成为一个真正有责任感的青年，不仅仅是要爱自己周围的人，我们还应该关注社会，关注我们的国家，关注整个世界。

不知大家是否想过生命的意义何在？难道只是在于吃好、玩好、睡好，游遍千山万水，享尽荣华富贵吗？如果真是这样，那么很抱歉，将来我们所有人都是注定要为生活而奔波忙碌的，到那时，我们的生命岂不是完全失去了它的价值？所以从今天开始，从你宣告成人的这一天开始，树立一个正确的人生观吧！唯有心系国家安危，我们才能勇敢地承受一切苦难；唯有肩负起民族复兴的使命，我们才能笑迎一切挑战；唯有胸怀世界、放眼天下，我们才能直面苦难而满怀悲悯，做一个真正勇敢自强、让别人因我们的存在而幸福的人！

在这里，还有一句心里话想要跟各位爸爸妈妈们说一说。从今天起，您的孩子就算是一个成年人了。十多年的成长，特别是高中三年的学习，已经让他们形成了自己的价值判断标准与处事原则。所以，以后，如果他们有一些观点与你们不太一样，请不要惊讶，你们可以相互沟通，对话交流，相互理解，共同成长。还有，当他们做出一些出乎你们意料的决定的时候，请耐心地听他们解释，因为只有遵从自己的信仰，遵从自己内心的意愿行事才能使一个人真正快乐，而你们肯定是这个世界上最希望他们能够快乐幸福的人。

最后，我要谈的便是不久之后的高考。也许它并不是通向成功的唯一途径，甚至可以说即便你在高考中胜利了，如果不好好规划，你的人生仍有失败的可能。但是有一点却不可否认：高考确实是我们人生中很重要的组成部分。只有进入一个好大学，才能拥抱更自由的学术气息，才能拥有更浓厚的学习氛围，才能接触到更多更优秀的人才，才能得到一个更大的空间去探索人生。而这些与我们最终能否成为一个真正关注社会、心系国家、胸怀天下的人是息息相关的。换一句话说也就是：高考能拓宽我们的人生空间，让我们有能力为这个社会做出更多的贡献。

当然，成长变化的不止陆嘉伟一个孩子，通过将一部部优秀的影片与教材的完美对接，确实可以有效地促进孩子们的健康成长。

比如，在学习鲁迅的《春末闲谈》时，恰好学校为纪念南京大屠杀而组织学生观看了《南京！南京！》，我于是给孩子们播放了姜文的《鬼子来了》与之互成镜像。如果《南京！南京！》让孩子们动容乃至惊悚，那么《鬼子来了》则一开始笑声不断，到最后，鸦雀无声。片子结束后，他们都静静地坐在那里，沉默不语——孩子们的心灵受到了极大的震撼。对鲁迅先生《春末闲谈》中“假使没有了头颅，却还能做服役和战争的机械，世上的情形就何等地醒目呵！”的感慨，也愈加深刻。

理解战争的残酷对人的无情伤害，莫如一看韩国影片《太极旗飘扬》；

领悟自我救赎的真谛，可看第66届奥斯卡最佳影片《辛德勒名单》；

面对体制化，寻求拯救与超越，《肖申克的救赎》必看不可；

体认生活之现状，纪录片《高三》、德国影片《浪潮》、1991 恺撒奖最佳外语片《春风化雨》不可不看；

围绕生存与环境，爱与家园，自由与责任，可以将日本的纪录片《垃圾去大陆　中国的炼金术》和第81届奥斯卡最佳动画长片《瓦力》一起观看；

思考家庭教育的重大意义，拷问责任意识缺失所带来的严重后果，不妨看一看柴静主持的《看见》节目：《专访药家鑫案双方父母》；

由自我走向他人，关注社会现实生活，那就看一看贾樟柯的《小武》、《三峡好人》，李杨的《盲山》、柴静的《面对面》节目之《志愿者卢安克》、NHK（日本国家电视台）精心打造的系列电视纪录片《激流中国》里的《富人与农民工》……

在教学中，我是把电影当做一种特殊的文本引进语文课堂的。看电影是语文学习的一种手段，这个手段，是为更开阔、更有效地开展语文学习而服务的。

读书与观影，方法得当，都有助于思考力的提升。读书，更能培养人的想象力，有利于再创造；而观影，则更能培养人的注意力，锻炼人的观察力与理解力，尤其是国外电影，细节丰盈，关节暗蕴，且稍纵即逝，对提升人的思维品质和审美能力，是极有裨益的。

观看电影，也是一种阅读理解。一开始带领学生看电影，我总是会一边看电影，一边看学生，密切关注影片播放流程中学生的反应，鼠标在手，眼疾手快，在关键时，暂停，回放，适时追问、激疑、点拨、提示。在观影的过程中，引导学生关注细节，注意铺垫，学会联系，学会比较，体味品悟，领会解读，可谓手把手地教会他们看电影。通常，如此看过几部电影，学生就学会了看电影。这个过程，锻炼思维，锻造思想，敏锐的观察力、深刻的洞察力、强大的思考力都可以得到有效的培养。

于是，在观看电影、理解电影、解读电影、评价电影的过程中，学生习得了丰富的“语文”的能力——观察、思考、交流、鉴赏和表达。

如今在南京读大学的徐梦骋，曾在高二时，写文章谈及我是怎么教他们看电影的：

学校组织我们看了《南京！南京！》，我们不再像很多人那样觉得很震撼，很感动，而是发现了一些不一样的东西。沧海给我们放了《鬼子来了》，对比就更加明显了。《南京！南京！》正是姜文所痛斥的“替日本人谢罪”的片子，思想上的虚无主义、行动上的投机主义在这部片子中展现得淋漓尽致。而《鬼子来了》却始终贯穿了一个“我”，它中间有中国电影一直所缺少的“人”，是一部发人深思的好片。沧海不断引导我们，启发我们，让我们学会了思考。这些其他人在学校可能永远都不会学到的东西，我们却学到了，这不是一种幸运么？

沧海引导我们，在不断的比较中，去发掘深层次的东西。《辛德勒的名单》、《鬼子来了》、《南京！南京！》同样是黑白电影，但前两部却给了人们更深刻的震撼。《辛德勒的名单》中的小女孩是红裙子，那是触手可及的生命；《鬼子来了》的结尾，那一片震撼人的红，令人深思；而《南京！南京！》却很平淡，没什么感觉。这些，都是我们慢慢学会的，书本上永远都学不到的东西。我们懂得了我们要做的：珍爱生命，爱好和平。

蓦然回首，沧海已经带我们学了两年了。细细想来，这两年中，收获了很多。有很多东西，以前没听过，没思考过，但在沧海的带领下，看了这么多值得我们去看的电影，我发现我学会了很多。这是一个潜移默化的过程，我学会了去思考一些问题，去尝试探寻问题的本质，不再被假象所蒙蔽，成了一个真正意义上的人。

每看完一部电影，我们都要思考，要交流，要讨论，要写影评，去发掘更深层次的东西，而不仅仅是停留在表面，说电影拍得怎么怎么好，我们发出了不同的声音，更加理智，更加成熟，悲喜交集的成长过程，有这些陪伴，不再孤独。

高二时，结合学校的农村考察活动，我给学生看了日本的纪录片《垃圾去大陆 中国的炼金术》和第81届奥斯卡最佳动画长片《瓦力》（又名《机器人总动员》）。

通过观影与讨论交流，李子楠和陈恺分别写下了两篇独出机杼的文章，视野开阔，颇有思力：

论中国动画——由《机器人总动员》说开去

李子楠

《机器人总动员》是一部以人类环境保护问题为大框架，由爱情、友情等元素交织，又从中体现出现代社会人们的一种孤独感和依赖感与日俱增、人际交流越来越淡漠生疏等几个极易被忽视但又确实存在的问题。这部电影可以说是用一个充满奇幻的故事将各个部分完美结合在一起的杰作，因此，对于它获得的各项殊荣也就不难理解了。

为何中国动画始终无法走出国门？对于这个问题，我思考了很久，答案却始终不能让我满意，就此稍稍评论一下。

首先是情节单一。中国动画早在几十年前就被一部《小蝌蚪找妈妈》钉死了框架。因此，几十年来涌现的无数动画片无一不是代表正义的主角通过一番艰苦斗争最终战胜邪恶BOSS这种老掉牙的剧情。要说表现的内容无非就是环保、寻亲、救人等一类的。主角的精神不能说没有，但也不能放了几十年还是只有“勇敢”、“坚强”、“善良”这几个词吧。中国动画和中国足球一样，在坚持了几十年“智障教育”后还是没有找到出路，一直守着刚刚解放时的那点老本慢慢啃，未老先衰。

前一阵子出了一个好莱坞动画片叫《闪电狗》，当即去看了一遍。看的时候就一边在想，网上写影评的大众们恐怕会千篇一律地夸那只狗多么勇敢、坚强什么的。果不其然，大众网民们没有让我失望。好家伙，几千篇影评，只写了这么两个词出来，这算不算是一种悲哀呢？电影人物之间的情感和所体现出来的自爱，以及物质世界中极度空虚的精神体，还有对于现代社会深刻的信任危机，竟然只有寥寥几个人能看出来。我还能说些什么呢？这年头，会打字的就叫作家，会哼曲的就叫歌手，见过电脑的就叫专家，兜里揣几个子儿的就装大款……

中国动画还有一个缺点，主题过于单一，并且严重缺乏想象力。在多部央视“热播”的动画中都存在这样的问题，实在没法让人有多看一眼的欲望。在一个连消防知识和讲文明卫生都能出动画的国家，动画本身已经没有意义了。那些充斥着噪音和丑陋怪物、智障主角和面瘫人物的所谓的“动画”，只不过是形式教育的又一种手段罢了。即使有3D技术装点门面，里面仍然腐朽不堪。

动画是可以塑造人心灵的，这种空洞无聊的动画失去了意义。而在宫崎骏等大师的手下，却出现了美丽的动画，真正的动画。

就这样了吧，真的就这样了吗?

垃圾背后——观《垃圾去大陆　中国的炼金术》有感

陈　恺

人类是最聪明的动物，同时也是最贪婪的动物。这一点，在人们追求利益时，体现得淋漓尽致。

现在的人们，为了获取经济利益，几乎涉猎这世上所有的一切，只要能为我所用。但不可否认，人，实在是太聪明了，将原先人们欲除之而后快的垃圾，变成了“摇钱树”。

纪录片中，中国商人前去日本收购垃圾，并运回国内重新分类加工，回炉重造。诚然，这是在利用中国的劳动力优势和环境监督的漏洞。

劳动力优势在这里不是重点，环境的监督漏洞才是重中之重。

中国并不缺乏有关环境保护的条文，在日常政治、经济生活中，保护环境、可持续发展已经进入法律法规，宣传得铺天盖地。而与此同时，中国环境却不断持续恶化，不禁令人深思——到底怎么了？

我个人认为，在中国目前的制度下，我们很难做到做好环境保护，甚至其他事。法律由人大制定编修，政府是执行主体，在职官员是权力的拥有者和实际利益的主人。在行政执法中，他们会以明确的法律条文作为基本框架，但具体操作执行时具有极大的可伸缩性。比如，你一个贫困县的官员，在GDP和环境之间，会选择哪一个？GDP增长会是更重要的一个。因为这是衡量官员政绩的一个主要标尺。因此不难想象，片中那位商人带日本官员参观污水处理系统时信誓旦旦的保证，夹杂着多少水分，尽管那个处理系统看起来仍然那么破烂。

另外，收集垃圾并重新利用，其实也是一件有利于公众社会的事。可问题是，为什么要去进口垃圾呢？13亿人消费产生的垃圾哪去了？

我一直没想通这个问题，但那天在报纸上看到一则新闻：中国早些时候就已经宣布不需要将废电池集中回收，因为现代电池大多含少量重金属等污染物。可南京却一直没有执行这项“命令”，而是继续宣传并集中收集，许多市民依然蒙在鼓里积极地做这件事，殊不知这样反而增加了政府处理垃圾的负担……但这都是政府某些部门为了完成某些指标而特意做的……（来源于《扬子晚报》）也就是说，中国的有些垃圾是因为某种原因用于某种特殊的用途上去了。但这也只是一个猜想，或其中的一小部分，还有大部分去哪儿了，我就百思不得其解了。

其实我上文提到的环境监督不够，不管什么监督，本应该都有人民参与。而在中国，政府似乎完全代劳了。这其实是一件很可怕的事，不过更可怕的是，绝大多数人民对此习以为常，认为理所应当。人民始终是没有权力的，始终是被蒙在鼓里的，始终是被置身事外却又必须承受全部的。所以，环境监督或不论什么监督都是不彻底、不坚定的。

所以，不仅仅是个垃圾回收利用的问题，而是关于根本的问题。否则，除了“世界工厂”、“世界垃圾场”，我们还会拥有更多的“荣誉称号”，随之而来的，自然是更多的痛苦。

电影让心灵更美好，让人格更高尚

苏教版必修五选了周晓枫的代表作《斑纹》，并且做了很大删改。

我在教学此篇时，首先还原文本，将《斑纹》原文整理出来，印发给学生，要求他们认真研读，梳理结构，分析思想感情，把握作者观点，归纳文章主旨，并且将其与教材中课文相比照，分析删改后的文本，为什么删改，有什么效果，是否认同。

还补充阅读了作家王开岭的新著《古典之殇》的序言《这是最好的时代，这是最坏的时代》和其中一篇短文《多闻草木少识人》。

以上阅读内容，专门安排了一节课，认真阅读，旁批点评。

阅读并点评之后，我们又观看了两个年轻法国艺术家 Thomas Szabo 和 Hélène Giraud 的优秀动画作品集《微观小世界》。

再用一节课，将《斑纹》（原文与课文比较，对删改的评价，原文的结构情感和主旨）、王开岭的文章读后感和《微观小世界》观后感，集中进行交流。

次日，高悦同学在她的随笔集中写下了这篇满含温情而又不乏力量的小随笔。

《微观小世界》观后感

高悦

一支野花静静伫立在温暖的阳光下，这景色，可爱而又美好。

蚂蚁排着队，忙碌地搬运食物；蝴蝶翩翩飞过，那么轻盈；蜗牛静静地爬着，他也会梦想着能够飞翔……他们所生活的那个小小的世界，没有多少语言，没有什么逻辑，没有那么多乱七八糟的规则和道理，有的，是阳光，是草地，是他们的友情、爱情、小小的阴谋和小小的梦想，简单又美好。

可现实呢？现实中哪有这么可爱的动物？这么迷你的小小世界呢？

这个比喻或许不怎么恰当：人，因为有了科技的发展，像无数的病菌一样在地球上繁殖，不断地、疯狂地繁殖，不可抑制。他们不断杀了其他动物来当食物，当药材，当衣服，他们砍掉树木，为了有地方居住。

人，因为有了自以为是的智慧，便越来越肆无忌惮。

不停地砍伐和杀戮，人啊，对自然可以稍微温柔一点吗？

自诩为高等的动物，有发达的神经和大脑，可以称霸地球了是吗？可是你去看看，除了人类，还会有哪一种生物这样疯狂地繁殖自己，牺牲整个自然繁殖自己？杀害那么多其他生物繁殖自己？这样大面积地毁坏森林繁殖自己？——并且在知道了这样做的危害之后仍不肯停手！

人，被赋予“智慧”这一超能力，应该是要把地球变得更美好一点不是吗？

别再那样伤害其他动物、植物了，可以吗？须知，“在神眼里，我们，不过是一些斑点”（周晓枫）。

“本是同根生，相煎何太急！”

我是说，真的好喜欢那个可爱又温暖的小小世界。

2009年6月，适值纪念5·12汶川地震一周年之际，跟孩子们一起观看第81届奥斯卡金像奖最佳外语片日本电影《入殓师》。

影片从一名入殓师新手、原大提琴师小林大悟的视角，观察各种死亡，凝视围绕在逝者周围的人，表达了对生命的尊重，对死亡的敬意，对生活的无限深情：每个人都会成为送别之人和被送别之人。它诉说着骨肉之情、夫妻之爱、朋友之义以及对生活的热爱，在沉郁深缓的大提琴中，笑声泪影与凝思相伴，孩子们的心灵得到了又一次净化。

孩子们的心灵，确实是一天天变化的。

除了语文课本之外，电影是一个很重要的媒介。

当然，最难忘的还是语文课上一次又一次的震撼，一次又一次的感动。《辛德勒的名单》、《肖申克的救赎》、《卡廷惨案》、《太极旗飘扬》、"三鹿奶粉"、"疫苗乱象"、"地震逃生"……如果不曾接触过这些，也许到现在我仍不知道应该用怎样一种眼光去审视这个世界，去判别接收到的信息，去做出人生中属于自己的重大选择，让自己能够更强大，更真实，更快乐，更有价值。人来到这个世界，就应该做一个堂堂正正的人，有幸，我能得到这么一次机会。

写下这段文字的陆嘉伟同学，如今在四川大学读法律专业。有时，他会给我打个电话，说说他读哈耶克的感受，有时，他会给我发长长的短信，讲述他们"关于基层人大不作为的调查研究"活动的进展与困惑。交流最多的，总是最近又看了什么好电影，又发现了什么好书，又有哪些地方发生了什么事，网上怎么议论，我们都有什么看法。

其实，像他这样的学生，每一届都会有很多。其实，他们也是我一生的财富。

当他们已经离开学校，不再上我的语文课了，一旦遇到好的素材、新闻和电影，第一个就会想到我。犹记得，孙大午谈"三农"、连战来访大陆、李敖北大演讲甚至郭德刚德云社的演出盛况……这些东西，我都曾多次收到来自大学校园里的我的学生为我搜集整理之后的一封封邮件，更不用说现在，一起听周云蓬和左小祖咒，品艾未未的《此时此地》，看柴静的《面对面》、《看见》，关注卢安克的去留，评价韩寒的《1988》，谈论上海胶州路上铺满的白菊花，关心7•23甬温动车事故报告是否出台，观赏拍出《迁徙的鸟》的法国导演雅克・贝汉的最新记录片《海洋》。

一个孩子高中毕业后，回首感叹：

《盲山》、《三峡好人》、《肖申克的救赎》、《入殓师》、《放牛班的春天》、《太极旗飘扬》、《北逃》……每一部电影，每一次讨论，每一回讲评，每一篇观后感，正是这些点点滴滴，使我感到我是真真切切活在这个世界上的一个人，使我能够明明白白地活下去。实在很庆幸能够遇见她，但是又不得不感到惋惜，在这个世界上，还有很多地方没有"她"。

一个孩子在看完杨紫烨的纪录片《颍州的孩子》后，写下了这样一段话：

我可不想在我18岁的时候，就变得和90岁的大叔一样。我不敢说自己在经历社会后还仍然保持一颗最纯的心，但我心里已有一个原则、一条底线，那是一个无论怎样都不可逾越的东西：即使我为这个国家的发展与进步做不出什么贡献，也不会做让她倒退的事，我不会做恶！

一个孩子在观看完《面对面》柴静访谈卢安克的视频《志愿者卢安克》后，这样写道：

我觉得一个真正有前途的人、光明的人，是对知识永远有着很强的好奇心、对世界永远有兴致的人。而那些只是钻于一点、眼界功利的人，虽然永远在追求自己外在的解放与安定，却无时不在备受压迫与剥削，这是自我施加的痛苦，心灵上永不得自由。

电影让孩子更文明，让生命更饱满

我不知道国外的电影院里，在播放影片的时候，是不是放到片尾而尚未完全结束时，也打亮了影院的灯光，观影者纷纷起立，丢下垃圾，在光与影中，阑珊散场？

反正我在国内的影院里看电影，对这种现象是非常反感的。我经常会固执地坐在座位上，任凭灯光已亮，人影幢幢，任凭打扫垃圾的阿姨前后搜寻，任凭工作人员前来清场、预备开始下一场播放，我也希望能够欣赏完片尾的音乐和尾声，或者，还有花絮。

我觉得，这是最基本的尊重，最起码的文明。

因为，优秀的影片（对于垃圾影片，我不会去影院浪费自己的生命），是倾注了所有参与者的心血打造而成的。比如：《瓦力》构思15年，拍摄4年，200多人参加创作；《阿凡达》卡梅隆12年磨一剑，制作4年；《盗梦空间》从酝酿到拍摄完成花费了8年时间；《让子弹飞》打磨3年，剧本改过50多稿……每一部优秀的影片，从头到尾，每一个环节，都是精心制作的，是一件艺术品。比如《辛德勒的名单》片尾的音乐，怎么能不屏息凝神地聆听？比如《机器人总动员》片尾的动画，壁画效果，传神写意，幽默生动，本身就是艺术。再比如《入殓师》的片尾，大提琴中，小林大悟一丝不苟地举行着入殓仪式，那一种对生命的尊重，足以令人敛容敬畏。

静静地欣赏一部影片，有始有终地，观看，聆听，思考，沉浸，体会，这是一个多么美好的过程。

因此，在电影课上，我在引导孩子们学会理解、欣赏、评价电影的同时，也要同时引导他们学会尊重，学会文明。

老师，您是否看到，电影结束后，学生都站起来向外走。事实上，那时，电影的音乐还在继续。而只有我们班这边，没有一个人离开。没有人组织，我们只是默默地坐着，等着。我想，这便是尊重。

其实，我想说，这是您教会我们的。

您常让我们看电影。我一直都会观察影片结束后您的表情和同学们的反应。我觉得起初您是失望的，因为我记得一开始看的几部影片，无论什么题材，无论悲伤或喜悦，我们总是在影片播放结尾音乐时乒乒乓乓搬椅子。那时，我们不知道去体悟一部电影，不知道尊重。后来，我们慢慢懂得了。因为每次您都是静静地站在那里或者坐在那里，一言不发，直到电影最后的字幕播放结束。

尤其是上一次看《入殓师》，影片结束时，没有一个人移动，没有发出一点声音，我们安静地坐着。我们该是懂了。

实际上，从这学期以来，我就感觉到了大家的变化，也看到了您几次欣慰的表情。老师，谢谢您，您用文明教给我们文明，您用耐心等待我们成长。

如今在徐州师范大学读书的刘凯，他的这段文字，记录了当时学校组织学生看《南京！南京！》时的情景。

就是这样，我不用说教，不用强制，而是用等待、用濡染、用文明教给孩子文明。

每一次观影，情节虽已结束，但我们总是能够完整地聆听片尾的音乐，完整地看完片尾的制作，完整地将奉献给我们如此优秀影片的人们的名字，一行行看过。而在静静坐着聆听、观看的同时，观影中所产生的种种感受，又在脑海中不断回旋，久久不散。而不是看完一转身，拿起笔来，就去做数学题。

所以，这样的过程，其实，也是一个陶冶精神、润泽情感、丰满心灵的过程。

就是这样，我带领着学生，沉静而优雅地，诚挚而谦卑地，对待艺术，对待自己，对待他人，保持从容尊重，成就高贵与文明。

欢笑，泪水，深思，感动，每一部电影所引起的心灵悸动，所激发的头脑风暴，都值得回味，都饱满了我们的生命：

《辛德勒的名单》讲述了二战期间德国人辛德勒从大发战争财到拯救成千上万犹太人的转变。在我看来，他不仅仅是拯救了犹太人，他甚至拯救了全人类。而最重要的，是史老师引导我们理解到的这一点：他拯救了他自己！

试想一下，如果人失去了良知，失去了信仰，失去了热爱，那么，他也必然将失去一颗帮助他人、改变社会、拯救世界的心，那他还有什么理由称之为人呢？每当想起片末那个场景，辛德勒抱头痛哭他没有再多救一个人，我就情不自禁地想起当时跟我们一同观看影片并满含热泪的史老师。也许她心中也在想着我为什么不能多教一个学生，我为什么不能使这个社会进步得更快……

（陆嘉伟《何时霞光洒满天》）

“死亡无非是一扇门，逝去并不是终结，而是另一段行程的开始。我作为看门的人，在这里送去了很多人。每次跟他们告别，我都会说：路上小心，我们会再见的。”

一直都没能忘记《入殓师》中这段话。汶川大地震一周年前夕，老师带我们看了这部影片，有太多的感受。这是一部关于尊重的电影，对于生命和死亡，我们应该有怎么样的尊重，通过这部电影，我明白了这些以前从来都没去思考过的东西。

入殓师，一个边缘职业，他帮助死者踏上安逸的旅程。

总有一天，我们会成为送行的人，或者被送行的人。想到了汶川大地震时，那些被随地掩埋的、那些被随随便便放在路边的尸体，那是对死者的一种怎样的不尊重。我们要的是对死者的尊重。不管是谁，哪怕是一个死了很久的、尸体已经腐烂发臭的人，我们都应该帮助他踏上安逸的旅程。

只有无比热爱生命，才会无比尊重死亡。

（徐梦骋《好东西》）

现就读于西交利物浦大学的陶家骏，曾这样深情地回忆：

依旧记得，每次观看影片，你都是那句开场白：关门锁窗拉窗帘。总让我悲壮地以为你要造原子弹。

我们都是上帝的孩子，我们都在用自己的双手、用自己的大脑去装扮这个世界，也许渺小的我们不能像盘古那样改天换地，但是正如你说的：许许多多个我们，就可以去推动这个社会发展，推动这个世界改变，让她变得越来越美好，为我们的后代们，为我们最可爱的孩子们创造更加美好的生活。

当我写下这些文字时，脑中全是你笑着指点我的影子，满满都是关爱，竟没有恨铁不成钢，其实你并不想我成钢，铁有什么不好，可以感受爱的温度。

夜深了，在灯光下写着，想着老师现在在做什么呢？该是陪女儿呼呼大睡吧。很羡慕她有这么善良的妈妈，她长大了也会像老师一样影响许许多多的人，一样懂得爱惜自己，爱护别人。

你目送我们远行的背影，或许，我们还将重逢。

电影让语文更丰富，让教育更和谐

一部影片，配合教材中的哪些文本观看，教师要选择好合适的时机，既可以结合学校的教学活动，也可以考虑社会生活的发展变化。

影片,也是教材,也要为我所用。目标明确,方法得当,效果自然就好。

2008 年,奥巴马在11 月4 日举行的总统选举中获得超过270 张选票，击败对手麦凯恩，当选第56 届美国总统，成为美国历史上首位非洲裔总统。

在执教苏教版必修四马丁·路德·金演讲词《我有一个梦想》时，适逢奥巴马竞选成功，于是，我先播放了他当选后的演讲短片，然后又播放了第78 届奥斯卡最佳影片 *Crash*（一般译作《撞车》或《冲撞》)。故事发生在洛杉矶，从一起撞车事件（Crash）出发，回顾了与这件事或直接相连或间接有关的人们几十个小时里的生活。这些人里有富庶的白人，也有贫穷的黑人，还有中国人、阿拉伯人、韩国人、墨西哥人……影片中种族、融合、人性、生活、命运等诸多问题纠结在一起，丰富多变的剧情，高度集中的矛盾冲突，微妙复杂的人物心理变化，使孩子们观之，触目惊心，感慨颇深。

影片播放完后，我在黑板上写下了如下几个时间段和事件：

1865 年4 月15 日，亚伯拉罕·林肯遇刺逝世。

1865 年5 月26 日，南军投降，美国南北战争结束。

1968 年4 月4 日，黑人领袖马丁·路德·金遇刺身亡。

2006 年3 月5 日，《撞车》赢得奥斯卡最佳影片奖。

2008 年11 月4 日，非洲裔黑人奥巴马当选美国总统。

一条纵深的历史线索，赫然在前，从林肯到路德·金，再到奥巴马，这种进步，显然已经不是美国一个国家的进步，确实可以称得上是人类文明发展史上的艰难而伟大的进步。

而在2011年，我却是在执教苏教版必修三庞朴的《传统文化与文化传统》时，播放的这部《撞车》。

此文安排在“文明的对话”单元中，我这个单元的教学流程是这样的：

（1）课上自读《传统文化与文化传统》、《中国与西方的文化资源》、《麦当劳中的中国文化表达》等5篇课文，并点评。

（2）课上补充阅读李乐平《闻一多对屈原认识的转变极其原因析》、傅国涌《告别屈原人格》、端木赐香《叩问传统（节选）》、傅国涌《陈寅恪：追求知识的自由》、陈丹青《民国答问录（节选）》、资中筠《文化与制度》、张鸣《日本人为什么能处乱不惊》等文章，摘评点评结合。

（3）看电影：《刮痧》和《撞车》（先看《刮痧》，因为它情节单一，人物性格简单）。

（4）以小组为单位，开展小型课堂辩论会，讨论交流课文、阅读材料与两部电影所带来的冲撞。（学生在分析《撞车》的结构与主题时，各小组都派了两个发言人，一个负责讲解，一个负责黑板画图，其状甚为热烈）

（5）写文章，继续交流碰撞：

知识分子有监督政府的义务，他们可以用笔杆子说话，抒发人民的心声，他们代表的是人民。而如果政府限制这种形式的监督，既当运动员，又当裁判员，对历史的发展是会起制约作用的。

（宋越摘评《陈寅恪：追求知识的自由》）

在对待孩子的看法上，美国将孩子定义为一个人，只不过是还在成长中的人。中国的意义则是养老机器，我的骨肉，我的人。所谓的人权可能最基本就体现在这儿，在我们这里，剥削与被剥削很大部分就出现在家庭中。

（彭心程《〈刮痧〉影评》）

中国人视自己的孩子为私有财产，自己拥有绝对的支配权，更多地把他们视为自己血脉的延续，比如家长在孩子成年后依然以“爱的名义”规划孩子的生活，而在美国人的价值观中，每个人都是独立的个体。

（刘童《〈刮痧〉影评》）

我想，从某种角度讲，独立也是一种多元化的表现，由于个体的独立，就会存在个体的差异，也就会促成世界的丰富。自由也是多元化的表现之一，因为自由，所以广阔、无穷，所以拥有自我，会有自身的发展，世界各地的人们也就不会是千篇一律的样子，所以不同的思想文化就会碰撞、交流、发展。

（邹岚《〈撞车〉影评》）

同样，世易时移，《入殓师》这部电影，当我在苏州星海实验中学教新一届高一学生时，则放在必修二“珍爱生命”单元教学时播放。将这部影片与史铁生的《我与地坛》、劳伦斯的《鸟啼》构成一个课程，整合在一起。

学生读文本后，对生命的本质，已经有了飞跃性的理解，关于人生就是一个欲望，关于向死而生等，已经产生了诸多感慨。再来观看这部《入殓师》，其对于生命与死亡的认识，更进了一步。记得当时，杨睿逸同学的外公刚刚去世，这部电影对他而言，更是别具意义。他曾在随笔中这样写道：“在刚刚经历了外祖父去世这一打击的时候，看到了这部电影，它使我从死亡的阴影中走了出来，死亡也可以是很美丽的，死亡只是一个开始。”

而潘熙圆同学，先是在随笔里感叹：“之前虽然对死亡有类似的思考，也曾考虑过人为何而生、死的意义，但却从未对死亡有如此深切的思考和了解。”并且，他之后利用周末，又将这部影片看了三遍，写了一篇影评，觉得还是不够好。等到寒假之后，又将影片看了两遍，还上网查询了很多资料，又写出了一篇随笔，密密麻麻满满三页，分成五个部分，从中日文化比较、中日文化源流、影片主题、影片音乐以及日本文化发展走向等方面进行了探究。

“删繁就简三秋叶，领异标新二月花。”

将电影课与语文教材、语文课程紧密结合起来，合理地安排教学时间，在课型上可以设计出各种组合，阅读、写作、实践活动，所有这些，都可以与电影课对接在一起，听、说、读、写四种能力，以电影为媒介去锻炼培养，学生不但兴致极高，而且完成得效果极好。

现在我带的高二学生，经过高一一年的培养熏陶，他们已经养成了节假日观影并写影评的习惯。经常会有学生在随笔里给我推荐影片——用影评的方式。还有人专门研究某个导演的影片，专门写系列影评，阐述自己对某些影片的见解。比如黄亦冬同学，曾专门研究过《黑客帝国》，写下了长达五千多字的论文；袁俊翔同学，曾专门研究动画片，写过一个系列向我介绍他所看过的动画片；陆绮同学，特意撰文，给我介绍《剪刀手爱德华》。其他，还有很多很多……

在语文课程中，引进电影这个元素，不但不会浪费时间，反而可以促成对教材更为合理的开发使用；不但不会影响考试成绩，反倒促进了学生观察力、理解力、思考力、审美能力、鉴赏能力的有效提升。因为我将其与阅读写作的有机结合，对学生阅读文本的能力、文字表达的能力，乃至考场作文素材的丰富性、开放性、个性化以及深刻新颖等方面，都有十分明显的助力之效。比如2010年高考，我所带的史地班，语文均分为全校最高，而每次影评都写得很出色的李子楠同学，语文总分全校第一。

这样的成绩提升，实属额外奖赏，它不是靠题海战术获得的，而是通过名副其实的教育教学获得的。我们做教师的别用暴力去挤逼人生，对每一天都要抱着虔诚的态度，得爱它，尊重它，尤其不能污辱它，教育要救赎的不是教育对象而是我们自己。学生邹岚曾这样写道：“我想中国大概没有人不反对应试教育，但很多人都是无奈、无奈，然后为应试而努力，但史老师以自己的行动反问道：‘为什么一定是无奈呢？’”

我们教与学的目的，都不仅仅在于一个考试。我们，我和我的学生，是为了我们不可复制的每一个当下，为了我们衷心向往的美好的未来，为了更完美的生命，更快乐地生活，更好地成为自己，而欣赏电影，学习语文，让我们快乐地度过了这一段共同相聚的岁月。

案例：把耳朵叫醒——我这样教《肖邦故园》

（师在课前2分钟准备时间播放音乐）

师：这支曲子是不是第一次听？（生点头）这是肖邦的G小调第一叙事曲，课文里也提到了这首曲子。现在请同学们把这段话齐读一遍，语速不要太快。

生齐读："故园"并非仅指曾经生活过的地方，但并非人人都有自己的"故园"。严格来讲，"故园"是个精神性的语词，其中凝结着某种弥足珍贵但失去了又无从寻回的气息。（刘小枫）

师：从这段话里我们知道，刘小枫认为，故园更多的是指人的精神家园。对有些人来说，可能自己的精神家园并不是故乡、故土。比如艾青，他本来是一个来自南方的旅客，可是他却深爱着北国的土地，深爱着北方。比如肖邦，他在20岁到39岁这段时间，实际上是生活在巴黎，他的事业、爱情，各方面重要的生活经历，主要是在巴黎，可是他的故园却是波兰。而且，他出生的地方叫热那佐瓦沃拉，他只在那个地方生活过几个月，然后他的父母就移居华沙了，可是他却视热那佐瓦沃拉为他的故园，为什么？因为那里是他的精神家园。而且，刘小枫还说，这种弥足珍贵的气息往往是这样的，当你一旦失去了之后，可能就无法寻回了。我们从课文《肖邦故园》里可以知道，肖邦，一直到他辞世，这种故园气息，这种精神气息，都没有遗失。他临终的遗嘱仍是将他的心脏带回祖国去。那么，现在我们就一起来看一看肖邦的故园。

师播放图片并简介：故园秋天的景色，冬天萧条的景色……春末夏初，这就是肖邦的故园。

（播放肖邦的F大调叙事曲）

师：课文长达27段，上节课我们读了两三遍，然后自己划分层次，共同讨论，我们把文章分成了若干层次。现在就请同学们在肖邦的F大调叙事曲伴奏下，再浏览一遍文章。拿着笔，选择自己有感觉的语段、喜欢的语段，过一会儿我们点评。浏览只有3分钟的时间，因为文章已经读过很多遍了。想点评的同学也要抓紧时间，我们只有5—8分钟的时间交流点评。

（音乐声中，学生读课文，5分钟后）

师：现在就让我们在这淡淡的音乐声中交流一下对这篇文章的个人认识。随便选，随便说。当然，有不理解的地方也可以提出来。

陆嘉伟读第15段："也有人想起，曾几何时，连肖邦的音乐也成了违禁品！只能偷偷摸摸地在一些小房间、小客厅里秘密演奏，只有寥寥无几的人才能进入那些房间。他们去听肖邦的音乐，不只是为了证明自己祖国文化的伟大，同时也为了证明一个民族的精神生活是无法窒息的。因而这美好的音乐有时也是斗争的武器。舒曼把它称为藏在花丛中的大炮，不是没有根据的。"

随后点评：一个好的作品，之所以能被人认可，肯定不仅是因为它外表的华丽，而能达到一种所有人都认可它并珍视它的境界，肯定是它有一定的内涵，它带给人们的，不仅仅是精神上的享受，还有精神上的鼓励。并且在这里，肖邦的音乐起到的是激起、唤醒人们心中的那种爱国情怀的作用。

师：咱们是学文科的，世界历史学过吧？我问你一个问题，结合你学过的知识，看一下11页，肖邦是1830年到法国定居的。那么，文章中也多次提到他的祖国怎么样，国内的歌唱，表达对祖国的那种感情，还有当时他的音乐成为违禁品等，你可以根据学过的历史知识回想一下，19世纪上半叶的时候，欧洲那一带发生了什么事吗？想一想。

陆嘉伟（沉吟地）：德国侵略他们……普鲁士……

教师于是出示肖邦年轻时的画像，介绍背景：18世纪末至19世纪中的波兰，是一个多灾多难的国家，但也是一个可歌可泣的民族，陆嘉伟，你读一下。

陆嘉伟读：1772、1793、1795年，俄国、普鲁士、奥地利三个强国对弱小的波兰进行了三次瓜分。他们瓜分波兰的领土，奴役波兰的人民，还想扼杀波兰人民的民族意识，以便他们能长久地统治下去。可是，波兰人民始终坚持着不屈不挠的爱国斗争。十九世纪上半叶波兰进步的、民族的浪漫主义文艺，对这个斗争起了很大的促进作用。

师：我们学历史，会有一个比较大的轮廓，读了课文后，我们就会想，是不是有一些什么战争，普法战争之类的，具体的可能不太清楚，所以，陆嘉伟第一眼就看到这儿了，我们正好补充一下这个背景知识，这个是波兰的背景。于是，我们就可以理解了，为什么肖邦的音乐会成为违禁品，为什么人们去听肖邦能够证明自己祖国文化的伟大，也能够证明一个民族的精神生活是无法窒息的。为什么舒曼说他的音乐是“藏在花丛中的大炮”。好，其他同学，还有哪些地方？我们交流、点评的时间是有限制的。

（播放降A大调波洛涅兹舞曲）

师：这个乐曲是不是比较（生：欢快）欢快？是欢快吗？（聆听片刻）前面放的两首曲子都显得比较柔缓，而这个曲子呢？（再聆听）第一感觉是节奏快，但情绪上是不是欢快呢？你们仔细聆听……（学生聆听，然后有人低声反应）对，有激情在里面，这是他的降A大调波洛涅兹舞曲，音乐中有一种力量，在鼓舞人们坚持。

徐梦骋读第12段：“流亡生活、高度的文化修养、痛苦的心境和肖邦对自己使命的不凡见解，使这画面复杂化了，或者说，像一层雾遮蔽了这些画面。绚丽的大都会风光，频繁的旅行，丰富的经历，给他提供了另一种创作灵感。但是，既然他在自己生命的末日，在那遥远、寒冷的爱丁堡又怀念起‘我的家、我的母亲、我的姐妹’，我们就有理由想象，故乡的朦胧景色也回到了他的心中。”

随后点评：肖邦自始至终——从离开故乡的那一刻起，他就开始怀念故乡了。

师：你说肖邦从离开故乡那一刻起，就开始怀念故乡了。好像，没有离开之前，他就已经怀念了吧？（生沉吟片刻，笑着点头称是）为什么这么说呢？在哪一段？

徐梦骋读第9段："虽然他在热那佐瓦沃拉只不过是度过了出生后几个月的时光，后来他的双亲便迁居华沙了，但肖邦对这出生之地怀有无限的眷恋之情。"

停顿，师问：还有呢？

徐梦骋接着读："甚至在他去巴黎之前的几个星期，他还专程从首都来到这里，跟故园告别。"

师：还有更重要的一句话？

徐梦骋寻找，再读："在他心目中，这小小的庄子就是整个祖国乡村的象征。"

师：也就是说，在他还没有去国的时候，他就已经开始怀乡了，是吧？好，你接着说。

徐梦骋：他的话里也更多地流露出他对故乡的那种思念之情。

师：除了这些之外呢？还有他对自己使命的不凡见解，他离开故乡的时候带着使命，带着什么样的使命离开故乡了呢？从文中能不能看到？他是不是为了躲避祖国的灾难、危机而逃难，去巴黎过逍遥自在的艺术家生活呢？不是，那么，从文中能不能找到依据呢？

徐梦骋读："1848年，当肖邦自爱丁堡给友人写信的时候，眼前兴许也浮现出了故园景色。他在信中写道：'我怀念我的家、我的母亲、我的姐妹。愿上帝保佑她们万事如意！我的艺术何在？我的一腔心血在什么地方白白耗尽了……我如今只能依稀记得国内唱的歌。'"

师：还要注意联系。这些内容和哪些内容联系起来？肖邦虽然流亡到了巴黎，但他的艺术创作仍然是心系祖国的，不但心系祖国，而且对于祖国、对于祖国的人民还仍然起到了非常重要的作用……

徐梦骋又读："于是，我们开始理解那个客死远方巴黎的人的深沉的郁闷：久别经年，他只能依稀记得'国内唱的歌'。"

师：我很注意听你说话，你也要注意听我说话。我知道你的思路在哪里，是说肖邦怀念故国、怀念家乡、怀念故园。可是，我在问你，除了这些之外，他的音乐创作，对他的祖国、对他的家乡和人民还有哪些作用？我明确地告诉你，这个方面在文中也有明确的表现，你能不能找出来？

生再读之前陆嘉伟读过的第15段中那段话。

师：除此以外，还有哪一段？

何丹笛：第19段。

师：何丹笛，你起来读一下吧。

何丹笛："到了肖邦之家，会亲眼见到，而且确信，作为民族的最坚韧的纽带，作为民族精神的支柱和基础的伟大艺术具有何等不可估量的威力。密茨凯维支的诗，肖邦的音乐，对于波兰人而言，就是这样的支柱。"

师：现在我们就可以来分析作为一个伟大的艺术家的肖邦——去国怀乡是他艺术作品中的一个方面，一个主要内容。（板书"去国怀乡"）去是什么意思啊？（生：离开）对，离开祖国、怀念故乡，这就是刚才徐梦骋重点分析的部分，他对故园的思念之情，在他的音乐中都有体现。那么，除了这个方面，还有哪个方面？谁来概括一下？就是刚才何丹笛跟徐梦骋共同找出来的另外一个层次，这个层次也是我们了解肖邦的非常重要的一个方面，也是他之所以从一个优秀的艺术家——一个优秀的艺术家要饱含感情——成为一个伟大的、不朽的艺术家的原因，除了饱含"去国怀乡之情"，他的音乐里还有什么？用文章中的话来概括——（生）民族精神的支柱（板书"民族精神的支柱"）。在他的音乐里，能听到民族的声音，能听到不屈不挠奋斗的那种精神、那种品质。

师：我们看这张画像（PPT出示画像），和刚才看到的肖邦那几张画像不太一样。这是他最好的朋友，也是我们课文中13页第8段法国著名的画家欧根·德拉克洛瓦为肖邦所作的画像，人们都认为这张画像是最能体现成熟的、伟大的肖邦的精神风貌的。

师：那么，肖邦为什么能够成为一个伟大的肖邦？

师：我们看看这段话，请陈恺为大家读一下。（打出幻灯片，生站起读）

陈恺读：波兰诗人维特维茨基在给肖邦的信中写道："你只要经常记着，民族性，民族性，最后还是民族性……正像波兰有祖国的大自然一样，也有祖国的旋律。高山、森林、河流、草地都有自己内在的、祖国的音响，虽然并不是每一颗心都能听到它的声音。"他一再嘱咐肖邦，要"为了人民，通过人民！"肖邦的老师埃尔斯纳也对肖邦说："你是天才，为人民而写作吧，要写得有通俗性、民族性。"这一切，给肖邦以后的思想发展带来了深刻的影响。

师：非常好，这样，我们就能够了解一个比较完整的肖邦了。我们既了解了一个作为优秀艺术家的肖邦，他对自然生活、对故园有着深厚的感情，同时他还是一个什么样的艺术家呢？（生议论：伟大，民族）对，他还是一个具有民族性的艺术家，是一个具有责任感的艺术家，也是一个要把自己的祖国波兰大自然的山川、高山、森林、河流、草地、内在的祖国的音响全都用音乐表现出来的一个不屈不挠的伟大的不朽的艺术家。这也就是肖邦之所以能够成为肖邦，肖邦之所以能够成为波兰人民的骄傲，肖邦的小屋之所以能够依然保留到现在，肖邦的小屋能够让世界的人民向往、以坐在那个小屋里弹一首肖邦的曲子为荣的真正原因。

沉吟片刻，教师转脸微笑着对学生说：

但是，我们大家真的应该回想一下，刚才点评时，这几位同学都是选择了哪些内容进行点评的？（生：思想，15 段，19 段）为什么同学们刚才在点评的时候，主要点评的是思想内容？陆嘉伟点评的是思想内容吧？徐梦骋点评的是思想内容吧？其实我给大家考虑的很对啊，你看，我设定的都是思想内容，因为我知道同学们要点评肯定点评思想内容，为什么？其他关于音乐的描写你没法点评。你为什么没法点评？（生：看不懂，不理解）我们能看到文字写得很美，可是音乐我们不熟悉、我们不了解，我们没法与它产生——（生：共鸣），于是我们不得不反思，我们从小学就开音乐课，初中也开音乐课，高中还有音乐课，我们有很多人可能考级啊，什么小提琴啊、电子琴啊、钢琴啊也都弹过，可是为什么我们的音乐素养这么贫瘠呢？为什么我们一看只能看到这些表面上能看到的东西，那些内在的真正能陶冶性情的美的东西，我们却没有感受到呢？

看这篇文章的时候，你心里不着急吗？我都挺着急的。

我们古代是非常重视音乐教育的，礼、乐、射、御、书、数，乐可是“六艺”中的一种，乐是非常受重视的。（黑板正中，教师板书一个大大的“乐”字）可是现在，想想，从小学到高中，我们的音乐课都学什么呀？（学生议论纷纷）不过唱几首歌而已，我们祖国传统的音乐欣赏过吗？重点欣赏过没有？（生：没有）成体系的、一门一门的，作为一个学科体系的那样去欣赏过吗？（生：没有）

师：（播放《高山流水》）《高山流水》大家都知道，可能也听过，但是你能够真正深入到里面去品评这个音乐带给我们的想象吗？它写的是什么，能说出来吗……（众生摇头）

师播放 PPT：白居易的《琵琶行》可能很多同学也知道，里面描写音乐：“大弦嘈嘈如急雨，小弦切切如私语。嘈嘈切切错杂弹，大珠小珠落玉盘。间关莺语花底滑，幽咽泉流冰下难。冰泉冷涩弦凝绝，凝绝不通声暂歇。别有幽愁暗恨生，此时无声胜有声。银瓶乍破水浆迸，铁骑突出刀枪鸣。曲终收拨当心画，四弦一声如裂帛。东船西舫悄无言，唯见江心秋月白。”写得多美呀，刚才我放的这个是什么音乐，你能听出来吗？这是我国非常著名的一首曲子，你能听出来是什么吗？（生无语）这就是《春江——（生）花月夜》。

师：你说肖邦我们没听过，李斯特我们也没听过，贝多芬我们也不熟悉，巴赫我们也不懂，但是我们中国本身的你知道多少呢？（众生摇头，怃然）

师：这是李白的《听蜀僧濬弹琴》，他这样描写琴声：“蜀僧抱绿绮，西下峨眉峰。为我一挥手，如听万壑松。客心洗流水，余响入霜钟。不觉碧山暮，秋云暗几重。”写得多美呀！如果你听到一段音乐，能不能用一段文字把音乐的意境、你的感受写出来呢？很难啊。没有这方面的修养，是不是？（众

生点头，遗憾）

师：这是韩愈的《听颖师弹琴》（播放《十面埋伏》，师读）：“昵昵儿女语，恩怨相尔汝。划然变轩昂，勇士赴敌场。浮云柳絮无根蒂，天地阔远随飞扬。喧啾百鸟群，忽见孤凤凰。跻攀分寸不可上，失势一落千丈强。嗟余有两耳，未省听丝篁。自闻颖师弹，起坐在一旁。推手遽止之，湿衣泪滂滂。颖乎尔诚能，无以冰炭置我肠！”这支曲子是什么知道吗？能听出来吗？这可是我国古曲中最有名的了。（众生面面相觑，有人欲言又止）

师：这是李贺的《李凭箜篌引》（伴着音乐继续读）这是李贺在描写李凭弹箜篌：“吴丝蜀桐张高秋，空山凝云颓不流。江娥啼竹素女愁，李凭中国弹箜篌。昆山玉碎凤凰叫，芙蓉泣露香兰笑。十二门前融冷光，二十三丝动紫皇。女娲炼石补天处，石破天惊逗秋雨。梦入神山教神妪，老鱼跳波瘦蛟舞。吴质不眠倚桂树，露脚斜飞湿寒兔。”这种意境多美呀！初次读这首诗，可能不是每个人都能理解，但是每个人都能感觉到这种惝恍迷离的境界。

教室里很安静，学生不说话，在品味诗歌，也在回味古曲。

教师微微笑，继续点开屏幕：刚才的曲子就是著名的《十面埋伏》（众生表示似曾相识而又不能辨识的尴尬），下面我们再听一支曲子。（播放样板戏《红灯记　穷人的孩子早当家》选段：提篮叫卖拾煤渣，担水劈柴也靠她。里里外外一把手，穷人的孩子早当家。栽什么树苗结什么果，撒什么种子开什么花！）（众生表情匪夷所思，不知其然）

音量调低，教师点开链接：伴着这样的旋律，我们一起来看一下扁舟子这篇博文（有删节）：

元宵佳节，教育部怕老百姓的年味不浓，特地送上了一份大礼：今年将在全国10个省市自治区，各选20所中小学试点在音乐课程中增加京剧内容。目前，15首京剧教学曲目已经确定，其中大多数是“文革”中江青搞的“样板戏”。根据不同年级确定不同的教学唱段，《穷人的孩子早当家》、《接过红旗肩上扛》等经典“样板戏”京剧唱段都已入选，教材编写和光盘研制工作也已启动。（2008年2月21日《京华时报》）

通过增设京剧“样板戏”内容，可以达到传承民族优秀文化，培养学生戏曲艺术的兴趣等“教育目的”，真的是这样吗？

现在中小学的音乐课程，到底是在采取怎样的教学方法，教育界人士不会不了解。多数学校的音乐课，其实只是停留在学唱歌曲上。连常年开设的音乐课，都没有培养出多少学生对音乐的兴趣，却寄希望于新增的京剧课，这样做有什么现实意义吗？

现在中小学音乐课在整个中小学教育中的地位，教育界人士也都十分明白。音乐课、美术课等科目日益边缘化，不被重视，往往仅作为素质教育的点缀而存在。而让学校老师、家长和学生重视这些课程的手段，就是把其“特长化”，与考试加分、升学出路对应。这次新增的京剧课，也极有可能变为新的“特长教育”，对于没有这一“特长”的学生和家长，则可能成为新的学习负担。

何况发展兴趣必须注重多元原则。而从眼下京剧课的课程安排看，从剧种到曲目的选择，都存在问题。为什么不能因地制宜选择学校所在地的剧种呢？除了京剧，可供选择的还有昆剧、越剧、豫剧、粤剧、黄梅戏、川剧，还有诸多新编剧，等等。难道除了样板戏，就没有可选择的余地了吗？教育部为什么要违背艺术教育多样化的规律呢？难道只有京剧“样板戏”才是传统民族的优秀文化吗？

让我们看看这些已入选的“样板戏”京剧唱段的歌词吧：

《接过红旗肩上扛》——接过红旗肩上扛，接过先烈手中枪！踏英雄足迹，革命到底永不下战场！放眼看天下，风雷震八方！燎原烈火旺，工农齐武装！誓把那南霸天北霸天，一切反动派统统埋葬！

这些歌词充满极左意味，只会勾起人们的惨痛回忆，当年有多少人听着这些唱腔不寒而栗！你再去问问现在那些个穷人的孩子，谁有这个闲心唱《穷人的孩子早当家》？他们连拾煤渣，担水劈柴都搞不赢呢！京剧进课本不是不好，关键是选的段子不好，那么多的传统唱腔为什么不选？要是照着这样的逻辑下去，估计在不久的将来，中小学体育课也该开设忠字舞了！

中国人对过去痛苦的事情总是很健忘的。蒙古灭南宋后，不多久，南方的元朝人就忘掉了屠城之痛。满清灭明后，不多久，江浙的清朝人就忘掉了扬州七日、嘉定三屠。历史的种种记述，都表明中国人是不愿意直面人间悲剧的，他们宁愿选择遗忘，选择逃避！

“文革”中最流行的一句话是：“革命无罪，造反有理！”当年有多少人借革命之名，犯下了惨无人道、令人发指、肝胆俱裂的罪行！那么多学生狂打老师，打得皮开肉烂。那么多文化名人含冤惨死，其情之哀，其状之惨，难于描述！难道与“文革”前我们的老师讲述的“阶级斗争神话”无关？与老师们辛苦培育的“爱憎分明的阶级感情”无关？

一个进步的民族，一个有希望的民族，应当有勇气面对自己惨痛和耻辱的历史，应当以一种文化或物化的记忆，警醒自己，告诉人们：当一个民族失去理智，与人类文明背道而驰时，会有多么荒唐，多么可怕的事情发生！

我曾经庆幸自己晚出生几年，没有经历“文革”，没有被迫唱过这些“样板戏”。可是你们要让我们的孩子再唱这些“样板戏”吗？为什么不让各个地方的孩子唱他们自己的剧种呢？神奇的川剧变脸，婉转的黄梅戏，明快的花鼓戏……哪一样不能带给孩子们美妙的艺术享受呢？

读毕，大家不约而同鼓起掌来，教师总结：

我们也许不能创造好的音乐了，但是我们得能够分辨什么是好的，什么是坏的，至少，要能够对美妙的音乐生出一双聆听的耳朵，好了，这节课就上到这里，下节课我们一起观看法国音乐电影《放牛班的春天》。

这是2008年2月28日，在学习完《肖邦的故园》后，学生发现自己的音乐素养匮乏到连文章都无法品味，终于意识到自己除了会哼唱流行歌曲，原来对于音乐一无所知。

我给他们播放了2005年法国金球奖最佳电影《放牛班的春天》，通过音乐教师马修和那个被唤做“池塘畔底”的寄宿学校的诸多问题儿童之间与音乐的故事，孩子们更进一步发现了音乐的魅力，发现了音乐之于教育的作用，音乐之于生活的重要意义。

这部电影，也成为了孩子们印象极为深刻的电影之一，因为它不仅仅只与音乐相关，它以鲜明的形象、感人的故事和极富感染力的音乐，诠释了教育的真谛。

尾声：教育，迷恋成长的事业

一个学生，看完《放牛班的春天》这部电影一周后，在随笔里这样写道："一周以来，每天睡前脑海里回旋的都是那天籁般的童声，那荡涤心灵的音乐……"毋庸置疑，杰出的音乐，是这部影片成功不可或缺的一个元素。

也因此，很多人将之归为一部音乐电影。但是，揆之整体，《放牛班的春天》其实是一部教育电影，音乐，是教育的一种手段。这是由影片的故事所决定的。因为主人公克莱蒙·马修被设定为是一个失意的音乐家，来到"池塘畔底"教养院做代课教师，他便必然要借助音乐施以教育。

就教育而言，不管他是音乐教师还是美术教师，抑或是数学教师、文学教师、历史教师……只要是遵循教育的内在规律，教书育人的本质其实是相同的。这一点，我们可以再去看看电影《死亡诗社》、《浪潮》等，其中的教师所处学校各具特色，所教授科目各不相同，所采用的手段也因此各异其趣，而他们在引导孩子发现自己的本性、完善自己的心灵、热爱自己的生活、健全自己的人格等方面，都是惊人的一致。

克莱蒙·马修，本来是个音乐家，但是并不得意。我们无从去论证他到底是不是一个杰出的音乐家，除了那些被好奇的孩子们最初判定为"密码谍报"的乐谱之外，没有其他线索告诉我们他的音乐才华到底如何。

至于他在“池塘畔底”的工作，与其用音乐家的标准来衡量，不如用音乐教师的标准衡量更来得准确。他是在极度沮丧之下，来到这个在他看来再适合不过的“池塘畔底”的。

其实，“池塘畔底”的成年人，大概除了麦神父之外，都是在生活中找不到更好的去处，才“屈居”于此的吧。比如神色萧瑟不苟言笑的数学老师，比如总是果断执行院长命令的萧老师。而其中最典型的，莫过于哈善院长，大火之后，他辞退马修，面对马修的指摘，他曾愤怒地为自己辩解，他“没有选择”才来这里，当一个在他看来是“牢监”的校长，他也有他的抱负，他不愿“将自己人生埋葬于教养院”，他对这种生活充满怨恨。亦如马修所说，他把自己的失败归罪于这些无辜的孩子。所以，他治下的教养院，会形成“一犯错，就惩罚”这样的基本教育模式（称之为管教更合适些），也就不足为怪了。我们不妨可以这样理解，他对那些“犯错”的孩子，所进行的每一次“惩罚”，都是在宣泄他自己人生失意的不满。

马修，却与之相反。

某种程度上，失意的马修是想来“池塘畔底”疗伤的。可是，一进这个灰暗冷寂的校园，他就遇到了那个睁着一双玻璃一样纯净的眼睛的小贝比诺，这双充满渴望的眼睛，一瞬间抓住了马修的心：这样的一个孩子，他心头的伤痛，谁为其疗治？乃至于后来，他无限怜惜地称之为小贝贝。

贝比诺让马修心生怜惜，盖贺克则激发了马修的悲悯。这个不知天高地厚的孩子，一个出于报复的恶作剧让麦神父身负重伤，可是当义愤填膺的马修拉他去找院长接受惩罚时，听到院长室内传出的正在受罚的孩子的一声声惨叫，看到盖贺克眼神中的惊恐不安，他改变了初衷。是啊，这不过是个孩子啊，为什么不相信他的话呢？他并不是存心要伤人，为什么不给他一次改过自新的机会呢？他绝不是不可救药的。于是，便有了麦神父病床前“自愿”前去照料的“心地善良”的“好孩子”盖贺克。

至于离职老师所说的，那个有着天使面孔、魔鬼心肠的莫翰奇，他更让马修意识到了自己作为一个音乐教师的光荣而神圣的使命。所有的，他不能实现的音乐梦想，都能够在这个具有上天赐予的奇异禀赋的孩子身上实现吧？那是一种多么奇妙的成就感啊，发现一个人才，并且改变他，锻造他，驯服他，让他按照自己的本性茁壮成长，长成他应该成为的那个样子。这是一桩多么令人陶醉的事业啊！

是的，每个孩子都应有自己的梦想，每个孩子，都应有自己的成功。是马修激励了孩子们，使他们勇于肯定自己，是"'池塘畔底'的精英"！但是，必须看到，他个人也因此得到了激励，获得了成功：他在拯救这些孩子的同时，也拯救了他自己，寻找到了自己人生的方向，用自己所热爱的音乐，带给了孩子们心灵的春天，离开了"池塘畔底"之后，仍一直做他的音乐教师。

美国教育家帕克·帕尔默在他的著作《教学勇气》中写道："真正好的教学不能降低到技术层面，真正好的教学来自于教师的自身认同与自身完整。"这样的教育，教师能从中发现自我，并认同自我，但决不只是发现"我们卓越的特色或者伟大的行动"，更不是"为了掩饰自身的困惑和复杂而带上的勇敢的面具"，而是发现"自身认同就像与我们现在的能力和潜能有关一样，也与我们的缺点和局限有关，与我们的伤痛和恐惧有关"（帕克·帕尔默）。

马修的教育，就是这样充满智慧的、理性的教育，他从学生的智识水平出发，循序渐进，与学生一起朝向更高层次迈进。这个进发的过程，是"教学相长"最美妙的过程。在这个过程中，他把握每一个孩子的思维角度、关注他们的思想内核、体验他们的情感体验，所有的惊喜与新奇，是师生共生而成的，甚至，大部分的惊喜是来自于学生的——五音不全的郭和颁可以做乐谱架，不敢唱歌的小贝贝担当合唱团助理，就是徘徊在危险边缘的孟丹，也是他最好的男中音。

面对孩子们的错误：丢墨水瓶，藏匿公款，马修并不是不惩罚，但是他绝不会为了惩罚而惩罚，惩罚的目的是为了激励孩子成长，惩罚的手段也是为了促进孩子成长，只要成长不停止，总有一天，他是会真正领悟、懂得的，而那个时刻的自然到来，由于是他自己心灵的跋涉而得，将是怎样的一种欣喜啊！有谁能够忘记，懂得了宽恕尊重之后的莫翰奇骄傲地放声高歌时，那动人的时刻呢？

这样的教育，教师的推动引领是内隐的，是平缓的，是满含期待的，仿佛春煦鼓动小草破土一般，教师帮助学生把思维舒展、思想成熟、精神生长的原动力启开，而其舒展、成熟和生长的这个美妙自在的过程，则归还给学生自己。

这样的教育，才是稳健的教育，因为它根植于实际的土壤，它能够耐心地期待生长；这样的教育，才是沉静的教育，因为它必须沉淀咀嚼，它需要深思默想；这样的教育，才是活泼的教育，因为它充满了挑战，它离不开交锋；这样的教育，才是真实的教育，因为它连接教师和学生的心灵与思想，它能够让师生在人的平等的层面上真正地达到“教学相长”！

当一朵云唤醒了另一朵云的时候，它们共同形成了天空的风景，当一棵树摇醒了另一棵树的时候，它们共同撑起了一片绿荫。当马修疗救了那些蛰居在“池塘畔底”的同事的时候，数学老师苏醒了钢琴梦，合唱团也因此多了一个伴奏，萧老师点燃了正义之火，孩子得以洗上了热水澡，麦神父重拾了勇气和信心，董事会收到了他的信……如果没有他们的认同、理解、支持和帮助，马修的合唱团怎么能插上歌声的翅膀，回旋不息？

就是哈院长，不也同样焕发了童心，吹哨踢球，放飞心情，轻声哼唱，变得柔软而富有生气了吗？只是，在名利面前，他迅速石化，违背了自己本性中美好的那一面，攫取，占有，暴躁，迁怒，再次坠落进欲望的深渊。哈院长被揭发后，去职离开了教养院，回眸凝望，眼神里，有落寞，有不解，更有一丝凄凉，全没有马修离去时，那种自信、坦荡和从容。

从这眼神中，我们可以看到，当一个人拒绝成长时，他内心的纠结扭曲，是何等痛苦！

马克斯·范梅南说："教育，对成长迷恋的事业。"不要误以为，教育，只是教师帮助学生成长，教育者在教育的过程中，也在进行着自我教育。教育着也被教育着。

这，才是真正的教育！

附录

『促进和平，促进公平，促进教育』

——《奥林匹克精神》课堂实录

两分钟课前准备时，播放张雨生等演唱的歌曲《奥林匹克风》并打出歌词字幕：

五大洲的梦　三大洋的情 / 奥林匹克风　跨世纪的风 / 奥林匹克风　全世界吹送 / 吹到哪里都欢腾　哪里都欢腾 / 黄河长江的浪 / 昆仑黄山的松 / 万里长城是条中国龙 / 黄河长江的浪 / 昆仑黄山的松 / 万里长城是条中国龙 / 北京邀请你 / 奥林匹克风 / 吹到这里会亲朋　这里会亲朋

奥林匹斯山　奥林匹亚城 / 奥林匹克风　涌动人类的梦 / 奥林匹克风　吹暖送友情 / 吹到哪里就繁荣　哪里就繁荣 / 长白山上的雪　珠穆朗玛峰 / 神州苍穹　无处不飞虹 / 长白山上的雪　珠穆朗玛峰 / 神州苍穹　无处不飞虹 / 北京邀请你 / 奥林匹克风 / 吹到北京唱和平　北京唱和平 / 来吧　来吧　来吧　奥林匹克风 / 来吧　来吧　来吧　奥林匹克风 / 来吧　来吧　来吧　奥林匹克风

一、“奥林匹克”

上课铃响，教师将歌曲音量调小，面向大家：“这首歌你们听过没有啊？”

“听过！”“没听过！”众说纷纭。

教师笑着说：“这首歌很老了，是上个世纪的一首歌曲。我想这首歌传唱的时候，大概还没有你们呢，你们都是九几年出生的啊？”

“92！”“93！”

“哦，那时候还真没你们呢。”

“音乐书上有！”“音乐鉴赏听过的！”

“是吗？这首比你们年龄还大的歌，确实曾经很有名的。在上个世纪，我们中国曾经举办过一次亚运会。你们知道吧？历史上讲过吧？”

学生纷纷摇头，教师于是故作吃惊状，打趣道：“我印象中，你们可是史地班的学生啊！”大家都乐了，“回头你们问问历史老师或者政治老师，好不好？亚运会也是奥林匹克的一部分，而且随后我们国家还申请过2000年的奥运会，在这期间，创作了大量与奥林匹克有关的歌曲，而这首歌是大家比较喜欢的，众口传唱，一直至今，甚至——都收进了你们的音乐教材里了！那么，你们觉得这首歌唱得怎么样呢？看看这歌词，你们觉得写得如何？你们先自己在心里想想啊，先不要把你们的评价说出来。”

随后关闭歌曲，“我们以这首歌开头，引入奥林匹克的话题，下面，我们进行一个关于奥运知识的抢答！”

学生正襟危坐，做摩拳擦掌状。教师故作神秘地说：“谁答得快，答得对——默写的时候……他就先交！”教室里笑成一片。“要奖励促进嘛！”

大屏幕打出：“现代奥运知识问答”。

“即将在2008年8月8日北京举办的奥运会，是第几届奥运会？”

声随字幕而出“29！”

“第一届现代奥运会是哪一年在哪里举办的？”

应答此起彼伏：“1896年！”“在雅典！”“在希腊雅典！”字幕亦应声而出。

“现代奥运会的创始人是谁？”

“顾拜旦！”又是异口同声。

教师追问：“他是哪国人？”

“法国！”

“他的全名是什么？”

“……”学生开始翻书。

“不要翻书，书上没有。”教师于是打出字幕：“法国教育家皮埃尔·德·顾拜旦”。

“对，记下来。你要看清楚啊，他的身份，他的称谓，他是——”

“教育家！”学生喊道。

“是啊，皮埃尔·德·顾拜旦，是法国教—育—家！除了教育家之外，他还有什么称谓呢？”

“奥林匹克之父！”学生齐答。

字幕点出“‘奥林匹克之父’顾拜旦”，教师读：

皮埃尔·德·顾拜旦（1863—1937），法国教育家，现代奥林匹克运动的创始人，国际奥委会第二任主席（1896—1925）。由于对恢复和发展现代奥林匹克运动做出了不朽的贡献，被誉为“奥林匹克之父”。

有学生问：“第一届主席是谁啊？”

教师一笑，点开屏幕：“马上就知道了！徐梦骋，来，请你给大家把这部分文字读一下。”

顾拜旦于1883年提出举办类似古奥运会的比赛，并把它扩大到世界范围。

1892年，他遍访欧洲，宣传奥林匹克思想，呼吁复兴奥林匹克运动。同年，在巴黎运动联合会成立10周年会议上，倡议恢复“奥林匹克运动会”。

1894年1月，他致函各国的奥林匹克组织，建议于同年在巴黎召开国际体育会议。同年6月16日—24日，在巴黎举行的国际体育大会上，15国代表决议每4年举行一次奥林匹克运动会，为了筹办奥运会，6月23日成立了国际奥林匹克委员会，希腊人维凯拉斯出任主席，顾拜旦任秘书长，还亲自设计了奥运会的会徽、会旗。

1896年4月6日—15日，在希腊的雅典举办了第一届现代奥运会，共有13个国家的311名运动员参加了雅典大会。

“好，不错啊，第一次看到，马上就读，能够读得这么流利，很好。我们大家就是要锻炼自己，使自己达到这个程度。现在，我问几个问题，看看你们听的能力怎么样。”

学生点头，做好回答的准备。

“第一届国际奥委会的主席是谁？”

“维凯拉斯！”

“哪国人？”

“希腊人！”

“那时，顾拜旦的任职是——”

“秘书长！”

“决定在希腊的雅典举办第一届奥运会、决定每4年举办一次奥运会、成立了国际奥林匹克委员会的那一年，是哪一年呢？”

“1894年。”

“嗯！1894年。你们这个听的能力不错啦，我刚才说的这一段话里，混淆的信息是比较多的，但是你们注意力很集中。那么，产生这些决议的地点是在哪儿呢？”

“巴黎！”

“法国的巴黎，她不但是浪漫的艺术之都，还是现代奥林匹克的发源地！这真是一个迷人的都市啊！”教师一边说着，一边点开屏幕。

二、涵咏文本

“今天我们就要学习顾拜旦的著名演讲：《奥林匹克精神》。现在请同学们翻开课本，这篇演讲一共是7个自然段。你们先把它标出来，待会儿我们分析的时候，就会比较方便。昨天我说请同学们把这篇课文看一下，看了吗？看来大部分同学看了，是不是还有人没看啊？如果你没有预习，那么一会儿你可能跟不上大家的思路，你跟不上大家的思路呢，我们也不会等着你，只有这样，你体验到了思维不能同步、无法参与进来的苦恼之后，你才会吸取教训，你才不会再犯同样的错误。学习啊，归根结底，是每个人自己的事情啊。”

“下面，请大家看一下84页注释①：‘选自《中外名人演讲精粹·欧洲卷》，中国书籍出版社1999年版。有改动。这是顾拜旦于1919年4月在瑞士洛桑庆祝奥林匹克运动恢复25周年纪念会上的演说。’同学们注意到没有，我们课本所选的课文，是‘有改动’的。我特意查了一下，看看它和原文有什么出入。我发现，最重要的改动，是有两个段落被删掉了，而我认为，这两个段落，真的是不应该删掉的。那么，现在我们一起来看一下被删掉的这两个段落，你们看看是否赞同我的观点。”

学生聚精会神，盯着大屏幕，准备迎接挑战。

“我们看这些删掉的段落，不能白看。（众笑）还是要考查一下大家的能力的，什么能力呢？就是我经常给大家强调的，听的能力。看一段文字，听我读一遍，迅速概括出它的中心意思来！你们一定要集中注意力啊，要集中精神看、听、思考。”

点开大屏幕，同时再次强调：“这是课文第一段之后删去的部分，下面我来读一下，你们认真看，注意听。我读完之后马上就问问题啊。”

教师开始读：

第一段之后所节略部分：

奥林匹克精神为逐渐变得镇静和自信的青年所崇尚。随着昔日古代文明力量的逐渐衰退，镇静和自信成为古代文明更宝贵的支撑，它们也将成为即将在暴风雨中诞生的未来新生文明必不可少的支柱。现在，镇静和自信却不是我们的天然伙伴。人自幼就开始担惊受怕，恐惧终身伴随着他，并在他走近坟墓时猛烈地将他击倒。面对如此擅长扰乱他工作和休息的天敌，人学会了反对勇气这一曾为我们的祖先所崇尚的品德。你能想象当代人让勇气之花在他们手中凋谢吗？我们知道今后该如何去思考这个问题。

但是，勇气仅是造就时势英雄的尚武德行。正如我以前在一篇教学论文中所说的，根除恐惧的真正良药是自信而不是勇气。自信总是与它的姐妹镇静相辅相成。

读完之后，教师马上提问：“请同学们现在回答，这两个小段集中讲了什么观点？”

学生立刻回答：“自信和镇静。”

教师:“嗯，自信和镇静，这是——”

学生:“根除恐惧的真正良药!”

教师:“对，是根除恐惧的真正良药。那么，对现实而言呢，现实之中，我们的青年他怎样了?”

学生:“当代人已经缺乏了……”

教师:“缺乏了什么?”

学生:“缺乏了勇气。”

教师:“很好，当代人缺乏了勇气，最直接的表现是什么?”

学生:“恐惧!”

师生共同说:“缺乏了勇气，于是恐惧感就越来越强烈了。”

教师意味深长地说:“现实生活中，让人恐惧的东西，实在是太多了，强权专制，愚昧无知，野蛮杀戮……我们就不一一列举了吧?同学们理解吧，这恐惧包括很多很多啊!”

学生会意地纷纷点头。

教师接着说:“那么顾拜旦好像是说，如果克服恐惧就得有勇气，但是，他接下来又分析……”

学生接着说:“根源不是勇气。”

教师:“根源不是勇气，那是什么?”

学生:“是自信!”

教师:“噢，是自信!只要你有了自信，你就会——”

学生:“镇静!”

教师:“你有了自信，有了镇静，那么，——”

学生:“就有了勇气!”

教师:“勇气自然而然地就归来了!”

学生若有所思，教师总结:“那么，我们看顾拜旦在这里是在强调奥林匹克精神对青年人恢复——”

学生:“自信和镇静——（师生同说）至关重要!”

教师："同学们，你们觉得这两段该不该删去啊？"

学生摇头："不该！"

教师："真的是不该删去啊，我不知道编者为何要把这两段删去。好，大家把这个观点记下来吧，我们青年人需要自信和镇静，需要恢复勇气，克服心中的恐惧。人一旦缺乏了勇气，恐惧感就越来越强烈，而邪恶之所以能够猖狂，是因为正义先丧失了勇气，恐惧了、害怕了，不敢发出自己的声音，对抗邪恶。作为教育家的顾拜旦，如此清晰地阐述了人类如何才能保持勇气——以奥林匹克精神恢复我们的自信和镇静，使之成为未来新生文明必不可少的支柱。"

学生纷纷拿笔要写，教师举起自己的手，按在胸口上，语重心长地对学生说："你们把它记在心里啊，记在心里！"学生点头，安静。

教师："好，下面还有一段被删除的，是在第四段，删掉了一部分。我们先看一下课文第四段的有关内容。请一个同学来给大家读一下。"

一学生读课文第四段。

教师："同学们看这一段的最后两句'在那时，有这些人也许就够了，但今天则不然，需要怀有共同兴趣的大众，凭什么该把大众排除在奥林匹克精神之外呢？'到这儿就结束了，就进入下一个段落了。而实际上，原文这里还有这么多内容。"

教师继续点开大屏幕，"现在，我再读，读完之后还要问你们问题。"

第四段所节略部分：

凭什么样的贵族法令将一个青年男子的形体美和强健的肌肉、坚持锻炼的毅力和获胜的意志同他祖先的名册或他的钱包联系起来呢？这样的矛盾虽然没有法律依据，但的确要比产生这些矛盾的社会更具生命力。也许该有一个由凶暴的军国主义支持的专制法令给它们予以致命的打击。

教师读完，"现在，请同学们把节略的这部分内容和课本上的内容联系起来理解、思考30秒。然后回答我的问题。"

学生静读，思考。

半分钟后，教师提问：“把节略的部分补上，整个第四段，顾拜旦是在说？”

学生：“奥林匹克是为大众的。”

教师：“对，奥林匹克是属于大众的，是属于全民的！奥林匹克体育是为大众的！你把它写在旁边。这个体育，是为谁的？（生：为大众的！）它由不由人的什么决定？（生：地位！）它由不由人的什么决定？（生：财富！）它由不由人的地位和财富决定？（生：不由！）对！只要他是一个人，无论他的地位之高低贵贱、财富之丰厚寡薄，只要他是一个人，那么，他就应该拥有享受奥林匹克精神、参与奥林匹克运动的权利！应不应该把这段删去啊？”

学生：“不应该！”

教师：“是啊，不应该！奥林匹克运动，应该是全民参与的乐园，而不是权贵们炫耀资财权柄的盛宴。既然不应该删去，所以我们就把它补上！”

点开大屏幕，呈现“阅读文本涵咏体会”版面，主页为顾拜旦照片。

“好了，请看，这就是顾拜旦！现在，给同学们3分钟的时间，阅读文本，涵咏体会，请你拿起笔来，圈点勾画，从文章中找出那最能触动你心灵的文字，我们今年就要举办第29届奥运会了，那么，现在读顾拜旦的《奥林匹克精神》，哪些地方对于你而言，觉得很有现实意义，它能触动你的思想，触动你的心灵呢？你就把它画出来。跳读，有选择性地读。”

学生开始阅读，边读边画，教师在其间巡回，时而与个别学生交流一下。

1分钟后，教师轻声说：“你画出来后，在旁边写上点评啊。”

又1分钟后，教师再轻声说：“当然了，你有什么问题，觉得费解的，也把它画出来，也许对顾拜旦的观点，有些你是不认同的，你也把它画出来。”

3分钟后，教师拍手：“好了，时间到了！大家都已经在文中画出了自己的认识，下面，我们该进入哪个环节了？”

学生：“讨论交流！”

教师：“对，还是老规矩，自由分组，彼此交流，声音大一点也无妨，时间2分钟。”

话音未落，学生已经就近自由组合，三五成群，开始了热烈的交流探讨。教师巡回其间，不时参与其中，简单说上一两句话，或询问，或质疑，或赞同。

三、共赏相析

2分钟后，教师笑着拍手：“好了，好了，各就各位！时间总是这样，很快就流逝过去了，所以我们每次课堂上的每个环节都不得不有时间限制。”教师说着点开“共赏相析”版面，介绍道：“同学们看，这是第一届奥运会上的一幅照片。现在，我们就来共赏相析，把你们刚才小组讨论的内容共同交流一下。还是要抓紧时间，时间是有限的，一会儿如果时间充裕的话，我还想给大家完完整整地推荐一篇文章。”

学生片刻宁静，阅读思考。

教师笑道：“还是老规矩，谁要发言举手或者直接站起来，或者示意我，我可没有强迫不想发言的同学发言的权力啊。”

1. 奥林匹克梦想与运动功利主义

李帅：“我想说第2段，就是‘运动员欣赏自己的努力。他喜欢施加于自己肌肉和神经上的那种紧张感，而且因为这种紧张感，即使他不能获胜，也会给人以胜利在望的感觉。但这种乐趣保留在运动员内心深处，在某种程度上只是自得其乐。那么设想一下当这种内心的快乐向外突发与大自然的乐趣和艺术的奔放融合在一起，当这种快乐为阳光所萦绕，为音乐所振奋，为带圆柱形门廊的体育馆所珍藏时，该是何等情景呢？’我读到这里就觉得很美好，把这种很美好的情景，和现在的运动员参加运动比赛的心情和目的比较一下，我觉得现在的运动员参加比赛是十分紧张的，完全没有这种轻松自在的状态。这是违背奥林匹克精神的初衷的。（师插话：你认为这初衷是什么呢？）我觉得奥林匹克精神的初衷就是为了所有人，在第5段里有这样的话：‘奥林匹克精神必将以现代产业发展所赋予的各种形式为地位最低下的公民所享受。这就是完整、民主的奥林匹克精神。’它是给全民的，可是现在却只是一部分人的。而且，这一部分人或许并不完全是因为自己喜好它，或许初衷是喜好它，可是到了最后，是为了某种利益不得不去参加这些比赛。（师：你的意思是，就不再是因为自己的喜好和热爱，而是因为某种压力或者为了某种利益了，是吗？）对。而且，以前，初中老师说过，奥林匹克也是一种综合国力的表现，我觉得这完全是不搭界的东西。”

说到此，师生同笑，教师接着说道：“你觉得‘奥林匹克也是一种综合国力的表现’这种说法，和顾拜旦所说的奥林匹克精神，是完全不搭界的。（生肯定地点头）那么，我现在先问你一个问题，第2段里你所读的这些内容，如果现在让你用一句话来概括，你能不能从文本中找到一个合适语段？”

李帅：“能。就是这一句：‘奥林匹克精神同纯粹的竞技精神是有区别的，奥林匹克精神包括但又超越了竞技精神。’”

教师：“很好！关键句抓取得非常准确。那么，我再问你一个问题，在你读的第2段话之后，有这样一句总结，说：‘这就是很久以前诞生在阿尔弗斯河岸边的古代奥林匹克精神绚丽的梦想。’我们当然都知道，这里的‘这’，就是指代的前面的‘当这种内心的快乐向外突发与大自然的乐趣和艺术的奔放融合在一起，当这种快乐为阳光所萦绕，为音乐所振奋，为带圆柱形门廊的体育馆所珍藏时，该是何等情景呢？’对不对？”

李帅点头。

教师："那么，你能不能用几个词，把这个绚丽的梦想概括描述出来呢？这一段文字，表现了奥林匹克精神这个绚丽梦想的哪些特点呢？"

全班学生都陷入思考，片刻，议论声起。

李帅："自然，快乐。"

陶家骏："美好！"

方宇："享受！"

教师转身板书："对，它是属于自然的，是美好的，它带给人的是身心的享受，它带给人的是快乐。自然、美好、享受、快乐。那么，如何理解'为带圆柱形门廊的体育馆所珍藏'这句话的含义呢？"

李帅："它还能带给人一种向往，一种荣誉感。"

教师转身板书："对，向往，荣誉！我们任何人在内心深处，都是渴望着被认可的，而奥林匹克精神，就能带来这些绚丽的梦想：自然、美好、享受、向往、荣誉。总而言之，它能给我们带来快乐！就像昨天韩寒的文章所说的，奥运会应该是一个大 PARTY，奥运会应该让老百姓好好地放松和欢乐一下。你们说是不是？"

学生纷纷点头，笑。

教师："李帅，我再问你一个问题。你刚才说，现在我们参加奥运会，目的性、功利性太强，为了达到目的，十分紧张。对吧？（李帅点头）那么，我想问你的是，这个功利性、目的性，是不是就完全排除在奥林匹克精神之外呢？顾拜旦是不是有这个意思呢？他完全排斥功利性和目的性吗？（其他学生：没有。没有。）没有？是吗？李帅，你能回答吗？"

李帅摇头，表示不解。

教师："好，你先请坐，思考一下。其他同学，你们说没有，是你们自己这么认为的呢，还是你们从文中找到了依据呢？"（其他学生：文本中有。）

蔡宇骞："在第 3 段里，就是 85 页第一行：'我们把盎格鲁—撒克逊人的运动功利主义同古希腊留传下来的高尚、强烈的观念结合起来，开辟奥林匹克新时代。'”

教师：“很好！蔡宇骞阅读得很细心，而且十分注意倾听。其实，刚才好多同学都注意到了。李帅，你注意到这句没有？（李帅笑着摇头）没有吗？好，这就是我们互相交流的必要性啊，互补了。好，蔡宇骞，你给大家解释一下这句话的涵义吧。”

蔡宇骞：“嗯……”

教师：“也就是说……来，小蔡，看着我，把书拿起来，我帮你一下，你站直了，声音大点，你不是罪人啊，不要紧张。”

大家齐笑，蔡笑，站直，面向前。

教师：“好了，现在你把你的理解大声说出来，把这句话的涵义阐释一下。”

蔡宇骞：“奥林匹克精神里，也包括个人想取得成就、想获胜。我参加比赛，我想取胜。这是应该有的。”

教师：“嗯，那用顾拜旦的话说，这就是——”

学生齐声：“运动功利主义！”

教师示意蔡宇骞坐下：“对，运动功利主义！就像我们同学们学习一样，我们大家在课堂上学习，如果有考试，我们每次参加考试，我们每个人都希望自己——”

学生齐说：“考个好成绩！”

教师：“对，都希望自己在考试中能取得一个好成绩。但是，我想问同学们，你在考试中取得一个好成绩，你是怎么定义你的好成绩的？”

学生议论纷纷，教师继续说：“我们打个比方，比如陶家骏，你是不是这样想过，我一定要超过李帅！”

大家笑，陶笑着点头，教师亦笑，接着问：“这种心态你们是不是都有过？（生笑着点头称是）那么，陶家骏，你觉得你这种心态好不好呢？”

陶家骏点头，复又摇头，其他学生也从沸腾转入思索。

教师接着说：“你们有没有想过呢，你超过了这个人，这个人前面还有别人，那么你就一路超赶下去，是吗？在这种和别人不停地较量、攀比过程中，你体验最多的会是什么？”

学生：“失败感！”

教师：“是啊，你将永远处于一种挫败感之中。山外青山楼外楼，超来超去几时休啊！这样一来，你注定是失败的。”

学生领悟过来，频频点头。

教师：“周东星，你说说看？你是不是一定要超越了你前面的人，你才是进步了啊？”

周东星：“嗯……我觉得，人进步是需要一个过程的……”

教师：“嗯，进步是有一个过程的，那么你觉得在这个过程中，我们最重要的，应该是超越——？”

周东星：“超越自己。”

教师：“对，是超越自己。周东星，你还记得上次写高考作文‘好奇心’，你在作文结尾写的那句话吗？”

周东星：“记得。”

教师：“大家还都记得吧？（生：记得！）要——自己跟自己比，今天的自己超越昨天的自己！好，请坐！那么，奥林匹克精神里有没有这个意思呢？”

生大喊：“有！”

教师转身欲板书，同时问：“有！那么，是什么？”

学生齐声说：“更快！更高！更强！”

教师一边板书一边说：“对！更快！更高！更强！同学们，我们要记住这句话，它实际上的意思是说，我们要自我超越！那么，这种运动的功利主义，它的本质是什么呢？就是人们希望自己更完美、更完善。其实我们每个人都是这样子的，是不是？（学生点头）我们希望自己更完美、更完善，是不是我们必须要通过和别人比较啊？一味和别人比较，我们很容易处于挫败之中，除非你总是和不如自己的人去比。这样，这种不恰当的比较就会造成：或者我们跟比自己强的人比，我们越比越自卑；或者我们跟不如自己的人比，我们越比越自大。这种自卑和这种自大，都是——"

学生："走入极端了。"

教师："不只是走入极端了，是人性的一种变态啊！是一种畸形的心态啊！真正健康的心态，应该是——"

学生："自己跟自己比，超越自己！"

教师："所以说，古希腊留传下来的高尚、强烈的观念就是什么啊？就是这个观念，奥林匹克精神是为了满足一个健康的人的完成，是一个健康的人的观念。好，这个问题我们暂时讨论到这里，下面还有哪些同学要发表自己的观点？"

学生静读，思考。

教师轻声询问："你看文本中还有哪些重要观点没有提出来交流？或者，刚才有没有哪些问题已经涉及了，但是还没有进一步展开说明？"

2. 完整、民主的奥林匹克精神

陆嘉伟："第85页，'奥林匹克精神必将以现代产业发展所赋予的各种形式为地位最低下的公民所享受。这就是完整、民主的奥林匹克精神。今天，我们正在为她奠定基础。'我还想再谈谈这几句话。"

教师："刚才李帅在发言的时候，涉及了这几句。没关系，你接着说你的感受。"

陆嘉伟："读到这些文字时，我就想起了前几年为了奥运场馆的建设开辟专用的绿色通道，运输那些材料；还有现在奥运场馆附近那些交通等公共设施也在不停地建设；还有，比如昨天我们所说的那个奥运文明加油手势之类的。我就感觉整个社会都在为奥运服务。这种氛围，我们不能说是不好的，但是，我感觉，特别是近几年，好像来得太迅猛、太激烈、太突然了，有一点繁琐；而且，我感觉是带有强制性的，不是人们自觉、自愿的，不是人们很自觉、很自愿地去接受的，都是政府或某些组织硬要你怎么样，比如说我们学生，都是学校硬加给我们去做某些事情的。”

教师：“哦，因为我们是学生，所以谈起什么问题，我们首先就会联系到学校、学习。这很正常。你接着说。”

陆嘉伟：“我觉得，这些做法，就是违背了完整的、民主的奥林匹克精神的。”

教师：“哦，你觉得这是违背了顾拜旦所说的完整的、民主的奥林匹克精神的。那么，顾拜旦所说的完整的、民主的奥林匹克精神，是什么呢？你能具体阐释一下吗？”

陆嘉伟：“我认为就是我们刚刚所说的。（示意黑板上的板书）”

教师回身看黑板：“就是这些，是吗？”

陆嘉伟：“嗯，美好、享受、向往、荣誉和快乐。”

教师：“是这些吗？你看一下原文：‘这就是很久以前诞生在阿尔弗斯河岸边的古代奥林匹克精神绚丽的梦想。’这些是奥林匹克精神，它作为一种绚丽的梦想，它给人类带来了那些美好的感受。是不是？但是，它并不是奥林匹克精神的内涵。在文本之中，顾拜旦有没有具体诠释奥林匹克精神的内涵呢？”

陆嘉伟看书，沉思，其他学生纷纷举手。

教师：“好，陆嘉伟请坐，方宇早就在举手了，你请说。”

方宇：“我补充一下陆嘉伟的发言。”

教师：“哦，对，是补充一下，很好。请！”

方宇：“奥林匹克精神的内涵，就在这一段里面呢。”

教师：“就在这一段里面呢？好，其他同学注意听，请大声一点。”

方宇：“就是这一段话：‘虽然奥林匹克精神不足以确保社会和平，不能更加均衡地为人类分配生产和消费物质必需品的权利，甚至也不能够为青少年提供免费接受智力培训的机会，使他们能够保持自己的天赋，而不是停留在其父母生活的那种境况，但是，奥林匹克精神将依然为人类所需要。’这段话的涵义是说，虽然奥林匹克精神不能确保社会和平，但是，它能够促进和平。”

教师：“能够促进和平！概括得好！”转身板书：“促进和平”。“接下来呢，是什么意思？”

方宇：“它虽然不能更加均衡地为人分配生产和消费的必需品，但是它能够促进。”

教师：“那么，这是指的什么呢？促进什么呢？”

方宇：“公平。促进公平。”

教师重申并板书“促进公平”。

方宇：“下面一句，就是说的可以促进教育。”

教师重申并板书“促进教育”。

方宇：“这就是完整的、民主的奥林匹克精神：促进和平，促进公平，促进教育。”

教师：“很好，方宇概括得准确又简练，请坐！同学们，这就是‘奥林匹克之父’顾拜旦所提出来的奥林匹克精神的内涵：促进和平，促进公平，促进教育。也就是说，一个符合奥林匹克精神的奥运会，应该能够体现它促进和平、促进公平、促进教育的精神内涵！”

教室里一片安静，学生注视黑板上的几行大字，陷入了沉思。

3. 教育和体育的关系

沉吟片刻，教师开口，打破了这宁静：“现在，我问同学们一个简单的问题，顾拜旦他首先是一个？”

学生齐声：“教育家！”

教师：“但是，他推广的是体育运动。在这里我想问同学们一个问题，就是体育和教育是什么关系？”

与此同时，教师在黑板上板书了“教育”和“体育”两个词。

学生纷纷回答："相辅相成。""互相制约。""不可分割。"

教师转身，大声问："请再说一遍？教育与体育是相辅—相成吗？"

茅姜卫大声回答道："体育属于教育！"

教师接着问："如果我们给它们集合一下的话，这两个应该是个什么集？交集吗？"

学生齐说："是并集！体育属于教育！体育是教育的一部分！"

于是，教师在黑板上画了一个大大的集合，包容教育和体育，然后，在下方的体育上又画了一个小集合。

教师："对啊，教育包括体育，体育是教育的一部分。我们的体育，应该是促进人完整和谐的发展，而不是摧残人的身体和精神。是不是？用我们熟知的爱因斯坦的话来说，就是（师生同声）——要促进我们成为一个和谐发展的人，而不是成为一条训练有素的狗！体育也是教育的一部分！所以，就像恩格斯评价马克思首先是一个革命家一样，我们说，'奥林匹克之父'顾拜旦，他首先是一个——教育家！"

教师点击屏幕，第一届奥运会图片渐渐隐去，"现在我们看，通过共赏相析，这篇课文里的主要内容，同学们都自己分析了出来。"

点击，出现"奥林匹克精神与纯粹的竞技精神的区别"。

"这个问题，李帅已经解答了。"

点击，出现"恢复奥林匹克精神的理想如何变成现实"。

"这个问题，在我们补充第四段节略内容时也共同解答了，要——体育为大众！要公平、平等，要追求欢乐！"

点击，出现"怎么理解'完整民主的奥林匹克精神'"。

"刚才陆嘉伟和方宇两个同学合作，解答了这个问题，其实李帅也涉及了。让我们一起回顾一下，完整、民主的奥林匹克精神：促进和平、促进公平、促进教育！让我们铭记，体育，是教育的一部分，不可或缺的一部分！"

点击共赏相析超链接，"那么，现在的时间就交给我吧，我履行我的承诺，给大家读一篇文章。这是现代著名作家筱敏在今年三月份所写的文章:《圣火》。文章先发表于《随笔》第二期上，后被多家杂志转载。请大家仔细看，认真听，用心思考。下面，我来读。”

四、拓展延伸

圣 火

筱 敏

圣火点燃，在奥林匹亚点燃。

在西方遥远的城邦，山与海的一隅，据说是神居住过的地方，更是人成长为自由人的地方。那些如人一样生命力洋溢的诸神，那些如神一样心智澄明的人们。一如埃斯库罗斯的句子:“高耸的山峰，比邻群星。”在希腊，自由的人们，比肩众神。

圣火点燃，在神殿之上点燃。

……

我们看到国家在布置盛大的庆典，国家在宣示其意志和强盛，于是我们看到举国欢腾。我们的欢腾究竟是因为张开了自由人的身心迎接圣火，还是因为将向圣火注入东方的神圣，我们上下张灯结彩，那是为了迎接希腊精神，还是为了向世界展示我们的国家精神。

来自天庭的祥云即将卷裹圣火的火种，我们可以展示的东方的元素何其繁盛。也许首先是东方巨龙，它盘踞千年，一代一代繁衍古代的品种。也许是向日葵地里竖起的兵马俑，它们裹在大国的盔甲之中。也许是从皇宫的重门舞出来的长袖，它们引领大众的欢腾。还有那些被征集的笑脸，苹果一样光滑红润，不要一丝记忆的皱纹。我们毕竟看见东方笑了，我们笑了，我们不知道那是生命被点亮了，还是灯笼被点亮了。我们看到了巨人的身影，但我们看不清楚，那是一个身心强健的人的身影，还是一个国家的身影。

圣火来了。

那真是希腊来了吗？

（限于篇幅，仅选首尾）

五、心手相连

《圣火》读完，学生个个面色凝重，教室里安静如夜。

教师点击屏幕，《奥林匹克风》歌词再次出现在屏幕上。

“同学们再来看一下，这首《奥林匹克风》的歌词，这首曾经鼓舞了那么多中国人的雄壮豪迈的歌曲，这首被收进了你们的音乐书中的经典老歌，它的歌词里面，有什么呢？”

学生静静地看着歌词，默不作声。

教师：“歌词里有什么？‘黄河长江的浪　昆仑黄山的松　万里长城是条中国龙；长白山上的雪　珠穆朗玛峰　神州苍穹　无处不飞虹。’歌词里有什么？有人吗？”

学生默默摇头，低声说：“没有。”

教师点击屏幕，出现 *hand in hand* 的歌词，并点击超链接，歌曲前奏响起。

“这是1988年第24届汉城奥运会会歌 *hand in hand*，翻译成中文，有的翻译成《手拉手》，有的翻译成《心手相连》。这首歌被称为流传最广、最受欢迎的奥运会会歌，当时的国际奥委会主席萨马兰奇曾一度考虑定它为永久会歌。歌词是很好理解的。we see the fire in the sky，凝视这圣火在天空燃烧；we fell the beating of our hearts together，我们的心在一起跳动；this is our time, to rise above，这是我们的时刻，正在冉冉上升……”

演唱开始，师生屏息谛听。

歌唱过一个段落之后，间奏期间，教师点击屏幕，出现一个中文版歌词。教师朗诵其中一个段落：“每一次我们彼此给予 / 感觉到胸中燃烧着永恒的火焰 / 举起手 / 伸向天边 / 清晨的宁静能让生活和谐无限 / 到永远 / 我们手拉手 / 把世界走遍 / 让我们共同创造一个美好家园 / 我们手拉

手 / 心与心相连 / 冲破重重阻隔我们心相连到永远。”

歌声又起，谛听片刻，教师将音量调低：“好，同学们，这节课我们就上到这里。2008 年 8 月 8 日，就要在我们的北京举办第29 届奥运会了！让我们，在内心深处，呼唤，这是一个——拥有真正的奥林匹克精神的、能够促进和平、促进公平、促进教育的——一个完整的、民主的奥运会！让我们每个人为之做出努力！好不好？”

学生：“好！”

（授课时间：2008 年 6 月 17 日）

后记

把爱变成看得见

所有的工作都是空洞的，除非有爱。因为工作就是，把爱变成看得见。

——纪伯伦

写这本书，要感谢吴礼明老师，没有他2007年7月的一通电话，就不会有这本书的草创；还要感谢2010年帮我审阅书稿的刘铁芳教授，他让我明确了书稿的修改思路；还要感谢2009年7月引我到张文质先生创办的“1+1教育网”建立教育博客的茅卫东老师，正是通过这个媒介，我结识了“万千教育”的编辑，才有了这本书的出版。

如今，终于有这样一个机会，把我18年来的所思所做，结集付梓，心中诸般感慨，一时不知从何说起。

还是感谢吧！

需要感谢的人，太多太多，准确地说，我生命中遇到的所有人，都应该感谢。他们有的给了我支持、鼓励，有的给了我批评、建议，有的给了我经验、教训……所有那些人与事，欢乐与幸福，痛苦与挣扎，都是促进我成长的助益。

但是，第一个，还是要感谢我的女儿，蒋筱寒。

2011年8月27日上午，筱寒见我坐在电脑前，说：“妈妈，你的书稿呢，我看看。”我低声笑语：“去去，别烦。”没想到，她大叫一声：“我要给你作序！”我不禁笑出了声，她则不以为然地挥舞着手臂走到窗前，看着远方的楼群，说：“我是认真的！难道你不想让我用美妙的文字给你作序吗？”

诚如您所见，本书的序言是请沈坚先生和我的好朋友谷汉霞写的。

我的筱寒虽然没有为妈妈写序言，却是本书第二单元《唤醒沉睡的心魂》中《写作是孩子自己的事》一节的主人公。

感谢你，我亲爱的宝贝，感谢你一直以来陪在妈妈身边，让我能够获得坚持的勇气并始终保持不断追求美好的心愿。你是天使，给我信心和力量。

第二个需要感谢的，便是所有我教过的学生，感谢你们18年来对我的信任与爱，从你们身上，我学到了太多，最重要的，是真善美。因为你们，我才能始终记得自己的来路，明白自己的去向，不抛弃，不放弃，并且不断成长。

第三个要感谢的，是袁卫星老师。我与袁老师最初是在K12的语文论坛上认识的，那时，我已从《教师博览》等杂志上多次读到关于他的报道与他的文章，作为同龄人，袁老师是被我当做榜样的。而袁老师对我最大的帮助，便是他引我去了朱永新老师创办的“教育在线”。从2002年“教育在线”注册之后，我的眼前，便打开了前所未有的广阔领域，在那里，我走近了李镇西、窦桂梅、卢志文、李玉龙、陶新华、铁皮鼓、吴礼明、刘祥……这些，都是值得我感谢的人；从那时起，我成为一个自觉的语文教师，一个自觉的人，我的阅读、实践和写作，逐日提升，不复是“吴下阿蒙”。认识袁老师已有10年，我从来没有对他说过感谢的话，在此，特别致意：人的一生中，在关键处没有几步，能够遇到你这样一个朋友，实在是一件幸事。

我的朋友们！感谢汉霞，这8年来，风雨同舟，不离不弃，没有你，我不知道我将怎样度过；感谢小楠、娜娜、小会和大熊，还有老朱，以及阿邬、张云、丽香姐、纪伯伯，因为你们，异乡成为我的另一个家；感谢卓、张慧还有会文、宝学，以及兰欣、海英，你们的存在，让故乡永远是我的港湾；感谢开东、程媛夫妇，用你们的善良友爱温暖了我们；感谢东方的大智慧与小幽默和无私的帮助……

我的师长们！感谢李庆斌局长，没有你的包容、支持和关爱，在课堂教学上，我无法迈出改革的第一步，尤其在我选择离乡时，你一如兄长恩师般地嘱告、叮咛与期盼，我将永远铭记；感谢秦力校长，虽然2010年当我决定离开您的学校时，发生了一些不快，但我仍然感谢那三年中，您对我们母女的关照以及您对我课堂的支持；感谢沈坚校长，感谢您百忙之中读我的书稿并为我作序，感谢您和严校为帮我度过人生的难关所做的一切努力！感谢我执教18年来的所有同事，感谢你们的关心和鼓励……

需要感谢的，还有很多人，每一个名字背后，都是一串温暖的故事：蔡艳玲老师、田国强老师、张文利校长、许建中老师、张忠老师，刘静老师、徐亚丽老师、秦堃老师、王开岭先生、曹林先生、方心田先生……以及，这本书的每一个读者，希望这本小书能够让您展卷倾心，并提出宝贵意见。

因为你们，我才获得了这样一种能力——把爱变成看得见。

感谢你们！

最后，感谢我的爸爸妈妈，并把这本书，献给我的家人。

史金霞

2011 年 10 月于苏州

万千教育 基础教育类图书目录

代号	书目	著、译者	定价(元)
中学学科教学系列			
J1355	王莉的初中作文教学创意	王　莉　著	36.00
J1244	余映潮中学语文精品阅读课教学实录	余映潮　著	42.00
J1284	王雄的中学历史教学主张	王　雄　著	36.00
J1241	王永元的中学物理教学主张	王永元　著	32.00
J1269	龚海平的中学英语教学主张	龚海平　著	38.00
J1089	语文不过如此	熊芳芳　著	35.00
J976	语文教师的八节必修课	刘　祥　著	35.00
J972	中学阅读教学设计方案40例	李　浩　王林发　编著	36.00
J956	余映潮的中学语文教学主张	余映潮　著	32.00
J959	不拘一格教语文	史金霞　著	38.00
中学学科教学系列合计			360.00
中小学学科教学系列			
J1010	阅读教学设计的要诀	王荣生　著	36.00
J996	名师课堂教学细节设计艺术	徐　杰　等著	36.00
J1003	中小学实用教学策略	宋秋前　著	26.00
J1025	语文综合性学习教学设计方案40例	赵水英　王林发　编著	36.00

J1024	语文口语交际教学设计方案40例	王林发　主编	36.00
J955	智力发展与数学学习	林崇德　著	50.00
J755	走进快乐语文课堂	潘继云　著	26.00
J783	语文课如何是好	王晓春　著	28.00
中小学学科教学系列合计			274.00
中小学课堂管理系列			
J1339	中小学生纪律教育 ——全方位解决纪律问题的策略	陆如萍　等译	42.00
J1154	透视小学生课堂行为 ——小学教师的课堂管理指南（第九版）	赵　琴　译	48.00
J1153	透视中学生课堂行为 ——中学教师的课堂管理指南（第九版）	陈彩虹　译	46.00
J1014	让教师都爱上教学 ——307个好用的课堂管理策略	罗兴娟　译	34.00
J936	中学课堂纪律管理指南	徐昌和　等译	48.00
J846	课堂行为的有效管理策略	蔡艳芳　等译	34.00
J855	课堂管理，会者不难	王晓春　著	26.00
J757	让学生都爱听你讲 ——课堂有效管理6步法	屈宇清　等译	20.00
中小学课堂管理系列合计			298.00
中小学教学设计与实施系列			
J810	激发中学生脑的力量	吁思敏　等译	38.00
J1335	点燃学生的学习热情 ——基于脑科学的教学策略	吕红日　汤雪平　译	28.00
J1253	让教师学会提问 ——以基本问题打开学生的理解之门	俎媛媛　译	28.00
J842	实用讨论式教学法（第二版）	罗　静　等译	28.00
J758	课堂教学“红绿灯” ——提高教学效果的9种技巧	杨苗捷　译	29.00
J752	超级教学（第四版）	尹莉莉　等译	26.00

J759	优质教学的11条准则	骆　铮　译	20.00
J784	学案教学设计	赵加琛　等著	26.00
J684	教学模式（第七版）	荆建华　等译	36.00
J683	透视课堂（第十版）	陶志琼　等译	40.00
J688	优质提问教学法 ——让每个学生都参与其中	刘　彦　译	19.00
J615	思维教学——培养聪明的学习者	赵海燕　译	14.00
J599	避免课堂失误的44招	赵　悦　译	28.00
J519	教与学的变革	郑　莉　等译	26.00
J526	选择性课堂——满足学生的需要	薛　莉　译	22.00
J502	小学反思性教学 ——课堂实用手册（第三版）	王　薇　等译	32.00
中小学教学设计与实施系列合计			440.00
教育理论与实践译丛			
J533	实证教育方法	肖　艳　等译	35.00
J484	标准时代教与学的激励 ——激发师生的教学动机	陈晓霞　等译	12.00
J456	培养中小学生的创造性——理论与实践	胡清芬　等译	16.00
J413	教育性评价	董　奇　等译	35.00
J231	班有天才——普通班级中培养天才儿童的策略与技能	杨希洁　等译	21.00
J200	教师角色	丁　怡　等译	24.00
教育理论与实践译丛合计			143.00
师生心理发展指导丛书			
J1196	中学生心理学	林崇德　著	60.00
J828	写给教育者的积极心理学	任　俊　著	28.00

J661	教师心理健康教育	刘晓明　孙文影　编著	26.00
J663	教师职业倦怠预防	伍新春　张　军　编著	26.00
J671	小学生心理健康教育（全体教师用书）	傅　宏　王晓萍　编著	24.00
J670	小学生心理健康教育（心理教师用书）	张　明　编著	26.00
J667	学生心理健康教育	姚本先　伍新春　编著	28.00
J668	中学生心理健康教育（心理教师用书）	蒋　奖　编著	26.00
师生心理发展指导丛书合计			244.00
班主任专业发展丛书			
J1256	班主任有效沟通的艺术与技巧	李进成　著	36.00
J1164	如何当好教研组长	杨向谊　著	36.00
J1333	小学班主任与家长沟通之道 ——心与心的交流	许丹红　著	36.00
J1174	家校沟通，没有痛过你不会懂 ——知名班主任梅洪建的心路历程	梅洪建　著	32.00
J1364	学生特殊问题发现与应对	昝　飞　等著	48.00
J825	怎样教授道德才有效	杨韶刚　译	48.00
J1304	好班是怎样炼成的 ——小学班主任班级建设之道	谢云　主编	40.00
J1349	好班是怎样炼成的 ——中学班主任班级建设之道	谢云　主编	38.00
J1311	班主任如何破解德育低效难题	赵坡　著	35.00
J1341	正思维、正能量和正教育 ——魅力班主任的幸福教育生活	钱碧玉　著	36.00
J1230	如何上好班级心理辅导活动课 ——钟志农答疑50问	钟志农　著	42.00
J1201	德育主任新方略（《中小学德育主任工作指导手册》修订版）	丁如许　著	32.00

……